集人文社科之思　刊专业学术之声

集 刊 名：日本文论
主办单位：中国社会科学院日本研究所
主　　编：杨伯江
执行主编：唐永亮

COLLECTION OF JAPANESE STUDIES

编辑委员会

名誉编委

武　寅　刘德有　〔日〕米原谦　〔日〕滨下武志

编　　委（按姓氏笔画排序）

王　伟　王　青　王新生　汤重南　孙　歌　刘江永　刘岳兵

刘晓峰　吕耀东　李　薇　杨伯江　杨栋梁　宋成有　张季风

张建立　吴怀中　尚会鹏　周维宏　胡　澎　胡令远　赵京华

郭连友　高　洪　徐　梅　唐永亮　崔世广　韩东育　董炳月

编 辑 部

唐永亮　叶　琳　陈　祥　李璇夏　张耀之　陈梦莉　孙家坤　项　杰

2022年第2辑（总第8辑）

集刊序列号：PIJ-2019-365
中国集刊网：www.jikan.com.cn
集刊投约稿平台：www.iedol.cn

COLLECTION OF JAPANESE STUDIES

日本文论

2　2022
（总第8辑）

杨伯江　主编

社会科学文献出版社
SOCIAL SCIENCES ACADEMIC PRESS (CHINA)

目 录

政治外交史

东亚历史视域下的古代日本政治发展进程探析 …………… 蔡凤林 / 1

日本近代参与世界争霸战的国家战略演进 …………… 刘江永 / 37

日本政府对《鲍莱中期赔偿计划》的交涉与对策 ………… 李 臻 / 74

社会文化史

巫女与王权

——日本神功皇后西征之"神谕"谫论 …………… 唐 卉 / 93

文话、评点、选本：宋代文章学在日本的被接受 ………… 靳晓岳 / 115

20 世纪 80 年代中日"妇女学/性别研究"本土化的比较考察

——以李小江与上野千鹤子的理论实践为线索 ………… 陈 晨 / 143

经济史

新时期日本供给侧改革的内容、特点及启示 …………… 叶 浩 / 162

思想史

日本战后主体性理论的高峰

——梅本克己哲学研究综述 …………… 杨南龙 / 185

Table of Contents & Abstracts ……………………………… / 203

CONTENTS

Political and Diplomatic History

An Exploration of the Political Development Process of
    Ancient Japan in the Discourse of East Asian History   *Cai Fenglin* / 1
The National Strategic Evolution of Japan's Participation in
    the World War of Hegemony in History   *Liu Jiangyong* / 37
The Negotiation and Coping Strategy of Japanese Government for
    the "Pauley Midterm Reparation Plan" of the United States   *Li Zhen* / 74

Social and Cultural History

Miko and Kingship
    —*The Mythistory of Empress Jingū's Conquering Shin-ra*   *Tang Hui* / 93
Review, Annotate, Select: The Acceptance of Song Dynasty Prose
    Theory in Japan   *Jin Xiaoyue* / 115
A Sino-Japanese Comparative Study on
    the Localization of Feminism/Gender Studies in the 1980s
    —*Taking Li Xiaojiang and Ueno Chizuko's Theory and Practice as Clues*
      Chen Chen / 143

Economic History

The Contents, Characteristics and Enlightenment of Japan's
    Supply-side Reform in the New Era   *Ye Hao* / 162

Intellectual History

The Peak of Japan's Postwar Subjectivity Theory
    —*A Review of Umemoto Katsumi's Philosophical Research*
      Yang Nanlong / 185

Table of Contents & Abstracts   / 203

东亚历史视域下的古代日本政治发展进程探析

蔡凤林[*]

内容提要： 7 世纪以前日本的政治发展进程深受中国历史运行态势的影响，具体表现在中国周秦王朝与日本国家雏形的出现、中国汉魏王朝与古代日本广域王权的形成、中国南北朝与日本大和王朝的建立以及中国隋唐王朝与日本律令制国家的建设等几组关系中。在上述历史阶段，中国在政治、经济和文化等方面对日本古代国家和传统文化的形成、发展以及政治运行发挥了支撑和架构作用。

关 键 词： 中国　古代日本政治　王权　大和王朝　律令制度

第二次世界大战结束后，针对日本被美国占领的政治现实以及由此引发的民族主义社会思潮，日本学界开始较系统地将日本古代史纳入古代东亚（主要包括中国、日本和朝鲜，下同）国际政治、历史体系和语境中进行整体研究。在研究过程中，关于日本古代史与东亚历史之间的内在联系性和外显整体性的形成，研究者们提出了"社会发展平行论""世界帝国论""册封体制论""国际契机论"等学说。[①] 东亚古代历史是古代东亚各国各民族在政治、经济和文化方面相互影响下共同创造出来的人类发

---

　　* 蔡凤林，历史学博士，中央民族大学外国语学院教授，主要研究方向为中日关系史及东亚区域史。

　　① 蔡凤林：《关于东亚历史视域下的古代中日民族关系史研究动态》，《中央民族大学学报》（哲学社会科学版）2018 年第 2 期。

展历史，有其内在机制支撑的体系性；研究者们努力将东亚各国古代历史视为相互关联的结构性有机体而予以整体审视把握，这无疑是正确的研究思路和学科目标。迄今，为了揭示、还原东亚历史运行过程中呈现出的整体性结构，学界对古代东亚各国历史的发展进程及其互动性或内在联系进行了多维度、多层面的立体研究，且成果可观。但笔者认为，关于中国古代历史发展进程及运行态势对东亚历史前行及其内在联系机制的形成所发挥过的主导作用，以及这一发展进程及运行态势在东亚历史发展进程中一以贯之地占据的主体、主线地位，学界尚未进行深入系统的研究。这显然不利于对东亚历史发展态势整体性的深入理解、把握，以及推进对这一整体性形成的内在机理和动因的探究。受篇幅所限，作为上述重要研究课题的一个组成部分，笔者在此前相关研究[①]的基础上，在本文中着重强调中国古代历史运行态势对日本古代国家和历史形成、发展进程所发挥过的主导性作用。本文的核心观点是：古代中日两国间乃至古代东亚地区内部的焦点问题之一来自朝鲜半岛；围绕这一焦点问题，7 世纪以前日本的政治发展进程深受中国历史运行态势的影响。多识前古，贻鉴未来，希望本文的研究对目前共同面临世界政局"百年锐于千年"的大变局冲击的中日两国能够"与时迁移，应物变化"，更好地把握现实、安排未来，有所裨益；也希望学界出现更多深入研究这一新课题的优秀成果。

一　中国周秦王朝与日本国家雏形的出现

《尚书·蔡仲之命》云："皇天无亲，惟德是辅。"[②] 基于中国历史内部发展规律的作用及"天命论"或"天人感应"思想，历史上中原王朝发生易姓革命，朝代兴废更替，这是中国古代政治机制运行的明显特征之一。中原王朝兴替时，不仅给中国国内带来社会变革，而且对周边国家和

---

① 参见蔡凤林《关于东亚历史视域下的古代中日民族关系研究动态》，《中央民族大学学报》（哲学社会科学版）2018 年第 2 期；蔡凤林《平成时代日本学界"东亚世界论"研究动态及其表现出的对华社会思潮》，《日本研究》2020 年第 1 期。
② 《尚书》，王世舜、王翠叶译注，中华书局，2012，第 462 页。

民族亦产生巨大的政治冲击。周秦时期中国政局的变化给日本社会带来的影响即为典型事例之一。

中国是稻作（水稻耕作）技术的起源地。河姆渡文化遗址表明，距今 7000 年前，中国江浙地区先民即已创造出灿烂的稻作文化。浙江省余姚施岙遗址古稻田距今 6700~4500 年，"是目前世界上发现的面积最大、年代最早、证据最充分的大规模稻田"。① 春秋战国时期，吴粤（越）地区（主要指今江浙地区）的稻作技术已相当完备②，稻谷产量很大，甚至"十年不收于国，民俱有三年之食"③，"饭稻羹鱼"④ 是吴越饮食文化的最大特点。起源于中国南方地区的稻作技术在春秋时代或者说春秋战国之际经由朝鲜半岛传入日本九州玄界滩沿岸地区后迅速向日本列岛东部和南部扩散。⑤

内蒙古自治区赤峰市敖汉旗兴隆洼遗址（距今约 8000 年）形成 3 万多平方米的环壕聚落。⑥ 浙江省浦江县上山文化聚落遗址（距今约 1 万年）中，多处有环壕遗迹。⑦ 在长江中游，现知最早的环壕聚落首推湖南省澧县的五福八十垱，距今 8000 余年。⑧ 安徽省含山县凌家滩遗址发现的环壕遗址（距今 5800~5300 年）是目前国内所知"规模最大、保存较好、功能分区最为完整的大型环壕聚落，为全国罕见的大型'环壕聚落'遗址。……与后世的'护城河'作用相似，有抵御自然风险和其他部落进攻的双重功能"。⑨ 总之，环壕聚落在我国出现很早，很多在后来逐渐演变成早期城池。

弥生时代（公元前 3 世纪~3 世纪）的日本列岛上也出现了众多环壕

---

① 李韵：《国家文物局发布 5 项考古成果》，《光明日报》2021 年 12 月 2 日。
② （东汉）赵晔：《吴越春秋》，北京燕山出版社，2010，第 149 页。
③ 《国语》卷二十《越语上》，齐鲁书社，2005，第 310 页。
④ 《史记》卷一百二十九《货殖列传》，中华书局，1959，第 3270 页。
⑤ 高倉洋彰『金印国家群の時代—東アジア世界と弥生社会—』、青木書店、1995、25-31 頁。
⑥ 李新伟：《中华文明的宏大进程孕育多元一体、协和万邦的文明基因》，《光明日报》2020 年 9 月 23 日。
⑦ 李韵、李宜洁：《一粒米·一群人·一万年》，《光明日报》2021 年 11 月 23 日。
⑧ 严文明：《长江文明的曙光》，文物出版社，2020，第 92 页。
⑨ 马荣瑞、常河：《"玉"见凌家滩》，《光明日报》2021 年 11 月 30 日。

聚落（如板付遗迹、吉野里遗迹、唐古·键遗迹等）。这些环壕聚落属于阻止外敌入侵的防御性设施，属于日本列岛的国家雏形，笔者称之为"邑落国家"或"聚落国家"。① 日本列岛的环壕聚落的源头可直接追溯到朝鲜半岛。② 因此这些"邑落国家"最早应是由朝鲜半岛移居日本列岛的稻作民所建③，为弥生文化的代表性特征之一。

《汉书·地理志》记载："乐浪海中有倭人，分为百余国，以岁时来献见云。"④ 这是中国正史对古代日本列岛政治格局和中日政治、经济关系的最早记述。从"百余国"足见西汉时期日本列岛上这些"邑落国家"已经不在少数。同时，由于此时稻作技术和青铜器制造技术亦经由朝鲜半岛传入日本，日本列岛固有居民绳文人采用适合其自然条件的稻作技术，开始了定居的农耕经济生活。由于水稻的高产以及使用金属农具所带来的社会生产力的提高，日本社会出现了剩余产品，此时绳文人原共同体——部落的首领因占有剩余产品而成为统治阶级。另外，经营稻作农业时不可欠缺的集体灌溉等生产形态亦助长了各部落首领的政治权威。要之，公元前 3 世纪（或稍早时期）稻作技术和青铜器制造技术经由朝鲜半岛传入日本列岛，推进了那里的社会分工和阶级分化，出现了较为复杂的社会管理运作体系和强权即王权。

高仓洋彰对日本九州地区接受稻作地点的考古学资料进行了辨析入微、考订精细的研究。关于目前学界提出的稻作文化传入日本的几条线路⑤，他认为：

> 只要分析从水稻农业接受地出土的考古学资料，就能了解到水稻技术传入日本的路线只有经由朝鲜半岛南部的第三条线路。最初在玄界滩沿岸的平原地区落脚的水稻耕作是在极为卓越的技术基础上形成

---

① 蔡凤林：《日本早期国家的形成与古代东亚社会》，《日本问题研究》2019 年第 1 期。
② 高倉洋彰『金印国家群の時代—東アジア世界と弥生社会—』、25–31 頁。
③ 蔡凤林：《日本早期国家的形成与古代东亚社会》，《日本问题研究》2019 年第 1 期。
④ 《汉书》卷二十八下《地理志下》，中华书局，1964，第 1658 页。
⑤ 另可参见蔡凤林《中国民族文化和日本传统文化的比较研究》，《日语学习与研究》2015 年第 3 期。

的。在那里，以修建干田型水田为首，建设完备的灌溉、排水系统，全面接受朝鲜系磨制石器并用之制造木制农具，掌握收获法和贮藏法，建造保存种子和剩余产品的袋装贮藏穴和干栏式仓库，形成环壕聚落等，充分消化了各种新的水稻耕作技术以及随之而来的技术。这远不是水稻耕作通过一次传播就能够达到的程度，若非依靠精通一系列水稻耕作技术的农人本身长期不断的交流是不可能的。[①]

古代文化的交流一般是在人员移动的情况下展开的。没有相当剧烈的政治和社会震荡，居住于中国大陆的稻作民很难大规模背井离乡移居朝鲜半岛，甚至达到改变日本列岛社会面貌的程度。春秋战国时期中国的政治局势引发一部分稻作民向朝鲜半岛迁移，进而推动日本列岛社会发展应为史实。

距今 4200 年前，吴粤（越）地区良渚文化衰落之后，在春秋战国时期，"长江流域的社会文化令人惊异地出现了复苏，其典型事例之一就是青铜器。在很短时间内，南方青铜器就超过中原地区而达到极高的水平"。[②]《周礼·冬官·考工记》云："橘逾淮而北为枳，鹳鸠不逾济，貉逾汶则死，此地气然也。郑之刀、宋之斤、鲁之削、吴粤之剑，迁乎其地而弗能为良，地气然也。"[③] 即自然环境对文化特质形成产生影响。历史上，中国吴粤（越）地区独特的自然条件孕育了高超的青铜铸剑技术，以至"吴粤之剑"在古代享有盛名，史书盛赞其"肉试则断牛马，金试则截盘匜"[④]。而且这一技术很早就传入了朝鲜半岛。1975 年在韩国全罗北道全州市以北完州郡上林里出土了 26 件中国铜剑。公元前 334 年楚威王兴兵征伐越国，杀其王无疆，"而越以此散"。[⑤] 越人离散，越国王室的青铜工匠中一部分铸剑工匠离开会稽（今绍兴）、姑苏（今苏州）等吴

① 高仓洋彰『金印国家群の時代—東アジア世界と弥生社会—』、32-33 頁。
② 严文明：《长江文明的曙光》，第 80 页。
③ 参见《周礼》，徐正英、常佩雨译注，中华书局，2014，第 864 页；《考工记译注》，闻人军译注，上海古籍出版社，2008，第 4 页。
④ 《战国策》卷二十《赵策三》，缪文远、缪伟、罗永莲译注，中华书局，2012，第 571 页。
⑤ 《史记》卷四十一《越王句践世家》，第 1751 页。

越故地前往朝鲜半岛的西南地区，在当地铸造了这些铜剑。① 在湖南境内发现的饰有人形的匕首、靴形钺等被推定为越族的文物②，亦可佐证越国灭亡后越人向四周逃散。经考古发掘，目前，日本弥生时代前期的铁器遗物数量增多，这些铁器中不仅有曾经在朝鲜北部慈江道龙渊洞等遗址发现的中国燕国铸造的铁器，也有来自长江流域的铁器（例如，福冈县上原遗址出土的凹字形锄就是长江下游地区楚国的农具）。③ 春秋战国时期楚国版图扩及山东一带，那里曾出土过形态与楚国铁器相似的铁削一类的铁器。④ 移居朝鲜半岛的中国越人、楚人的铁器及其制造技术还影响到日本列岛。

　　不仅如此，春秋战国时期中国北方地区居民向辽东地区和朝鲜半岛的移民，也应促进了朝鲜半岛和日本列岛文化面貌的改观。周朝在北方最重要的封国是燕国，周初时其都城在今北京。⑤《史记·朝鲜列传》记载："自始全燕时，尝略属真番、朝鲜，为置吏，筑障塞。"⑥ 这说明燕国已在朝鲜半岛设置官吏并修筑长城。关于燕国在朝鲜修筑的长城，近年来经中朝两国考古学者实地考察，已判明"清川江与大宁河入海口之北岸起，即今朝鲜平安北道中南里起，沿大宁江、昌城江、城兴川而后达鸭绿江；过江进入我国宽甸县……最后经赤峰北面达于滦河源的长城起点地"。⑦ 战国燕昭王（公元前335~前279年）时燕国将领秦开击败东胡，设辽东郡⑧，燕国的东部疆界扩展到朝鲜半岛西北端⑨，随之有一部分燕国居民

---

① 白云翔：《公元前一千纪后半中韩交流的考古学探究》，《中国国家博物馆馆刊》2018年第4期。
② 高至喜：《湖南发现的几件越族风格的文物》，《文物》1980年第12期。
③ 〔日〕川越哲志：《日本早期铁器时代的铁器——来自中国、朝鲜半岛的舶载铁器和国产铁器》，赵志文译，《华夏考古》1998年第4期。
④ 高倉洋彰『金印国家群の時代—東アジア世界と弥生社会—』、25–31頁。
⑤ 晏琬：《北京、辽宁出土铜器与周初的燕》，《考古》1975年第5期。
⑥《史记》卷一百一十五《朝鲜列传》，第2985页。
⑦ 冯永谦：《东北古代长城考辨》，载张志立、王宏刚主编《东北亚历史与文化》，辽沈书社，1991，第27页。
⑧《史记》卷一百一十《匈奴列传》，第2886页。
⑨《三国志》卷三十《魏书·乌丸鲜卑东夷传》，中华书局，1959，第850页。

迁入朝鲜半岛北部。① 《战国策·燕策三》记述公元前 227 年燕国太子丹派遣荆轲行刺秦王嬴政失败，秦命王翦军伐燕，"十月而拔燕蓟城，燕王喜、太子丹等皆率其精兵东保于辽东"。② 战国时期燕国铁器制造技术已经很发达，"不只在作为都邑的下都（位于今河北保定西部、易县城东南）非常普及，连遥远的辽东地区也有很多发现"。③ 经考古发掘，在鸭绿江流域发现了燕国货币、铁器和秦汉货币。④ 在朝鲜西北也发现了许多战国时期货币。⑤ 古代器物的传播主要依靠民众的迁徙。这些遗物的发现说明在战国时期即有华北地区中国人徙居朝鲜半岛。

秦朝时期为了躲避秦廷暴政，中国吴越地区居民中也有一部分人移居朝鲜半岛南部。⑥ 史书记载，秦末战乱时，"天下叛秦，燕、齐、赵民避地朝鲜数万口"。⑦ 秦末时陆续有中国人移居朝鲜半岛。

如上所述，"春秋战国时代连绵不断的诸侯兼并战争，以及与之伴生的民族迁移、分裂、聚合，又大大加强了华夏族与周边民族融合的规模和深度"。⑧ 自古以来，燕、齐环渤海"东北诸郡濒海之处，地势平衍，修筑道路易于施工，故东出之途此为最便"。⑨ 中原与辽东地区和朝鲜半岛或地域毗连，或水路相通，若非人为阻隔，这些地区皆可梯航而至，便于迁移。在古代，农耕技术的传播也首先需要依靠农人的迁徙，而安土重迁的农人不是万不得已，一般不会轻易向遥远的他乡迁徙。由于周秦社会动荡时期大量中国稻作民经由陆路或海路移居朝鲜半岛，他们把高超的稻作技术和青铜器制造技术传入那里。这不仅改变了朝鲜半岛的社会文化面貌，影响所及，也推动日本社会进入了早期国家形成阶段。严文明指出：

---

① 葛剑雄：《黄河与中华文明》，中华书局，2020，第 129 页。

② 《战国策》卷三十一《燕策三》，第 1018 页。

③ 李学勤：《东周与秦代文明》，上海人民出版社，2016，第 249 页。

④ 参见李殿《辑安发现古钱》，《文物参考资料》1957 年第 8 期；古兵《吉林辑安历年出土的古代钱币》，《考古》1964 年第 2 期；王巍《中国古代铁器及冶铁技术对朝鲜半岛的传播》，《考古学报》1997 年第 3 期。

⑤ 藤田亮策「朝鲜発見の明刀銭と其遺跡」、藤田亮策『朝鲜考古学研究』、高桐書店、1948。

⑥ 蔡凤林：《古代中国人移居朝鲜半岛与日本"秦人"的形成》，《日本文论》2019 年第 2 期。

⑦ 《三国志》卷三十《魏书·乌丸鲜卑东夷传》，第 848 页。

⑧ 冯天瑜、何晓明、周积明：《中华文化史》，上海人民出版社，2010，第 291 页。

⑨ 史念海：《秦汉时期国内之交通路线》，《文史杂志》1944 年第 3 卷第 1、2 期。

"韩国南端海岸边和济州岛等地的史前文化同日本九州海岸边及小岛上的文化有很多相似的地方，证明在公元前几千年就存在着接触和相互影响。但朝鲜半岛的农业并没有因此而传到日本。"① 公元前 3 世纪或稍早时期日本社会进入稻作农耕社会且形成国家雏形，当非自然生成的社会经济现象。总之，离开周秦时期中国历史风云对东亚地区的激荡，似乎难以探寻推动日本社会从采集狩猎的绳文社会向以农耕为主的弥生社会过渡的动力。

二　中国汉魏王朝与古代日本广域王权的形成

汉初，西汉王朝诸侯燕王卢绾反叛，逃入匈奴。卢绾属下卫满亡命朝鲜半岛，渡过浿水（今朝鲜清川江②），定居秦朝曾统治过的地方上下鄣③，统治半岛世居民和中国燕、齐地区逃亡至半岛的人，建立卫氏朝鲜国（公元前 195~前 108 年），定都王险城（今平壤）。中国土圹墓源于新石器时代，这种墓葬形式是"中国古代最流行、数量最多的墓形之一，它广泛分布于黄河流域、东北、西北、长江流域以及华南的某些地区"。④土圹墓很早就在辽东地区普及。据考古发现，公元前 3 世纪末至前 2 世纪初，朝鲜半岛西北部的文化面貌发生了明显变化，传统墓葬形式石圹墓逐渐消失，取而代之的是中原地区土圹墓，意味着这个时期有大量中原民众移居半岛。田村晃一认为，朝鲜半岛西北部土圹墓的出现与卫满进入半岛关系紧密，以王险城为中心建立的卫氏朝鲜在很大程度上是燕、齐等地移民与世居民相互妥协的结果。⑤

中国北方民族匈奴兴起，成为秦汉王朝的劲敌。于是，如何防止卫氏

---

① 严文明：《长江文明的曙光》，第 229 页。
② 谭其骧主编《中国历史地图集释文汇编（东北卷）》，中央民族学院出版社，1988，第 47 页。
③ 《史记》卷一百一十五《朝鲜列传》，第 2985 页。
④ 朱晨露、段清波：《西汉大中型土圹墓建设问题的思考——以坑壁保护技术为例》，《西北大学学报》（自然科学版）2018 年第 2 期。
⑤ 田村晃一「いわゆる土壙墓について―台城里土壙墓群の再検討―」、『考古学雑誌』1965 年第 3 号。

朝鲜联合匈奴威胁西汉王朝的安全，成为摆在汉武帝面前的最大政治课题，这是他倾注国力剿灭卫氏朝鲜，于元封三年（公元前 108 年）在辽东地区和朝鲜半岛设置乐浪、玄菟、临屯、真番四郡①的主要政治动因。乐浪四郡的设立，不仅将朝鲜半岛大部分地区纳入中原王朝的辖制范围，而且增强了黄河文明对日本列岛的辐射力度，推进了古代中日文化交流，为古代中日政治关系的确立和展开提供了便捷条件，对古代日本的政治和文化亦产生了极为深远的影响。

《汉书·地理志》记载："乐浪海中有倭人，分为百余国，以岁时来献见云。"② 日本人的祖先倭人应是在乐浪郡治所（今平壤）定期朝贡汉朝。倭人"分为百余国"，描绘的是西汉时期日本列岛众多"邑落国家"并存共立的政治格局。这一格局必然导致处于由多元政治向统一国家过渡阶段的"百余国"相互间的政治军事斗争。于是，寻求强大的政治后盾，成为"百余国"首领巩固、扩大政权的有效手段，也是"百余国""以岁时来献见"汉朝乐浪郡的主要动力。目前尚未发现西汉皇帝册封倭人首领的历史记录和历史遗物，但倭人"百余国"定期朝贡乐浪郡时，西汉王朝统治者根据中原王朝朝贡政治的原理应有所表示，因此不能排除西汉皇帝通过乐浪郡册封倭人"百余国"的某个国王甚至若干国王的可能性。建武中元二年（57），东汉光武帝授予倭王（自 7 世纪末称为"天皇"）"汉委奴国王"金印。东汉光武帝册封倭王的目的是恢复西汉王朝设在朝鲜半岛的统治机构乐浪郡及其统治秩序，因此有必要将日本纳入汉廷的册封体制。

继东汉王朝，文献记载曹魏明帝册封倭女王卑弥呼为"亲魏倭王"并赐予金印紫绶。③ 这也与中国历史的发展态势有着直接的关系。

东汉末年，群雄并起，在东汉的东北边疆辽东地区出现了存续近半个世纪的割据政权公孙氏政权（190～238 年）。《三国志·魏书·二公孙陶四张传》记载，公孙度"分辽东郡为辽西、中辽郡，置太守。越海收东

---

① 《汉书》卷六《武帝纪》，第 194 页。
② 《汉书》卷二十八下《地理志下》，第 1658 页。
③ 《三国志》卷三十《魏书·乌丸鲜卑东夷传》，第 857 页。

莱诸县，置营州刺史，自立为辽东侯、平州牧，追封父延为建义侯"。①
《三国志·魏书·乌丸鲜卑东夷传》记载："桓、灵之末，韩濊强盛，郡
县不能制，民多流入韩国。建安中，公孙康分屯有县以南荒地为带方郡。
遣公孙模、张敞等收集遗民，兴兵伐韩濊、旧民稍出，是后倭、韩遂属带
方。"② 东汉末年汉桓帝、灵帝执政时期，因国力衰退，汉朝对朝鲜半岛
的辖制遭到削弱，结果"韩濊强盛"，汉朝不能有效控制在朝鲜半岛设置
的郡县，郡县民众有多人流入韩国（朝鲜半岛南部的韩地）。汉献帝建安
（196~220 年）时期，公孙康将乐浪郡南部的屯有县以南地区划为带方
郡，"是后倭、韩遂属带方"。这个时期倭女王卑弥呼很可能通过带方郡
通聘公孙氏政权。1960 年从日本奈良县天理市栎本町的东大寺山古坟出
土了东汉中平（184~189 年）年间制造的镶嵌金铭文的环头大刀。该大
刀应为公孙氏赐予倭人。③

　　当时公孙氏政权对于曹魏王朝统治辽东地区和朝鲜半岛形成了很大的障
碍。不仅如此，公孙氏政权还与曹魏王朝的宿敌孙吴政权暗通款曲。嘉禾元
年（232）三月，孙权"遣将军周贺、校尉裴潜乘海之辽东"。④ 嘉禾二年
（233）三月，孙权"使太常张弥、执金吾许晏、将军贺达等将兵万人，金
宝珍货、九锡备物，乘海授渊"。⑤ 赤乌二年（239）三月，公孙渊又"遣
使羊衜、郑胄、将军孙怡之辽东，击魏守将张持、高虑等，虏得男女"。⑥

　　孙吴政权与海外也有交往。例如，孙权曾遣宣化从事朱应、中郎康泰
通"海南诸国"。⑦ 《太平御览》卷 771 引康泰《吴时外国传》的记载：
"从加那调洲乘大伯舶，张七帆，时风一月余日，乃入秦，大秦国也。"⑧
加那调洲在今马来西亚或今缅甸沿岸地区，或谓在今印度西岸。⑨ "大秦"

---

① 《三国志》卷八《魏书·二公孙陶四张传》，第 252 页。
② 《三国志》卷三十《魏书·乌丸鲜卑东夷传》，第 851 页。
③ 上田正昭『私の日本古代史　上』、新潮社、2012、115 頁。
④ 《三国志》卷四十七《吴书·吴主传》，第 1136 页。
⑤ 《三国志》卷四十七《吴书·吴主传》，第 1138 页。
⑥ 《三国志》卷四十七《吴书·吴主传》，第 1143 页。
⑦ 《梁书》卷五十四《诸夷传》，中华书局，1974，第 783 页。
⑧ （宋）李昉等：《太平御览》，中华书局，1960，第 3419 页。
⑨ 沈福伟：《中西文化交流史》，上海人民出版社，1985，第 55 页。

谓东罗马帝国。《三国志·吴书·吴主传》记载，黄龙二年（230）正月，孙权"遣将军卫温、诸葛直将甲士万人浮海求夷洲及亶洲。亶洲在海中"。① 孙吴政权还和倭国（自 7 世纪末称"日本"）保持着政治、文化关系。日本山梨县鸟居原古坟出土三国孙吴赤乌元年（238）铭神兽镜，兵库县安仓古坟出土三国孙吴赤乌七年（244）铭画文带神兽镜。② 王仲殊认为，在日本发现的三角缘神兽镜由 3 世纪时东渡日本的三国吴国工匠所铸造。③ 继春秋战国时期吴越经济文化对日本的影响，三国时期吴国亦应对日本产生了很大的政治和文化影响。《日本书纪》等日本古文献称中国南朝为"吴"，应源于三国时期吴国对日本产生的影响。《三国志》编纂者陈寿或许因秉持以曹魏为正统的史观而未给《吴书》设日本传，但这并不代表吴国与日本不存在交往关系和经济文化往来。

景初二年（238），高句丽遣数千兵士帮助曹魏王朝攻打公孙渊④，公孙氏政权灭亡。景初中（237～239 年），曹魏王朝派兵接管了位于朝鲜半岛的乐浪、带方二郡。曹魏王朝攻取辽东地区后，高句丽与其终止了合作，还发兵袭击辽东地区。正始年间（240～249 年），曹魏政权派遣毌丘俭平定高句丽。⑤ 在这种错综复杂的政治军事形势下，曹魏王朝担忧公孙氏政权死灰复燃并与高句丽、邪马台国联合而构成边患甚至夺取乐浪郡，因而高度重视对邪马台国的外交。

一般而言，历史上，中原王朝统治者的国家观更体现为"天下"观，认为"普天之下，莫非王土；率土之滨，莫非王臣"。但这种政治观只是"设神理以景俗，敷文化以柔远"的文化理想，希冀普天之下的人都具备"声名文物"即华夏文明礼仪，而不是依靠武力征服、强迫别国接受自己文化的文化霸权主义。"儒家主张的政治秩序，直接地受制于礼、法，间

---

① 《三国志》卷四十七《吴书·吴主传》，第 1136 页。
② 中田祝夫『日本の漢字』、中央公論社、1982、156 頁。
③ 王仲殊：《日本三角缘神兽镜综论》，载王仲殊《古代中国与日本及朝鲜半岛诸国的关系》，中国社会科学出版社，2013。
④ 《三国志》卷三十《魏书·乌丸鲜卑东夷传》，第 845 页。
⑤ 《三国志》卷二十八《魏书·王毌丘诸葛邓钟传》，第 762 页。

接地受制于仁、义，根本上则受制于道——'万物并育而不相害'之道。"① 在中国思想体系中并不存在以武力征服他国的基因和设想，中国从来不是殖民主义或帝国主义国家。《荀子·尧问》记载："尧问于舜曰：'我欲致天下，为之奈何？'对曰：'执一无失，行微无怠，忠信无倦，而天下自来。'"② 传统中原王朝的对外政策是基于"远人不服，则修文德以来之"，以仁政"陶冶万物，化正天下"的"王道"政治，从而对未受华夏文化浸润的"化外之区"或"蛮荒之域"采取的是，"得之不为益，弃之不为损。盛德在我，无取于彼"③ 的政治态度。

但是，当周边民族兴起而对中原王朝构成严重边患时，中原王朝对这些民族就予以高度重视，在正史中也为这些民族立传，以"备四夷之变"，即中国史书所云："惟其服叛去来，能为中国利害者，此不可以不知也。"④ 因此，中国正史中的"夷蛮戎狄传"是"记述从事"、因事命篇，实质上属于中原王朝的边政学范畴。《史记·匈奴列传》等边疆民族传在中国正史中的出现均与这种政治思想有着密切的关系。

遍览中国正史，给位于"海表"即太平洋西北部的日本立传是以《三国志·魏书·乌丸鲜卑东夷传》"倭人条"为嚆矢。而且自《后汉书·东夷传》"倭条"至《清史稿·日本志》，关于古代日本的地理方位、山川形胜、疆域四至、方物特产、生产形态、政治制度、习俗礼制、人户数量以及衣食住行等的记述，其详细程度均无法超越《三国志·魏书·乌丸鲜卑东夷传》"倭人条"。这些关于倭国的信息，主要通过曹魏时期中日间往来的使节或带方郡获取。通过这些记述可窥知曹魏王朝对当时的倭国给予高度重视。曹魏王朝积极与倭国通交、册封倭女王卑弥呼等外交行为，应与当时中国东北边疆辽东地区和乐浪、带方二郡政治局势，以及三国鼎立的政治态势有着直接的关系。而当时的形势在客观上为卑弥呼依

① 刘静芳、刘曦：《万物并育而不相害——儒家哲学的根本精神》，《光明日报》2022 年 2 月 14 日。
② 《荀子新注》，北京大学《荀子》注释组注释，中华书局，1979，第 505 页。
③ 《汉书》卷九十六下《西域传下》，第 3930 页。
④ 《新五代史》卷七十二《四夷附录第一》，中华书局，1974，第 885 页。

靠中国的册封，建立日本广域王权——邪马台国提供了国际环境和条件。

总之，汉魏时期中国政治局势深刻影响了周边地区尤其是东北亚地区，这在客观上促使中原王朝对倭国给予高度的政治关注。而倭王定期朝贡乐浪郡或积极寻求汉魏王朝的册封，则是为了得到中原王朝的政治支持，从而在日本列岛政治多元发展格局中构筑、宣示自己超越列岛各国首领的特殊政治地位。汉魏王朝对倭王的政治影响，推动了日本广域王权形成的进程。国家是文明发展的产物。在古代，地理环境对人类文明演进的影响甚巨。由于地貌特征、地理位置等自然因素的影响，古代日本列岛缺少形成高度文明的自然条件，这也决定了其缺少自主生成像古代中国那样的高度专制而强大的大一统封建王朝的文明中心的支撑，故而其国家形成史始终深深地依赖来自外部的政治、经济和文化要素的刺激及支持，这在日本政治及其制度发展史上是不可忽视的奇特现象。

三　中国南北朝与日本大和王朝的建立

如上所述，中原王朝统治者对周边民族首领的册封，对各民族政权的形成、发展与巩固产生了推进和支撑作用，周边民族借此兴起成为较普遍的历史现象。在一定程度上，能够认为中国周边民族兴起并建立政权、形成国家，均与当时中原王朝的这种政治支持有着直接的关系。同时，对于古代东亚地区而言，中国发挥着维持其政治秩序的轴心作用。中国出现强大王朝时，促进周边民族经济、文化进步发展，同时又刺激周边民族自他意识的觉醒而建立民族政权。而中原王朝出于各种原因阑珊式微时，周边民族政权因失去国际制衡力或政治依靠而相互发生冲突或内部出现变乱。因此，中原王朝的政治影响力不仅对东亚国际秩序冲击至深，而且会给周边民族政权带来震荡。汉朝建立并走向强盛，为边疆民族和周边民族输送了诸多先进文化因子，推进其社会发展进步。但在抗击匈奴的战争中，西汉王朝耗尽国力，由盛转衰。乘此历史时机，此前深受中原王朝政治、经济和文化影响的中国边疆民族和周边民族纷纷兴起，建立政权，形成国家。东汉末年的中国民族关系史生动地展现了这一历史画卷。较之《史记》《汉书》，《后汉书》所设的边疆民族传数量更多，内容更为详细，说明受汉朝的各种影响，有更多的边疆民族兴起。汉朝影响中国边疆民族和周边民族兴起，类似于唐朝政治、经济与文化影响中国边疆民族和周边民族兴起的历史画面。

东汉之后，经历了西晋王朝（265~316 年）的短暂统一，4 世纪初至 6 世纪末，中国历史出现了"五胡十六国"（304~439 年）纷立和南北朝（420~589 年）对峙的局面。中国历史的这一重大变局，亦深刻影响了当时的日本政治，而其主要推动力即中国东北民族高句丽在"五胡十六国"纷乱时期乘机兴起并南下朝鲜半岛。

自古以来日本列岛与朝鲜半岛南部的任那加罗（今韩国洛东江中下游地区）之间有着密切的经济文化往来。根据近年学界的研究成果，尤其是乐浪郡设立后，自今日本九州地区经由任那加罗至乐浪郡，形成了一条经济文化交流通道。① 能够认为，在 7 世纪初日本派遣隋使直接来中国学习之前，朝鲜半岛是其汲取中国文化要素的主要通道。

迄今尚未发现直接反映 4 世纪中日关系的文献，但通过《七支刀铭文》② 及《广开土王碑》③ 的记载，受"五胡十六国"时期高句丽南下朝鲜半岛的冲击，日本开始与高句丽争夺朝鲜半岛。4 世纪的日本历史并非学界通常所认为的谜团般不可知，此时日本正忙于向朝鲜半岛扩张。升明二年（478），倭王武上表南朝刘宋顺帝，称其祖先"躬擐甲胄，跋涉山川，不遑宁处。东征毛人五十五国，西服众夷六十六国，渡平海北九十五国"④。"毛人"为日本东北地区古代民族；"众夷"系日本九州地区古代

① 李成市「新羅の国家形成と加耶」、白石太一郎編『日本の時代史 1 倭国誕生』、吉川弘文館、2022。
② 《七支刀铭文》是反映 4 世纪朝鲜半岛局势的珍贵文献。为了纪念与倭国协同战胜高句丽，百济国王在中国人的参与下铸造"七支刀"，献给了倭王。
③ 《广开土王碑》亦称《国冈上广开土境平安好太王碑》或《好太王碑》，位于吉林省集安市洞沟古墓群禹山墓区东南部太王镇大碑街，系洞沟古墓群中著名碑刻，发现于清末。此碑系高句丽第 20 代王长寿王为铭记其父第 19 代高句丽王好太王的功绩，于 414 年建立。碑文涉及高句丽建国传说、好太王功绩以及当时中国东北地区和朝鲜半岛、日本列岛之间的政治关系，为中外学者所珍视。
④ 《宋书》卷九十七《倭国传》，中华书局，1974，第 2395 页。

民族；"海北"指朝鲜半岛。这一记述亦可佐证 4 世纪时日本正朝着统一国家迈进，甚至武力扩张至朝鲜半岛。369 年和 371 年，在百济两次反击高句丽的战争中，倭王为了确保朝鲜半岛不被高句丽占领，动员日本列岛各部族军队参与了这两场战争①，客观上推进了日本统一王权大和王朝②的形成。

西晋泰始二年（266），倭国统治者遣使朝贡西晋王朝。③ 但此后近150 年间，文献中不见倭国朝贡中国的历史信息。文献中再次出现日本通交中国的记载，是在 413 年倭王遣使向东晋王朝"献方物"。④ 近一个半世纪后，5 世纪初日本再次朝贡中国，目的是采取远交近攻和事大主义的外交策略，依恃中国的政治支持以抗衡高句丽在朝鲜半岛的势力。这种政治意图在升明二年（478）倭王武（雄略天皇）呈刘宋王朝顺帝的一则上表文中表露无遗。⑤

386 年北魏王朝建立，439 年统一中国北方，结束了"五胡十六国"以来的社会纷乱局面。高句丽亦向北魏称臣纳贡⑥，这进一步切断了高句丽向辽西发展的道路。面对强大的北魏王朝的威压，高句丽加快了南下朝鲜半岛的步履。427 年高句丽迁都平壤，对朝鲜半岛产生更大的政治军事压力，《魏书·百济传》所记 472 年百济向北魏遣使，控告遭受高句丽欺凌和威胁的史实真实地反映了这一历史现状。⑦ 终于，475 年百济被迫迁都熊津（今韩国忠清南道公州）。1979 年在韩国忠清北道出土的《中原高句丽碑》，将新罗王称为"东夷寐锦"⑧，高句丽对新罗表现出居高临下的

---

① 鈴木靖民編『日本の時代史 2 倭国と東アジア』、吉川弘文館、2002、22 頁。

② 关于大和王朝，一般指 3 世纪后半叶在弥生文化的中心之一"大和"地区（今奈良盆地）发展壮大的诸豪族以天皇祖先大王为核心建立的政权，4~5 世纪时发展成统治日本列岛大部分地区的势力，5 世纪"倭五王"执政时期，其势力扩展到朝鲜半岛南部地区，并与中国南朝刘宋王朝建立了极为密切的政治关系。

③ 『日本書紀 巻九 神功皇后紀』、経済雑誌社、1897、177 頁。

④ 参见《晋书》卷十《安帝纪》，中华书局，1974，第 55 页；（宋）李昉等：《太平御览》，第4344 页。

⑤ 《宋书》卷九十七《倭国传》，第 2394~2395 页。

⑥ 《魏书》卷一百《高句丽传》，中华书局，2000，第 1498 页。

⑦ 《魏书》卷一百《百济传》，第 1500 页。

⑧ 井上秀雄『古代アジアの文化交流』、渓水社、1993、343 頁。

政治态度。面对如此紧迫的国际形势，倭国也加剧了对朝鲜半岛的争夺，440 年、444 年，倭国先后派兵征讨新罗。[①] 据《宋书》"倭国传"及"本纪"记载，5 世纪时"倭五王"（赞、珍、济、兴、武）遣使朝贡刘宋王朝达 10 次（421 年、425 年、430 年、438 年、443 年、451 年、460 年、462 年、477 年、478 年），竭力要求刘宋王朝给予政治支持，武（雄略天皇）甚至"自称使持节、都督倭、百济、新罗、任那、秦韩、慕韩六国诸军事、安东大将军倭国王"[②]，且要求刘宋王朝"除正"（授予正官），企图领导朝鲜半岛南部各国，形成对抗高句丽的军事联盟。

5 世纪日本古坟以河内（今大阪府东部）的古市古坟群与和泉（今大阪府南部）的百舌鸟古坟群为典型。古市古坟群以应神天皇陵为代表，百舌鸟古坟群则以仁德天皇陵为代表。应神天皇陵周长 430 米，仁德天皇陵周长 486 米，二陵均有二重壕沟和陪冢。这些巨冢均建造于平原或平坦的台地上。与依山而建的古式古坟相比，这些古坟建造时花费了大量的劳动力，表现出建造者的强大组织力和动员力，说明 5 世纪时倭王具有前所未有的政治权力。[③]

1973 年出土的《埼玉县稻荷山古坟出土铁剑铭》中出现的"辛亥年"应为 471 年。文中的"獲加多支鹵"指雄略天皇。通过对这一铭文的解读，能够了解到《熊本县江田船山古坟出土铁刀铭》中出现的"獲□□□（此处缺字——笔者注）鹵"亦为雄略天皇。这些铭文中出现了"大王""左治天下""治天下"等表现日本统一王权形成的字句。这些刀剑是 5 世纪后半叶在日本铸造的，其铭文内容反映倭王权和豪族之间形成了政治隶属关系。结合升明二年（478）倭王武呈刘宋顺帝的表文内容，可知 5 世纪时倭王在日本列岛实现了一定程度的政治统合，形成了以奈良盆地和大阪平原为中心的统一王权大和王朝。但是当时的倭国毕竟是以豪族长联合为基础的政治体制，国内政治秩序尚不明朗，不能称为强有

---

① 〔朝鲜〕金富轼：《三国史记》卷第三《新罗本纪第三》，孙文范等校勘，吉林文史出版社，2003，第 40 页。

② 《宋书》卷九十七《倭国传》，第 2394~2395 页。

③ 石田一良『日本文化史概論』、吉川弘文館、1991、35 頁。

力的政治统合体。例如，大和王朝的核心地区奈良盆地还有葛城、平群、巨势等大豪族存在，他们各拥部曲、田庄，在列岛各地还有很多尚未编入部民制的民众，边境地区的各大豪族亦依然拥有强大的政治势力。① 加之朝鲜半岛局势的动荡，倭王地位很不稳固。

为此，倭王将目光转向中国刘宋王朝，希望得到其政治支持，积极加入中国的朝贡体系，将中国的册封作为对日本列岛和朝鲜半岛南部进行统治、控御的政治资本，以获得王族和豪族对自己的向心力。② 不仅"倭国王"这一政治地位有必要得到中国的"除正"，甚至像倭隋这样的王族或大豪族成员被授予针对倭国国内的"平西、征虏、冠军、辅国将军号"或"军、郡"（即将军号和郡太守号③）等官爵时，亦需得到中国的"除正"。倭王珍被刘宋皇帝授予的"安东将军"号和倭隋等人被授予的"平西、征虏、冠军、辅国将军"号，相互间在序列上接近。④ 总之，5 世纪时"倭五王"频繁遣使朝贡刘宋王朝，倭王及其属下得到刘宋皇帝的叙官封爵，并采用中国的府官制官职⑤，借助中国的政治权威和制度设计，对内得到统治倭国的正统政治地位和权力，对外在朝鲜半岛南部各国中确立自己的盟主地位，以与高句丽争夺朝鲜半岛，客观上促进了大和王朝的巩固和发展。在古代日本的王权及国家形成史以及中日政治关系史上，5 世纪这一时期具有特殊的意义。

针对倭五王的多次朝贡，中国刘宋王朝积极册封倭王，则是为了应对北朝-高句丽阵线。据研究者统计，"五胡十六国"和南北朝时期高句丽遣使"十六国"12 次、北魏 79 次、东魏 15 次、北齐 6 次、北周 1 次；

① 上田正昭『私の日本古代史　下』、新潮社、2012、84 頁。
② 河内春人「倭国における南朝官爵の史的意義」、河内春人『日本古代君主号の研究』、八木書房、2015。
③ 参见坂本義種「古代東アジアの〈大王〉について」、坂本義種『古代東アジアの日本と朝鮮』、吉川弘文館、1978；鈴木靖民編『日本の時代史 2　倭国と東アジア』、吉川弘文館、2002。
④ 武田幸男「平西将軍倭隋の解釈—5 世紀の倭国政権にふれて—」、『朝鮮学報』第 77 巻、1975。
⑤ 《宋书》卷九十七《倭国传》，第 2394～2395 页。

遣使东晋 3 次、刘宋 22 次、南齐 5 次、梁朝 11 次、陈朝 6 次。① 高句丽与北魏的使臣往来最为频繁。在北魏王朝举行朝会款待外国使团的名单中，南朝使团名列首位，而高句丽王派遣的使团则列第二位。② 在西魏（535～556 年）－北周（557～581 年）与东魏（534～550 年）－北齐（550～577 年）对峙的 40 余年间，高句丽遣使北朝约 27 次③，远超同一时期向南朝的遣使次数。这必然引起南朝警觉，倾力扩大统一战线，以应对北朝－高句丽阵线。为了拉拢高句丽，刘宋王朝也曾册封高句丽王。④但在 460～474 年倭国积极遣使刘宋王朝时，高句丽向北魏遣使 13 次，而向刘宋王朝遣使只有 4 次⑤，高句丽的外交重点显然是北魏。刘宋王朝积极册封倭王，加强对日外交，也应该是南朝应对北朝－高句丽阵线战略思想的一个体现，而不仅仅是缘于单纯的册封体制。要之，中国南北朝历史不仅在 5 世纪东亚历史中占据主线地位，而且主导了 5 世纪东亚历史的发展进程，集中反映出以中国历史为核心的东亚历史内容环环相扣的运行规则。

另外，魏晋南北朝时期的中国政治形势还引发了东亚地区的移民热潮。当时除了很多中原人士移居朝鲜半岛之外，受高句丽南下的冲击，有大量在秦朝以前以及汉魏时期移居朝鲜半岛的中国人后裔越过对马海峡，移居日本列岛，成为古代日本 "秦人" "汉人" 等移民集团，他们对古代日本政治和文化的飞跃发挥了决定性作用。⑥ 6 世纪时迫于高句丽的压力，百济依然与中国南朝保持着友好关系，经由百济移居日本的中国梁朝人（"今来汉人"）将中国的道教、阴阳五行、儒学等思想文化传入了日本。推古天皇十六年（608）九月，推古朝第三次派遣的遣隋使中有倭汉直福

---

① 参见韩昇《四至六世纪百济在东亚国际关系中的地位和作用》，韩国忠南大学百济研究所第七届国际学术会议——百济社会诸问题，1994。
② 王仲荦：《魏晋南北朝史》（下册），上海人民出版社，1980，第 698 页。
③ 参见徐荣洙《古代韩中关系研究论丛》，《学术论丛》（第 5 辑），檀国大学，1981，第 35～48 页；徐荣洙《4～7 世纪韩中朝贡关系考》，载林天蔚、黄约瑟编《古代中韩日关系研究》，香港大学亚洲研究中心，1987，第 8～10 页。
④ 《宋书》卷九十七《高句骊国传》，第 2392 页。
⑤ 〔日〕河内春人：《倭五王》，梁适雨译，社会科学文献出版社，2021，第 120 页。
⑥ 蔡凤林：《古代中国人移居朝鲜半岛与日本 "秦人" 的形成》，《日本文论》2019 年第 2 辑。

因、奈罗译语惠明、高向汉人玄理、新汉人大国、学问僧新汉人日文（旻）、南渊汉人请安、志贺汉人惠隐、汉人广齐共八人留学隋朝。[①] 这些"汉人"中只有"倭汉直"属于正式氏名，其他均为以居地名称起的临时氏名，且多为汉语，他们应该是 6 世纪上半叶经由百济移居倭国的中国梁朝人，后来成为大化革新的中坚力量。自 5 世纪后半叶以迄 7 世纪，中国南朝文化对日本社会的进步发展产生了极大的推动作用，而其核心推助者是"今来汉人"。推动日本社会出现这种变革的根本动力在于中国东北民族高句丽南下促使百济和日本建立统一战线，百济为了得到日本的政治军事支持而向日本输送了大量的中国文化元素和各种人才。

四　中国隋唐王朝与日本律令制国家的建设

7 世纪东亚历史上的焦点问题之一依然是中原王朝和中国东北民族高句丽之间围绕朝鲜半岛产生的问题。如前所述，自 4 世纪以来，争夺朝鲜半岛成为古代日本一以贯之的重要国是。为了依恃中国的政治权威，阻止高句丽南下，以维护朝鲜半岛这一文明和财富通道畅通，5 世纪日本对华展开了积极外交。但事与愿违，475 年高句丽攻陷百济王都汉城（今韩国首都首尔），百济被迫迁都熊津。受高句丽南进的威胁，538 年百济再次迁都泗沘（今韩国忠清南道扶余郡），着力经营朝鲜半岛南部并向其东邻任那加罗地区发展。与此同时，6 世纪时新罗亦向任那加罗地区扩张，加之 5 世纪末 6 世纪初这一地区萌生政治统一的趋势并抵抗倭国的控制[②]，5 世纪末至 6 世纪上半叶，倭国对朝鲜半岛的影响力日减。及至 562 年任那加罗完全被新罗吞并，倭国丧失了在朝鲜半岛的立足之地，其自 4 世纪中后期入侵朝鲜半岛的对外政策宣告失败，这对于倭国王权来说是致命打击，引发了倭王武之后倭王权力衰落（根据《日本书纪》记载，倭王武之后至继体天皇即位，出现了王统转移、权臣作乱、恶王擅政等王权衰落

---

① 『日本書紀　卷二十二　推古天皇紀』、384 頁。
② 『日本書紀　卷十七　繼体天皇紀』、292 頁、370 頁。

现象），6 世纪时倭王停止向中国南朝遣使。

　　另外，根据《日本书纪》敏达天皇十二年（583）条所记"日罗献计"事件的内容，可知敏达天皇执政时（572～585 年）围绕任那加罗问题，百济对倭国怀有疑虑，且与倭国关系不睦，甚至意欲在倭国的筑紫（今九州）建立新的国家。① 在当时受高句丽压迫日益严重的形势下，百济可能计划将日本列岛作为退守之地。加之 562 年任那加罗完全被新罗吞并，以及隋朝崛起并倾注国力征伐高句丽三次（612 年、613 年、614年），6 世纪末 7 世纪初，倭国陷入了深深的国际危机。

　　隋朝灭陈后，百济"遣使奉表贺平陈"。② 594 年，新罗遣使隋朝。③ 600 年，倭国亦首次遣使隋朝④，自 478 年"倭五王"最后一次遣使朝贡中国刘宋王朝百余年后，倭国再度朝贡中国。有研究者认为，600 年倭国派遣首批遣隋使，其背后是圣德太子试图与隋朝商议任那问题的解决方案。⑤ 不论何者，隋朝的建立对倭国的冲击是严重的。遣隋使具有文化使者的使命，据《隋书·东夷传》记载，大业三年（607）倭国遣使隋朝的目的是"闻海西菩萨天子重兴佛法，故遣朝拜，兼沙门数十人来学佛法"。⑥ 随此次遣使隋朝而来的留学人员多为僧侣亦能佐证此点。⑦ 然而，从《隋书·东夷传》记载看不出开皇二十年（600）所派遣的首批遣隋使的主要目的为学习中国文化，从《隋书·东夷传》"新罗、百济皆以倭为大国，多珍物，并敬仰之"⑧ 等记述分析，毋宁认为其主要目的是试图敦促隋朝承认倭国对新罗、百济的大国地位；或仿效"倭五王"时期，依靠中国的政治权威取得对新罗、百济的宗主权，甚至带有与隋朝争夺新

---

① 『日本書紀　卷二十　敏達天皇紀』、354-356 頁。
② 《隋书》卷八十一《东夷传》，中华书局，1973，第 1820 页。
③ 《隋书》卷八十一《东夷传》，第 1819 页。
④ 《隋书》卷八十一《东夷传》，第 1826 页。
⑤ 参见三品彰英「聖徳太子の任那政策」、聖徳太子研究会編『聖徳太子論集』、平楽寺書房、1971；井上光貞「推古朝外交政策の展開」、聖徳太子研究会編『聖徳太子論集』、平楽寺書房、1971。
⑥ 《隋书》卷八十一《东夷传》，第 1827 页。
⑦ 森公章『遣唐使と古代日本の対外政策』、吉川弘文館、2008、73-76 頁。
⑧ 《隋书》卷八十一《东夷传》，第 1827 页。

罗、百济的色彩。总之，争夺朝鲜半岛应是倭国派遣第一次遣隋使的现实动机。① 600 年倭国派遣第一次遣隋使后，推古朝开始施行政治改革，制定了旨在促进倭国大豪族官僚化的"冠位十二阶"，并颁布官员行为准则《宪法十七条》、改进礼仪服饰等，揭开了以中央集权制为目标的律令制国家建设的帷幕。推古朝改革的主要目的是"通过国家制度和政治形象建设，实现有效的国家功能，主要是与新罗展开政治和文化竞争，使任那加罗摆脱新罗的控制"。② 除此目的之外，推古朝改革还应和隋朝崛起并对朝鲜半岛产生剧烈冲击的国际局势有着直接的关系。

古代高度发达的黄河农耕文明及其所处的东亚地区核心地带，使古代中国人认为自己拥有"礼义之大""服章之美"③，且得"天下之中"，由此产生了具有文明自豪感的"华夏"意识。同时将其周边文明发展进程相对滞后的民族（部族）视为"夷蛮戎狄"，希望中原王朝皇帝"君临万方""敷德四海"，周边民族也仰慕中国礼乐制度而朝贡中原王朝。这种世界意识中带有唯我独尊的消极因素是事实，但其所追求的目标是"振纲常以布中外，敷文德以及四方"，使"普天之下，率土之滨，罔不悉归于涵养之内"。即以中国的声教文明、礼乐制度化育万方之民，使他们敬顺天道纲常、相亲相睦，以共享太平之福，要建立一个以中华帝国为核心的和平友好的礼制国际社会秩序。

而且，这种政治愿望不是基于军事胁迫，而是如《论语·季氏》所云："故远人不服，则修文德以来之。既来之，则安之。"所谓"招携以礼，怀远以德"。中原王朝的对外基本原则是通过提高自身的文教道德水准以吸引周边民族或国家，而不是依靠军事实力强迫它们朝贡皇帝。汉武帝和隋唐王朝倾注国力分别征讨匈奴和突厥、高句丽，主因在于这些北方民族无休止地扰边，使汉、隋、唐王朝长期得不到安宁，这些王朝对外征伐主要是从维护中原王朝安全的立场出发，而非穷兵黩武、霸权扩张。

唐高祖李渊的重臣裴矩和温彦博曾说过："辽东之地，周为箕子之

---

① 石母田正『日本の古代国家』、岩波書店、2001、22 頁。
② 蔡凤林：《东亚历史视域下的日本天皇制形成过程探析》，《日本文论》2021 年第 1 辑。
③ （唐）孔颖达：《春秋左传正义》，北京大学出版社，2000，第 1827 页。

国，汉家之玄菟郡耳！魏、晋已前，近在提封之内，不可许以不臣。"①
尤其是汉武帝在朝鲜半岛设置乐浪等四郡之后，在中原王朝统治者的政治
意识中，朝鲜半岛在中国的"提封"之内，须接受中国皇帝的统治，这
一意识赓续至近世。在唐初，唐朝统治者对高句丽表现出较为宽容的态
度。唐高祖李渊曾谓侍臣："名实之间，理须相副。高丽（即高句丽——
笔者注）称臣于隋，终拒炀帝，此亦何臣之有！朕敬于万物，不欲骄贵，
但据土宇，务共安人，何必令其称臣，以自尊大。可即为诏，述朕此怀
也。"② 李渊并没有强制高句丽称臣纳贡。相反，他认为隋末征高句丽战
争"连兵构难，攻战之所，各失其民。遂使骨肉乖离，室家分析，多历
年岁，怨旷不申"，要求高句丽王建武立刻遣送战时陷落高句丽的隋军将
士，唐朝也放还高句丽战俘，以"务尽抚育之方，共弘仁恕之道"。③ 高
句丽王建武"悉搜括华人，以礼宾送，前后至者万数"。④ 但是之后高句
丽并没有按照李渊所希望的那样安分守己，"各保疆场"⑤，而是继续黩武
半岛，侵扰新罗、百济或阻止二国通聘唐朝，破坏中原王朝东北边疆安定
与东亚和平政治秩序。例如，武德九年（626），"新罗、百济遣使讼建
武，云闭其道路，不得入朝。又相与有隙，屡相侵掠"。⑥

贞观二年（628），唐太宗破突厥颉利可汗，高句丽王建武遣使奉贺，
并上封域图。贞观五年（631），唐太宗诏遣广州都督府司马师往收瘗隋
时战亡者骸骨，并毁高句丽所立京观（战争纪念物）。建武"惧伐其国，
乃筑长城，东北自扶余城，西南至海，千有余里"，对唐朝表现出敌对态
度。⑦ 尽管如此，唐朝和高句丽的关系并没有完全走向破裂。

贞观十六年（642），高句丽国内发生政变，其西部大人渊盖苏文弑

---

① 《旧唐书》卷六十一《温大雅传》，中华书局，1975，第2360页；《旧唐书》卷一百九十九
上《东夷传》，第5321页。
② 参见《旧唐书》卷六十一《温大雅传》，第2360页；《旧唐书》卷一百九十九上《东夷传》，
第5321页。
③ 《旧唐书》卷一百九十九上《东夷传》，第5321页。
④ 《旧唐书》卷一百九十九上《东夷传》，第5321页。
⑤ 《旧唐书》卷一百九十九上《东夷传》，第5321页。
⑥ 《旧唐书》卷一百九十九上《东夷传》，第5321页。
⑦ 《旧唐书》卷一百九十九上《东夷传》，第5321页。

杀国王建武及大臣百余人，拥立新国王宝藏王，自任莫离支（高句丽政权后期出现的一种新官职，是取代大对卢的最高官职，其职能已超出宰相），专擅国政。这一事件标志着高句丽的反唐势力掌握国柄，形成了对抗唐朝 20 余年的体制。

贞观十七年（643），唐太宗册封高句丽国王建武的"嗣王藏为辽东郡王、高丽王。又遣司农丞相里玄奖赍玺书往说谕高句丽，令勿攻新罗"。① 但渊盖苏文答复："高丽（即高句丽——笔者注）、新罗，怨隙已久。往者隋室相侵，新罗乘衅夺高丽五百里之地，城邑新罗皆据有之。自非反地还城，此兵恐未能已。"② 唐太宗维护唐朝东北边疆安定与朝鲜半岛和平秩序的建议遭到高句丽政权的拒绝。于此，贞观十八年（644）十一月，唐太宗"命太子詹事、英国公李勣为辽东道行军总管，出柳城，礼部尚书、江夏郡王道宗副之；刑部尚书、郧国公张亮为平壤道行军总管，以舟师出莱州……发天下甲士，召募十万，并趣平壤，以伐高丽"③，拉开了征伐高句丽战争的帷幕。

7 世纪 40 年代以后，迫于唐朝的军事压力，高句丽进一步向朝鲜半岛南部发展，并与百济携手对新罗展开了诸多攻势。在三国争斗中，新罗处于弱势，便寄望于唐朝的援助。④ 与此同时，新罗强化亲唐外交政策，648~654 年，新罗在政治、文化上加快了与唐一体化的进程。⑤

为了收复 6 世纪中叶被新罗占据的汉江流域失地并阻止新罗进一步扩张，644~645 年，百济对唐朝和高句丽采取了两面外交政策，⑥ 但此后与唐朝的关系日趋疏远，而强化与高句丽的同盟。645 年百济国王派太子康朝贡唐朝之后，百济使节入唐记录不复见于史籍，自此百济从两面外交完全倒向高句丽一边。6 世纪新罗崛起并扩张，7 世纪中叶又依靠唐朝趋强，

---

① 《旧唐书》卷一百九十九上《东夷传》，第 5322 页。
② 《旧唐书》卷一百九十九上《东夷传》，第 5322 页。
③ 《旧唐书》卷三《太宗纪》，第 57 页。
④ 《旧唐书》卷一百九十九上《东夷传》，第 5322 页。
⑤ 《旧唐书》卷一百九十九上《东夷传》，第 5322 页。
⑥ 参见蔡凤林《试论 4~7 世纪的朝鲜半岛与古代东亚国际政治》，《中央民族大学学报》（哲学社会科学版）2019 年第 2 期。

逐渐成为百济和高句丽的共同敌人，这是百济疏远唐朝而与高句丽结盟的原因所在。最后，新罗依靠唐朝，660 年、668 年相继消灭百济和高句丽，在朝鲜半岛大同江以南地区建立了统一新罗王朝。统一新罗王朝的建立，为以后朝鲜半岛形成统一民族文化奠定了基础，在此过程中，大唐王朝功莫大焉！唐罗联军消灭百济和高句丽，也深刻影响了 7 世纪后半叶以后的日本政治走向和国家建设进程。推古朝改革意味着古代日本开启了律令制国家建设的序幕，但日本实质性地以唐朝为模板、实施律令制国家建设则是在 663 年"白村江战役"以后的天智朝、天武朝改革时期，关于此问题笔者曾做系统论述。[①]

受制于农耕文明乡土意识孕育的价值追求、自给自足的农业生产形态以及宗法专制封建王朝崇尚的秩序至上主义，古代中国统治者海洋意识淡薄。在古代，除非如同汉魏和南朝刘宋王朝那样，在错综复杂的东亚国际环境中出自对王朝安全的考虑而关注日本，册封其统治者，一般来讲，隋唐以后中国传统封建王朝对日本列岛的政治关注度不及对朝鲜等毗邻之国，更无意将日本列岛纳入统治范围。即便是中国封建政治走向鼎盛的隋唐王朝 300 余年间，中国皇帝主动向日本遣使也只有两次（一次是 607 年隋炀帝遣裴世清赴日；另一次是 631 年唐太宗遣高表仁赴日。关于 778 年唐代宗派遣赵宝英赴日的目的，目前学界仍有争议），这两次遣使都是为了解决高句丽长期扰边的问题。但是如上所述，隋唐王朝为平定高句丽而对朝鲜半岛产生的冲击力，客观上还促进了日本律令制国家建设的开启和完成，而且日本的律令制国家是以隋唐王朝为模板建立起来的，这是中国政治进程对日本政治发展史产生巨大影响的又一典型事例。

五 中国对古代日本的影响

时至今日，大陆依然是人类的主要生存、发展之地。历史上，大陆是主要文明的发祥地。在古代，黄河流域因优越的自然环境和华夏先民的辛

---

① 参见蔡凤林《东亚历史视域下的日本天皇制形成过程探析》，《日本文论》2021 年第 1 辑。

勤耕耘，成为世界上最发达的农耕文明之一中华文明的核心发祥地和主要分布区域。黄河文明孕育出的中原王朝对古代日本产生了全方位的影响。如前所述，中原王朝的历史运行态势对古代日本的政治进程产生了巨大的影响。作为本文主旨的延续和补充，关于历史上中国对日本古代国家和传统文化的形成、发展以及政治运行的深刻影响，兹做如下综述。

（一）政治方面的影响

基于发达农耕文明建立起来的中原王朝，对于周边民族具有崇高的政治权威；中原王朝统治者对边疆民族和周边民族首领的册封，对各族政权的形成、巩固和发展产生了极大的支撑作用。《三国志·魏书·乌丸鲜卑东夷传》记述了 3 世纪邪马台国向中国遣使时的情形："其行来渡海诣中国，恒使一人不梳头、不去虮虱、衣服垢污、不食肉、不近妇人，如丧人，名之为持衰。"[①] 3 世纪邪马台国是典型的神政国家，神道支配着政治，在向中国遣使时以神道礼节做了精心的准备，足见其对与中国交往的重视程度。如前文所述，汉魏时期，倭王遣使中国的目的之一是希望得到中国皇帝的册封，以作为政治资本巩固其在倭国的统治地位；古代日本广域王朝邪马台国及统一政权大和王朝的形成也得助于中原王朝皇帝的册封。

推进日本古代国家及民族文化形成发展进程的外部因素不可忽视。外部因素中的核心问题是由中国历史雄浑之自然张力所带来的朝鲜半岛政治局势的风云变幻。换言之，中国历史对朝鲜半岛产生的冲击力和日本以朝鲜半岛为主要目标的大陆政策的交互作用，是推动古代日本政治、文化发展的根本动力。为维护朝鲜半岛这一文明及财富通道，4~7 世纪，倭国倾注国力先后与中国东北民族高句丽和隋唐王朝（及其支持的新罗）争夺朝鲜半岛。但事与愿违，663 年白村江之战后古代日本的大陆梦受挫，倭国放弃了对朝鲜半岛政局进行直接干预的对外政策。整个 7 世纪，倭国模仿隋唐王朝建设以天皇制为核心的律令制国家，推进了日本古代国家建设的进程。

---

① 《三国志》卷三十《魏书·乌丸鲜卑东夷传》，第 855 页。

（二）经济方面的影响

国家与民族关系的实质首先是各国各民族物质利益的矛盾和统一。"最文明的民族也同最不发达的未开化民族一样，必须先保证自己有食物，然后才能去照顾其他事情。"① "在古代，每一个民族都由于物质关系和物质利益（如各个部落的敌视等等）而团结在一起……"② 一个政权或国家的形成需要一定的经济基础。古代日本国家形成过程亦遵循了这一国家形成原理。

前已述及，日本国家雏形的形成得益于中国稻作文化的输入。在后来的日本国家发展道路上，依然与中国经济的支撑有着密切关系。《三国志·魏书·乌丸鲜卑东夷传》记载，3 世纪时对马海峡上的对马岛和一支国（今壹岐岛）的居民因"无良田"或"耕田犹不足食"而过着"南北市籴"（即大致在今日本九州福冈县西北沿海地区和朝鲜半岛南端之间贸易）的生活。3 世纪时"倭人在带方东南大海之中，依山岛为国邑。旧百余国，汉时有朝见者，今使译所通三十国"。③ 可见，当时日本列岛有"三十国"通交中国，它们中的多数应该和中国在朝鲜半岛设置的带方郡和乐浪郡保持贸易往来。同时，关于邪马台国，《三国志·魏书·乌丸鲜卑东夷传》记载："有邸阁，国国有市，交易有无，使大倭监之。自女王国以北，特置一大率，检察诸国，诸国畏惮之。常治伊都国，于国中有如刺史。王遣使诣京都、带方郡、诸韩国，及郡使倭国，皆临津搜露，传送文书、赐遗之物诣女王，不得差错。"④ 看来邪马台国国内外贸易很发达，而且有专门的机构和官员检查监督。"常治伊都国"的一大率"临津搜露，传送文书、赐遗之物诣女王"，管理对外交往和对外贸易，这应该是日本最早的"海关总署署长"，律令制国家在筑前国筑前郡（位于今福冈县西北）设置的太宰府（承担对外事务的机构）的前身。

---

① 《马克思恩格斯全集》（第 9 卷），人民出版社，1961，第 347 页。
② 《马克思恩格斯全集》（第 3 卷），人民出版社，1960，第 169 页。
③ 《三国志》卷三十《魏书·乌丸鲜卑东夷传》，第 854 页。
④ 《三国志》卷三十《魏书·乌丸鲜卑东夷传》，第 856 页。

在汉魏时期，倭国逐渐形成了广域政权。这个时期，倭国遣使中国的目的，除了获取中国的政治支持之外，还试图得到中国的物质文化产品。中国的物质产品代表着高度文明，具有极强的政治意涵，倭王获得中国的物质产品后可将其再分配给属下豪族。这一方面满足了统治者过奢华生活的物质欲望，另一方面也以此树立自己的政治权威。中国皇帝亦投其所好，给日本统治者提供能够发挥政治作用的物品。《三国志·魏书·乌丸鲜卑东夷传》"倭人条"记载曹魏皇帝赐予倭王很多铜镜[①]，因为这些铜镜对于倭王而言属于宗教器具，能够在政教合一的倭王权中增强他们的政治权威。

据日本学界近年的研究成果，为了得到朝鲜半岛的铁资源和中国的先进物质，3世纪之前，在今日日本福冈县西北部的玄界滩沿海、濑户内海沿岸以及近畿（今奈良盆地）等地区，逐渐形成了独霸一方的地方势力。至3世纪初，濑户内海沿岸各地和近畿地区的势力联合起来，与玄界滩沿海地区的势力争夺通往朝鲜半岛的"文物之路"及"资源之路"。以此为契机，至3世纪中叶，日本列岛上开始形成西自玄界滩沿海地区，中经濑户内海沿岸地区，东达畿内的广域政治联合体，这就是以邪马台国为中心形成的"二十九国"联合，即邪马台国联合体。直至4世纪后半叶，日本列岛上形成了统辖自今日九州至本州北部的初期大和政权。[②] 大和王朝的形成动力之一是追求中国的先进物质，这类似于中国北方民族为了得到中原的先进物质而联合起来，形成游牧政权。[③] 对于古代东亚地区的人而言，中原王朝吸引他们的，首先是其生产的丰厚而先进的生活资料和物质产品，物质文明使他们向往中原。对于他们而言，中原地区是能过锦衣玉食生活的富庶温柔之乡。从中国历史的发展进程观察，中国人形成了"得中原者得天下"这一政治共识。同样，古代日本人也抱有强烈的大陆情结和大陆文明情结，他们使出浑身解数试图占领朝鲜半岛，这是因为他

---

① 《三国志》卷三十《魏书·乌丸鲜卑东夷传》，第857页。
② 白石太一郎編『日本の時代史1 倭国誕生』、吉川弘文館、2002、28頁。
③ 蔡凤林：《游牧民族军事性形成原因初探——以游牧经济生活为主线》，《中国边疆史地研究》1996年第4期。

们深知那里是能够得到丰厚物质财富的窗口。《古事记》和《日本书纪》多次提到朝鲜半岛是金银财宝之国，就是这种认识的体现。日本东大寺正仓院收藏了服饰、家具、乐器、玩具、兵器等 9000 余件各式各样的宝物，多数为 8 世纪中期以前输入的唐物或经由唐朝输入的西域文物，表明日本派遣唐使不仅大量引进了唐朝的精神文化产品和典章制度，而且大量输入了唐朝奢侈品，对中国物质文明的向往也是派遣遣唐使的动力之一。

　　虽然唐朝以后传统中原王朝对周边民族和国家的政治影响力减弱，但依然是经济和文化大国，唐朝之后的"东亚世界"是依靠以中国为中心的东亚（包括东南亚）贸易和中国思想文化打造出来的国际体系。唐朝之后，中日之间不存在长期稳定的官方政治联系，但即使到了江户时代，日本始终未能在东亚地区构筑自己的经济、文化中心地位，日本的政治运行态势依然受中国经济和思想文化的深刻影响。在思想文化方面如下所述，禅宗成为日本中世武士的精神支柱。而在经济方面，如果没有宋元时期中国经济贸易的支持，镰仓幕府和室町幕府政权恐怕是无法正常运转的。

　　日本正式加入东亚国际贸易，始于 8 世纪后半叶①，主要是新罗商船赴日贸易，这通过正仓院所藏 8 世纪后半叶日本和新罗交易文书群《买新罗物解》能够得到证实。9 世纪上半叶唐朝商人亦开始赴日贸易。② 北宋时赴日中国商船增多，但日本没有商船前往宋朝贸易，这是由于当时的平安朝严守闭关锁国政策，严禁本国人航行海外。③ 及至 11 世纪末，日本人开始主动与中国辽朝交往、贸易④，但亦未臻于频繁程度，与北宋的交往亦大致如此。南宋中叶以后，由于日本武士平氏重视对华商贸利益，鼓励海外贸易，遣往中国的日本商船渐次增多，对华贸易趋于兴盛。因此，武家之祖平氏的兴起与宋朝经济的支撑不无关系。

　　1274 年和 1281 年元朝两次攻打日本（"文永、弘安之役"），推进了镰仓幕府的灭亡和日本"神国"政治思想高涨与日本固有宗教神道教的

① 『石井正敏著作集 3　高麗・宋元・日本』、勉誠出版、2017、8 頁。
② 森克己『新訂日宋貿易の研究』、勉誠出版、2008、52 頁。
③ 『石井正敏著作集 2　遣唐使から巡礼僧へ』、勉誠出版、2017、296 頁。
④ 《辽史》卷二十五《道宗纪五》，中华书局，2000，第 206 页。

理论化。与此同时，元朝统治者的草原文化背景客观上带来元朝社会多元的文化结构和更进一步的开放，元朝高度重视商业贸易，将中国引向更为广阔的世界舞台，进一步扩大了东亚贸易。① 宋元时期中日经济文化交流再次出现盛况。13 世纪后半叶，由于文永、弘安之役，日本的对华贸易受到影响，日本出现了香药等货物奇缺的现象。② 自 1292 年，寻求民间贸易的日本商船冲破镰仓幕府的临战体制，陆续开赴中国，且往来日趋活跃。受其影响，镰仓幕府亦相继派遣 "建长寺船" "住吉神社船"（这些船只是镰仓幕府为筹集建长寺、住吉神社等寺社的建造费而派往元朝的）入元贸易。镰仓幕府中期，幕府第十五代执权金泽贞显（1278～1333 年）见到中国商品后激动不已地说："一观唐物，喜不自禁。然家传之宝中无此物，知其不易。"③ 中世日本统治者对中国商品的喜爱，溢于言表。日本当代学者藤家礼之助指出："在整个镰仓时代，我国与中国王朝没有一次官方的邦交往来，但是在经济上却可以说几乎完全纳入了中国的经济体制之中。"④ 经济交流成为维系中日关系的主要纽带。

纵观古代中日关系史，日本人积极主动加入中国的朝贡体系是汉魏、南朝和明朝时期。汉魏和南朝时期加入中国朝贡体系的原因前文已述及。研究者认为，在室町幕府的实际创建者足利义满（1358～1408 年）启动对华勘合贸易时期，"幕府的国库几乎是空的。幕府和将军都陷入了困境，以至于他们为从贸易中获得可观的现金收入不惜牺牲自尊"。⑤ 室町幕府建立之初面临的财政困难是足利义满奉明朝正朔，接受明朝皇帝封号 "日本国王"，15 世纪上半叶日本再次加入中国朝贡体系的主要原因。此亦招致了后世日本人对足利义满的诟病，现代日本史学家坂本太郎就此评论说：

足利义满为了金钱利益，竟不顾独立国的体面和历史的成就，高

---

① 森克己『新訂日宋貿易の研究』、375 頁。
② 「異国御祈祷記」、『続群書類従』卷七百四十。
③ 『金沢文庫古文書 1 武家書状編』、金沢文庫、1952。
④ 藤家礼之助『日中交流二千年』、東海大学出版会、1977、138 頁。
⑤ 〔英〕乔治·贝利·桑瑟姆：《日本史：分裂与统一的 280 年》，黄霄龙、余静颖、葛栩婷译，社会科学文献出版社，2021，第 206 页。

兴地答应了下来。……这正是从 1 世纪到 3 世纪时奉汉魏正朔的九州
倭人和 5 世纪接受南朝诸国册封的仁德天皇等五帝以来完全没有过
的、对中国的属国外交的重演。对国内来说，是无视天皇存在的不逊
行为。①

　　从该评论也能看出，对华贸易对于室町幕府是何等重要。明朝与室町
幕府开展勘合贸易，对幕府统治提供了物质支撑。战国大名拥有各自的对
华贸易权力，他们之所以积极与中国开展贸易，是因为把对外贸易视为维
持其军事力量的财富来源。② 织田信长、丰臣秀吉政权（简称"织丰政
权"）的建立则是因为利用室町幕府对华贸易的余绪而奠定了物质基础。
　　丰臣秀吉发动侵略亚洲大陆的战争是为了扩大武士领地以赐给家臣，
他在发动这一战争之前就已经表露出这一想法；③ 同时战国武士强烈的物
质欲求和财富欲望，也是驱使丰臣秀吉发动这一战争的又一主因。丰臣秀
吉设想占领中国后让天皇移居北京，而他自己居住环东海地区的最大贸易
港口宁波，说明他很看重贸易利益，至少是为了掌控当时处于混乱状态的
中日贸易线路，以保证中国"进物船"顺利抵达日本。④ 1587 年 6 月 19
日，丰臣秀吉发布天主教禁教令，一方面也是为了从耶稣会手中收回贸易
港口长崎，以强化对外贸易的管理，确保贸易利益。⑤ 根据丰臣秀吉意图
发动侵华战争的时代背景分析，同葡萄牙争夺以中国为中心的东亚贸易的
掌控权是他发动战争的重要目的。⑥ 从 15 世纪日本各阶层对朝鲜的贸易
贪求⑦，亦能认识到对外贸易对织丰政权的重要性。石田一良认为织田信
长、丰臣秀吉、德川家康（所谓的日本"近世三杰"）试图通过掌握

① 〔日〕坂本太郎：《日本史》，汪向荣、武寅、韩铁英译，中国社会科学出版社，2008，第
258 页。
② 〔英〕乔治·贝利·桑瑟姆：《日本史：分裂与统一的 280 年》，第 323 页。
③ 池亨編『日本の時代史 13　天下統一と朝鮮侵略』、吉川弘文館、2002、60 頁。
④ 「平戸松浦文書六一号」、京都大学文学部国師研究室編『平戸松浦家資料』。
⑤ 池亨編『日本の時代史 13　天下統一と朝鮮侵略』、64-65 頁。
⑥ 〔英〕乔治·贝利·桑瑟姆：《日本史：分裂与统一的 280 年》，第 428~440 页。
⑦ 村井章介『中世日本の内と外』、筑摩書房、1999、188-195 頁。

"超地域物流"和"海外贸易"而达到"统一天下"的目的。[①]

在江户时代，因各种复杂因素的影响，日本再次在对外政策上走向内敛，但依旧高度重视对外贸易（主要是对华贸易）。1599 年，德川家康一方面命令岛津氏禁止倭寇；另一方面则要求外国商船赴日贸易，他积极鼓励朱印船贸易（朱印船，指江户幕府初期持有幕府"异国渡海朱印状"，被许可前往安南、暹罗、吕宋、柬埔寨等东南亚国家进行贸易活动的船只。朱印船贸易实际上属于对中国的转口贸易）。1600 年正月，德川家康命令岛津氏送还明朝人质茅国科，希望恢复与明朝的勘合贸易。[②] 德川幕府采取"锁国"政策的目的之一是收回战国时代各大名的海外贸易权力，以阻断其物质基础的手段防止各大名割据；同时通过统一管理海外贸易，稳定江户幕府的经济基础。江户时代日本的主要对外窗口长崎更是对华贸易港口，发挥经济贸易作用才是其主要任务，足见这一时代中国经济依然对日本政治运行发挥了支撑作用。

（三）文化方面的影响

自汉魏王朝至 8 世纪，为了与中国有效开展政治交往和建设律令制国家，日本高度重视对中国语言文字、典章制度和思想文化的学习吸收。

早在汉魏六朝时期，日本社会就使用汉文撰写外交文书以与中国交往，依靠汉语和汉字，日本登上了东亚地区的国际政治舞台。4 世纪末 5 世纪初以后，由于高句丽南下朝鲜半岛引发秦汉魏晋时期移居朝鲜半岛的中国人后裔移居日本列岛，日本社会进入了广泛使用汉字的时代。5 世纪以后，日本人开始使用汉文撰写与本国事宜有关的文件。例如，《千叶县市原市稻荷台 1 号坟出土铁剑铭》《埼玉县稻荷山古坟出土铁剑铭》《熊本县江田船山古坟出土铁刀铭》均属此类文献。律令制国家是建立在法律基础上的施行文书行政的国家，以古代中国为代表。法典的编纂以及文书行政、户籍及税收等制度的推行，均依靠文字来完成。汉字传入日本并

---

① 石田一良『日本文化史—日本の心と形—』、東海大学出版社、1989、162 頁。

② 荒野泰典編『日本の時代史 14　江戸幕府と東アジア』、吉川弘文館、2002、24—25 頁。

在日本社会发挥文字作用之前，古代日本没有本土文字，于是他们使用汉字建设、经营律令制国家。与此同时，日本人以汉字为表音或表意字母"万叶假名"记写日语，于是出现了日语书面语。万叶假名逐渐简化，发展成今天日语字母体系中的"平假名"。同时，日本人又利用汉字的偏旁创制出了另一组日语字母"片假名"。简言之，汉字、汉语、汉文、汉学为日本语言及日本民族、国家的形成发展发挥了不可估量的推进作用。①

日本首部法典《大宝律令》是以唐朝《永徽律》〔《永徽律》是唐高宗永徽二年（651）颁行的法典，是中国现存最早、最完备的封建法典〕为蓝本编纂而成，继承了唐朝法典的内容和精神。日本律令制国家施行的"二官八省制"是唐朝三省六部制的翻版。日本律令制国家的模板来自唐朝。

中国思想文化中传入日本最早且 8 世纪之前对日本社会政治意识形态影响最大者，当属道教。道教对日本政治神话"记纪"神话的构成及其所追求的天皇制的形成产生了很大的影响。②

552 年，百济圣明王向倭王遣使"献释迦佛金铜像一躯，幡盖若干，经论若干卷"，认为"是法于诸法中最为殊胜，难解难入，周公、孔子尚不能知。此法能生无量无边福德果报"。③ 这和百济当时所处的险恶国际环境有关。为了在抵御高句丽南下的战争中得到日本的政治军事援助，百济王向日本送去了自认为最好的礼物——佛教。古代日本对中国佛教经历了接触、排斥、认识、投入的过程。中国佛教对古代日本社会文明进程的飞跃产生了不可估量的影响，犹如村上专精所言："佛教初传本土，东海灵岛之民深深领悟佛陀大悲的圆音，佛法真如冲破无明长夜的黑暗，呈现明月般的光辉。"④ 在古代日本思想史和文化史上，佛教内容占据主体地位。除了佛教本身的神学、哲学等内容影响日本之外，佛教对于古代中日政治往来和文化交流也发挥了重要的媒介作用。除了佛教内容之外，中国其他文化要素很多是通过鉴真、最澄、空海、奝然、荣西、兰溪道隆、一

---

① 蔡凤林：《汉字与日本文化》，中央民族大学出版社，2016。
② 参见〔日〕津田左右吉《日本的神道》，邓红译，商务印书馆，2011，第 22 页；蔡凤林《东亚历史视域下的日本天皇制形成过程探析》，《日本文论》2021 年第 1 辑。
③ 『日本書紀 卷十九 欽明天皇紀』、331 页。
④ 〔日〕村上专精：《日本佛教史纲》，杨曾文译，商务印书馆，1999，第 10 页。

山一宁、隐元隆琦等高僧大德和其他中日僧人传入日本的；掺入佛教经典中的大量中国其他文化要素也随着佛经传至日本。

在古代日本，佛教首先是作为政治思想被统治者接受而发挥功用的。大豪族出身的苏我稻目向钦明天皇推荐佛教时声称："西番诸国，一皆礼之，丰秋日本岂独背也。"[①] 这显然是为了在思想文化领域将日本引入东亚国际政治和文化体系而主张引入佛教，也是把佛教作为超越诸神信仰的思想统一工具而加以推崇。当然，政治上护持国家是日本佛教的主要作用。自7世纪末天武朝时期佛教被立为国家佛教，尽管佛教在不同时代有不同宗派受到统治阶级的优待，但护国佛教这一政治特性始终没有改变。由于社会发展进程滞后带来的理性思维阙如，古代日本社会蒙昧主义泛滥，其国家政体带有浓厚的政教合一性。例如，在律令制国家时代，作为国家最高行政长官，神祇官和太政官并立，律令中还设有《神祇令》。天皇一方面是最高的世俗统治者，另一方面也是"神"（"现御神"或"现人神"），这种圣俗一体的政体存续至1945年二战结束。佛教传入日本后，其哲学成分在日本社会并没有得到太多的发展，可是基于神道信仰，佛教的神学思想（咒术成分）却得到了无限发扬光大，其成果便是以佛教思想解释、完善神道理论的"两部神道""山王神道"等神佛习合（调和）（视佛为神的）神道，属于佛教神道化（同时也是神道佛教化）的产物。神道控制了古代日本人的精神世界而化为支撑国家存立的政治意识形态，于是把佛教教义中的神学要素也纳入神道内容进行思考，国家遇到内忧外患时，古代日本人自然就基于神佛习合思想，利用佛教创造"神国"，依靠佛祖护佑国家（圣武天武时期达到登峰造极的程度）。古代日本面临过很多次社会危机，危难时刻抱紧"佛脚"祈求护佑，对于古代日本人等同于危难时刻祈求神明逢凶化吉，神佛成了他们至上的救命稻草和护身符。日本人基于"神国"（神明护佑的国度）这一政治思想，以佛教为护国佛教，使其政治意识形态化，这也是日本佛教的显著特点。这种情况延续至二战结束。为此，日本历史上的很多高僧大德是民族主义者或

---

① 『日本書紀 卷十九 欽明天皇紀』、331 頁。

国家主义者。

　　除了镇护国家的政治作用，在平安朝和中世时期，佛教对日本统治者还发挥了"镇魂剂"的作用。在平安时代，对于那些随着律令制国家衰微并受佛教末法思想影响而精神日趋颓废的没落贵族而言，密宗成了他们活着的时候祛祸禳灾、护佑荣华，死后能够保障他们的灵魂往生阿弥陀佛西方净土、享受"极乐"生活的"镇魂剂"；密宗与净土宗对维护和稳定平安朝贵族政治所发挥的作用不可小觑。而对于终日驰骋沙场、生命无常的中世武士们而言，禅宗则成了帮助他们突破生死牢关的"镇魂剂"（精神麻醉剂）。在镰仓时代，确立北条家族专权地位的北条时赖向渡日南宋禅僧兰溪道隆询问为政之道时，兰溪道隆建言献策："今，尊官兴教化，安社稷，息干戈，清海内，以刚大之气无不能定千载生平。既能明澈世间之法，则出世间法（与世间法）无二。"领导日本击退元朝军队的镰仓幕府执权北条时宗训诫子孙："家门和禅门一盛衰。"北条时宗决意抵抗元军是得助于中国禅僧的精神鼓励和意志撑持。足见禅宗成了北条氏的"为政之禅"，对淬炼武士处理现实政治问题的精神力量发挥了极大的作用。[①] 因此，可以说日本的武士道是由中国禅宗精神和儒学伦理共同形塑而成，深刻影响了日本的国民性。

　　唐朝洪州百丈山（位于今江西省奉新）禅僧怀海（720~814 年）制定的《禅门规式》是中国最早的丛林规矩，两宋时多次修订。元朝至大四年（1311），东林戈咸又参考诸方规则，改定门类编次，并详叙职事位次高下等，编成《禅林备用清规》10 卷（又称《至大清规》）。元顺帝元统三年（1335），朝廷命江西百丈山住持德辉重辑定本，并由金陵大龙翔集庆寺住持大溯等校正，此即《敕修百丈清规》，颁行全国后，为后世丛林所遵循。元代禅僧清拙正澄精通《敕修百丈清规》，著有《大鉴广清规》及《大鉴小清规》。他到达日本后发现日本丛林缺少规矩，立即仿照杭州灵隐寺的制度创制了日本禅林规矩。之后，清拙正澄弟子日僧古镜明千入元，归国后将《敕修百丈清规》传至日本，1356 年在京都真如寺募

---

　　① 石田一良『日本文化史—日本の心と形—』、121-122 頁。

缘刻印，流传至今。《敕修百丈清规》对日本武家礼法的演进产生了很大影响。小笠原贞宗（1292~1347 年）在制定日本武家各种礼法时参考了《敕修百丈清规》。以后，这些武家礼法对日本一般的礼法产生了显著的影响。① 总之，《敕修百丈清规》对日本武家政治的运行助了一臂之力。

另外，由于禅宗的崇高政治地位，中世以后禅宗对日本美术、茶道、剑道、语言、文学、建筑、饮食等文化内容也产生了巨大影响，就此学界多有研究。②

关于中国儒学在日本的运用和发展，在古代，出于律令制国家建设的需要，儒学"仁德"思想受到重视；在中世（乃至近世），为了给武士掌权寻找理论依据，"放伐"思想得到青睐；在近世，朱子学作为推行王道政治与维护幕藩体制的官方政治哲学和政治伦理而受到推崇，阳明学则作为社会变革思想而发挥作用，为明治维新奠定了政治思想基础。

古代日本人是典型的文化享受主义者，每当他们遇到社会危机或政治问题时就前来中国"取经"学习（遣隋使和遣唐使的派遣为其典型事例），或在日本研究中国思想（如近世日本各阶层思想家重视对儒学的研究），力图从中国文化和思想中找到应对社会危机或解决政治问题的方案。古代日本人基于效用主义，只要对日本社会现实有用，就对中国文化张臂以迎，积极吸收，利用中国思想，使之发挥政治、社会效应臻于极致。总之，对于中国思想文化，古代日本社会首先是将其作为政治思想进行吸收而服务于国家建设和运行；同时，各阶层也基于"各取所用，各得其所"以及"效用即价值"的实用原则进行摄取，两相结合起来，实现了日本民族文化的异彩纷呈。

结　语

中国自古以来哲人辈出，礼乐昌盛，文化辉煌灿烂，是东亚地区的文

---

① 〔日〕木宫泰彦：《日中文化交流史》，胡锡年译，商务印书馆，1980，第416~417页。
② 鈴木大拙『禅と日本文化』、岩波書店、1981。

明中心。"古代日本在社会文化发展上向东亚大陆呈现一以贯之的'开放性'（近代以后将这种'开放性'转向欧美），积极汲取中华文明要素，其政治、经济、文化的发展始终与中国的影响紧密交织在一起，主因在于中日文化发展层次间的巨大落差和日本社会生存、发展的需求。"① 日本古代历史不是自我封闭隔绝状态下"孤独"地单线发展的过程，而是受东亚大陆尤其是中国政治局势的深刻影响，同时还从中国汲取典章制度、思想文化、物质基础等国家建构要素的动态开放体系。

梁启超曾在《中国史叙论》中划分中国历史为"中国之中国""亚洲之中国""世界之中国"，其中以秦朝统一至清朝乾隆末年为"亚洲之中国"时期。依一己之见，如本文所述，早在周秦时期中国已经成了"亚洲之中国"。自周秦王朝以来，"中国是亚洲历史舞台的主角，中国文明如同水向低处奔流，气体由浓聚点向稀释区扩散，强烈影响东亚国家，而日本、朝鲜乃至后独立的越南，以中国为文化母国，大规模地受容中国文化，并在此基础上构建起符合本民族特性的文化体系"。② 这里要强调的是，同为东亚国家，日本与中国为邻，在其民族文化和国家形成、发展的进程上走了许许多多的终南捷径，无论在其历史发展进程中还是文化机体中都有众多的中国影响要素存在，无论日本怎样试图"脱亚入欧"，其历史文化永远也无法真正"脱亚"，更无法"去华"。

（审校：李璇夏）

---

① 蔡凤林：《东亚历史视域下的日本天皇制形成过程探析》，《日本文论》2021 年第 1 辑。
② 冯天瑜、何晓明、周积明：《中华文化史》，第 420 页。

日本近代参与世界争霸战的国家战略演进

刘江永[*]

内容提要：本文是关于"日本国家战略史"的一项研究。日本参与世界争霸战可追溯到 16 世纪日本的战国时代末期，伴随不同时期的世界变局而演变至今。在历史上，日本国内政治与国际局势密切相关。日本一直是历次世界争霸战的积极参与者。日本在参与世界争霸战中，既有与强者为伍的结盟习惯，也会对强者发动先发制人的偷袭；其对外发动战争的时机大多选择在对方内忧外患并发之际，具有很强的冒险性与突发性；中国等亚洲邻国往往首当其冲，深受其害。本文侧重从国际关系史、日本政治史和对外政策思想史的角度，就近代日本参与世界争霸战的国家战略变迁做一探讨，以便为更清楚地认识新时期日本国家战略的深入调整提供一种视角和参考。

关 键 词：日本国家战略　世界大变局　世界争霸战

以史为鉴，可知兴替。本文所谓近代，主要指日本明治维新至 1945 年第二次世界大战结束；所谓日本的国家战略惯性，主要指在不同历史时期的世界争霸战中，日本外交、军事、经济等对外战略的某些共性、继承性与规律性。抚今思昔，回看不同历史时期世界大变局背景下日本参与世界争霸战及其国家战略思想演变，对于正确全面理解当下的日本及中日关

* 刘江永，法学博士，清华大学国际关系学系教授、中国中日关系史学会副会长，主要研究方向为日本与东亚地区。

系，具有重要的现实意义和学术探讨价值。"日本国家战略史"研究涉及两大方面：一是不同历史时期的国际变局；二是与此相关的日本政治、军事、外交、经济的国家战略演变，以及两者之间的相互联系与相互影响。伴随历史上的世界变局，日本近代参与世界争霸战的国家战略究竟是如何演变的？有哪些思想传承、历史教训和带有规律性的东西？本文拟就这些问题从国际关系史、日本政治史和对外政策思想史等角度，将战前日本国家战略形成的发展轨迹放在世界大变局的背景下做一探讨，敬请读者批评指正。

一　日本近代参与世界争霸战及其国家战略的萌芽

日本近代参与世界争霸战与其国家战略直接相关。国家战略（national strategy），顾名思义是为实现国家目标并动员国家力量而制定的战略。无论在中国还是在日本，"战略"一词最初都是军事术语。伴随历史变迁与社会发展，"战略"一词的内涵不断丰富，外延也有很大拓展，早已超出原有的军事含义，几乎涉及所有领域的中长期重大规划。所谓国家战略，必然涉及经济、科技、军事、外交等与国家生存发展密切相关的关键领域。

（一）关于日本近代国家战略的一些不同看法

日本在明治维新以前有没有国家战略？这是一个值得探讨的问题，因为当时的日本社会是否存在国家观念和国家意识都是受到质疑的问题。美国哈佛大学日本历史学家安德鲁·戈登指出，有人认为日本的国家观念、国民意识存在于 1000 多年的历史之中，这种看法是错误的，事实上日本的国家意识是在 19 世纪 60 年代"洋人势力东渐后"才逐步形成的。① 日本学者井上光贞认为，尽管镰仓幕府时期日本曾遇到蒙古来袭，在台风帮

---

① 〔美〕安德鲁·戈登：《现代日本史——从德川时代至 21 世纪》，李朝津译，中信出版社，2017，第 74、75 页。

助下将其击退，但日本的国家意识或领土观念是在欧美诸国进入日本的江户时代中期之后产生的。① 中国学者刘岳兵也指出，在幕藩体制下日本被割据为 200 多个藩，日本人具有本藩意识，但总体上并不具备作为一个整体的国家意识。② 或许因为如此，日本学界普遍认为，对外战略是国家战略的重要组成部分，而德川时代日本长期锁国，日本人制定对外战略的能力萎缩③，几乎没有真正思考过系统的对外战略④。但是，这段时间也可能只是日本参与世界争霸战的一个间歇期。

日本原首相中曾根康弘堪称战后最具战略思考的日本政治家之一。他在 82 岁高龄时出版的《二十一世纪日本的国家战略》一书中指出："战略一般是为达成特定目标而策划其路径和手段的综合判断与计划……国家战略根据其目的区分为军事战略、外交战略、经济战略，另外还有内政战略等，而我称国家的综合战略为国家战略。"⑤ 他同时指出："战略是达到目的之方法。战略论即实现目的之方法论，因而为实现各领域的不同目的，就会出现各种不同的战略论。""日本幕末因黑船而觉醒，参与世界政治才意识到战略的必要性。其战略目标是恢复或维持国家的独立性，追赶发达西欧国家。"⑥ 日本国际论坛理事长伊藤宪一根据英国战略家李德·哈特等人的看法认为，大战略是指"一国为确保生存及繁荣的条件，动员可以利用的本国及外国的所有政治、经济、心理、军事及其他方面的诸种力量，以适应环境的科学与艺术"。⑦ 日本《大百科事典》对国家战略的解释是，为保障国家安全，推行国家政策，平时和战时以最有效的方法，综合准备、计划和运用人力、物力资源的方策。⑧ 中国学者孙承在《日本国家战略研究》一书中则指出："国家战略是规定国家各领域战略方向的总方略，政治、安全战略是国家战略的核心。""在不同的历史时

① 井上光贞『日本国家の起源』、岩波書店、1960、6 頁。
② 刘岳兵：《日本近现代思想史》，世界知识出版社，2010，第 23 页。
③ 伊藤憲一『国家と戦略』、中央公論社、1985、1 頁。
④ 中曽根康弘『二十一世紀日本の国家戦略』、PHP 研究所、2000、14 頁。
⑤ 中曽根康弘『二十一世紀日本の国家戦略』、14 頁。
⑥ 中曽根康弘『二十一世紀日本の国家戦略』、15 頁。
⑦ 伊藤憲一『国家と戦略』、52 頁。
⑧ 转引自孙承《日本国家战略研究》，社会科学文献出版社，2020，第 4 页。

期，日本为实现国家目标有长期、稳定的国家战略。"① 例如，"富国强兵"等明治政府的所谓"国策"即日本政府的国家战略目标之一。

　　笔者开始研究日本国家战略问题，最初是 1980 年在入门导师周志贤引导下通读了《第三帝国的兴亡》四卷中译本，撰写了《纳粹德国称霸战略形成过程》的读书笔记；然后又阅读了《通向太平洋战争的道路》和日本通史及战史等，撰写了另一篇读书笔记《日本军国主义扩张战略的形成》。当时笔者的认识是，无论德国还是日本，都不是从一开始就有一套完整的国家战略计划，而是伴随国际变局，利用各种可乘之隙，不断向外扩张并逐步形成其国策。它们具有的共性是种族优越论、主宰世界的称霸野心、执着的领土扩张思想传承、对内法西斯专制统治、对外结盟政策与善于偷袭的战争套路等。

　　40 多年过去了，当年手写的读书笔记已不知存放在何处，但上述思考一直延续至今。尽管日本在明治维新之前似乎尚未形成上述现代意义上的国家战略，但实际上日本统治集团已开始参与世界争霸战。日本国内权力争夺与世界权力转移往往密切相关并相互影响。即当时的日本统治者曾通过争取世界霸权国的支持取得国内统治权，再动员国家力量向海外扩张，从而开始形成日本明治维新后的国家战略萌芽和成长基因。本文所述"日本参与世界争霸战的国家战略"即指在特定历史时期日本决策层所追求和推行的战略目标与大政方针，在日语中的近义词是"国是"或"国策"。

（二）日本近代国家战略思想形成的历史溯源

　　进一步而言，值得研究的问题是，幕末至明治维新时期，日本最初的国家战略的形成是偶然的还是必然的？应如何溯源？相关史料文献显示，在历史上，早在江户时代之前的日本近世时期，日本国内争霸战与世界列强的争霸战便相互影响，并对其后的日本国家战略产生深远影响。

　　如表 1 所示，世界争霸战的标志之一是大国的兴衰易位，15 世纪所

---

① 孙承：《日本国家战略研究》，第4页。

谓"地理大发现"之后，葡萄牙、西班牙、荷兰、英国、法国、德国、美国等国，相继在殖民主义、帝国主义时代乃至战后时代称雄于世。日本的国家战略就伴随着这一系列世界争霸战以及国内外权力转移而变迁。但是，一言以蔽之，截至日本战败投降，无论是与欧美列强争霸或合霸，日本的选择总是伴随着"远交近攻"的战略，于是中国和朝鲜首当其冲。战后以来，日本虽然不再兴师，但仍倾向于"远交近防"，潜藏着在一定条件下转向"远交近攻"的危险性。

表 1　不同时期日本参与世界争霸战的国家战略及价值观变迁

时　期	霸权国与日本盟友	主要宗教/价值观	日本的国家目标	国内外战争
16 世纪中叶	西班牙主宰，与织田信长联手，提供弹药	传统神道、西班牙传播基督教、排佛教	统一日本，国内称王	战国时代，国内争霸战
16 世纪末	西班牙主宰，与丰臣秀吉联手，武力扩张	传统神道、西班牙强力传播基督教	统一日本，对外扩张	入侵朝鲜，欲侵占中国
17 世纪江户时代	荷兰主宰，与德川家康联手，提供大炮	神道、佛教、儒学/重商、排基督教	击败丰臣秀赖，建立幕府统治	日本萨摩藩入侵琉球国
明治维新至19 世纪末	列强争霸，英国主宰、德国崛起，明治立宪	国家神道/天皇至上、脱亚入欧	倒幕开国、富国强兵	吞并琉球、侵台、发动甲午战争
20 世纪初	日英同盟、美国崛起、列强争霸，瓜分中国	国家神道/帝国主义、"自存自卫"	侵犯中朝，成为东亚盟主	加入八国联军，日俄战争
第一次世界大战前后	加入英法俄美等协约国 VS 德奥等同盟国	国家神道/帝国主义、"大日本主义"	成为世界强国、独霸中国	吞并朝鲜，出兵山东
第二次世界大战期间	德国主宰，建立德日意三国"防共同盟"	国家神道/军国主义、"解放亚洲"	结盟德意、争霸世界	侵略中国，太平洋战争
二战后至20世纪80年代	美国主宰、日美同盟、东西冷战、多极化	神道、佛教、基督教/重商主义	贸易立国，经济大国	总体和平、间接支援美军
冷战后至2012 年	美国主宰、日美同盟、苏联解体、中国崛起	神道、佛教、基督教/"民主主义"	"政治大国"，战略彷徨	参与维和行动，支援美军
2013 年以来	美国主宰、中美竞争、日美同盟+N	神道、佛教、基督教/复古、"民主"	谋求修宪扩军，推进"自由开放的印太"构想	潜在与邻国冲突的危险

资料来源：笔者根据相关资料制作。

　　所谓日本的"近世"，大体指1568年织田信长（1534～1582年）统一日本，至1868年明治维新推翻幕府、王政复古的300年。[①] 这一时期，中国从1567年明朝政府开放海禁到1866年清政府建立北洋第一个兵工厂和最大造船厂。至于欧洲，则大致经历了从1565年西班牙在北美建立殖民统治到1867年美国从俄国购买阿拉斯加及1870年普法战争爆发。[②] 在这一历史阶段，尤其是在1648年《威斯特伐利亚和约》签署之前，世界尚未产生国家主权概念下的国际关系体系。日本此时也尚未形成明确的国家战略，而主要是利用欧洲列强的世界争霸战，与强者为伍，以获取国内统治权、建立统一的封建国家。但是，由于日本卷入或参与了世界争霸战，其间也孕育了日本的对外战略意识。

　　日本首次参与世界争霸战可以追溯到其战国时代晚期至封建统一集权国家的形成。这一时期正是15世纪至17世纪所谓"大航海"和"地理大发现"时代。所谓"地理大发现"，是指欧洲在这一时期的扩张运动，其行为动机是贪婪及使人们改宗的愿望。[③] "地理大发现"后的欧洲殖民扩张与日本第一次卷入世界争霸战开启了日本近世对外扩张战略的帷幕，并对其后日本的国家战略产生了深远影响。

　　在1405年郑和下西洋87年后的1492年8月，意大利人哥伦布得到西班牙王室的资助，怀揣西班牙国王给中国"大可汗"的信函启程远征前往中国，[④] 但发现了新大陆北美洲，并开启了西班牙的殖民扩张历史。其后，在西班牙国王查理五世的支持下，葡萄牙人麦哲伦在1519～1522年完成人类历史上首次环球航行，不仅证明了地球是圆的，并且到达菲律宾，将殖民扩张的触角伸向亚洲。在中国，1517年葡萄牙舰队强行进入广州，1557年在澳门建立"居住地"，进而于1840年后逐步实现殖民统治。[⑤] 在美洲，除葡属巴西以外，西班牙统治了整个拉美，并开始向亚洲

---

① 朝尾直洪编『日本の近世1　日本史なかの近世』、中央公論社、1991、7頁。
② 陈会颖编著《中外历史对比年表》，中华书局，2016，第70～109页。
③ 〔法〕德尼兹·加亚尔等：《欧洲史》，蔡鸿宾、桂裕芳译，海南出版社，2000，第318～319页。
④ 武寅主编《简明世界历史读本》，中国社会科学出版社，2014，第340页。
⑤ 陈会颖编著《中外历史对比年表》，第69页。

扩张，打着传教的旗号掠夺金银。

这一时期，日本正处于室町幕府末期的战国时代，其国内争霸战与国际海洋殖民争霸战深度关联，彼此共振，影响深远。1539 年中国开始禁止同日本进行的得不偿失的"勘合贸易"，1544 年又拒绝批准日本更新朝贡贸易的申请，恢复锁国政策。此时日本发现葡萄牙商人和传教士对银矿有浓厚兴趣。1543 年 8 月，一艘载有葡萄牙人的船首次漂至日本的种子岛，船主是中国人"五峰"，即海盗头目王直（原名汪直）。[①] 该船将葡萄牙的火枪、海图等带入日本。据此，翌年日本即开始仿造"铁炮"，10 年后已可造 30 万支枪。[②] 这些枪支成为后来丰臣秀吉率兵侵朝的主要武器。

1556 年西班牙菲利普二世继位，横跨欧、美、非三大洲的殖民帝国西班牙开始加紧与葡萄牙争夺海洋霸权和殖民地，以墨西哥为据点向菲律宾扩张，并企图把"南海"变为"西班牙的内湖"。[③] 西班牙占领菲律宾后，雇用中国工匠在马尼拉建造了载重 300 吨的大船，1565 年起往返于太平洋两岸，以墨西哥的金银换取中国产品。[④] 1569 年菲利普二世秘密制订了征服中国的计划，通过传教士在日本发展势力，目的是夺取中国、统治世界。西班牙传教士发展的日本教徒武装后来成为丰臣秀吉侵朝的重要兵源。

日本民族性中顽固而执着的特点，以及"政治 DNA"的传承，往往会使某种特定国策思想贯穿数百年并以不同形式时隐时现。2021 年 7 月日本广播协会（NHK）播放的特别节目《战国》披露了一些新史实。即早在 16 世纪的日本战国时代，日本国内争霸战与世界争霸战便交织在一起，日本首次站在了世界争霸战的第一线。16 世纪末刚形成统一封建国家的日本便尝试入侵朝鲜半岛，并图谋向中国扩张。从那时算起至 1945 年日本战败投降的大约 350 年间，伴随世界几度大变局，日本曾四次主动

---

① 丸山雍成编『日本の近世 6 情報と交通』、中央公論社、1991、60 頁。
② 葉山禎作編『日本の近世 4 生産の技術』、中央公論社、1992、37–48 頁。
③ 唐晋主编《大国崛起》，人民出版社，2006，第 86 页。
④ 唐晋主编《大国崛起》，第 93 页。

参与世界争霸战并一直处于亚洲的第一线，从中或许可以找到日本国家战略形成的密码和思想链。

（三）欧洲列强争霸战与日本近世扩张战略思想的雏形

据日本 NHK 播放的特别节目《战国》披露的西班牙、荷兰等国史料馆、档案馆收藏的鲜为人知的相关史料，1554 年西班牙传教士卡布拉尔（音译）到达日本后，一边传教一边收集情报，并利用日本信徒发展武装力量，深度介入日本国内争霸战。①

1572 年，卡布拉尔第一次与织田信长会面，企图以提供泰国铅矿生产的铅弹换取织田信长信教，以利于自身在日本传教。织田凭借西班牙提供的铅弹在日本国内争霸战中所向披靡，1573 年废除室町幕府第 15 代征夷大将军足利义昭并结束室町时代。1575 年又联手德川家康，在"长篠之战"凭借约 3000 支长枪组成三排轮番装填火药射击的"三段击"和"防马栅"，击败了只有约 200 支枪的武田骑兵队。②

当时，日本上下都反对西班牙人传教，只有织田信长认可传教。③ 1578 年，卡布拉尔支持狂热的日本基督徒、大名武将高山右近率 1 万余名基督徒士兵投奔织田，助其消灭阻碍传教的石山本愿寺佛教僧兵。但织田一直以王自居而拒绝信教，令西班牙传教士颇为不满。1582 年，织田信长父子离奇地在本能寺被部将明智光秀袭击身亡。卡布拉尔的日记中也详细记载了织田被乱枪击毙。④ 此后，西班牙传教士又看中了织田信长的后继者丰臣秀吉，继续向其提供军事支援，以助其一统日本江山。

西班牙菲利普二世曾向传教士下令征服亚洲的最大目标中国，并把日本纳入其征服世界的战略。1568 年西班牙占领菲律宾后的下一个战略目标就是占领中国。⑤ 这是日本第一次卷入世界争霸战以及后来入侵朝鲜的

---

① 日本 NHK スペシャル番組『新発見で迫る戦国日本の真実　戦国』、2020 年 7 月 5 日。2021 年 1 月 24 日重播。
② 葉山禎作編『日本の近世 4　生産の技術』、56－58 頁。
③ 秋山駿『信長』、新潮社、1996、292 頁。
④ 日本 NHK スペシャル番組『新発見で迫る戦国日本の真実　戦国』、2020 年 7 月 5 日。
⑤ 唐晋主编《大国崛起》，第 86 页。

重要背景。西班牙还为日本侵朝提供了武器、战船。于是，丰臣秀吉误判形势，野心膨胀，在统一日本全国后，为"借道入明"先后于 1592 年、1597 年两度入侵朝鲜，并妄图定都北京、君临印度，最终在中朝联军的抵抗下败北。当时，丰臣秀吉曾强迫琉球国俯首称臣并为其侵朝纳贡捐献，还计划进军台湾，但因明朝政府有所防范而未能得逞。① 西班牙传教士发现，丰臣秀吉利用大量日本基督徒冲锋陷阵也有削弱基督大名势力的意图，其另一个战略目标是占有西班牙的殖民地菲律宾，获取香料、黄金，最终占领中国。如果走到这一步，就可能导致日本与西班牙的争霸冲突。②

然而，1598 年菲利普二世和丰臣秀吉相继去世，日本的首次对外军事扩张被迫作罢。其后，西班牙传教士继续支持丰臣秀吉之子丰臣秀赖与德川家康争夺日本。此时，世界争霸战也出现了新局面。1566 年 8 月曾被西班牙霸占的自治领尼德兰（法兰克王国）通过战争获得独立，并建立了新国家——荷兰。这不仅使西班牙元气大伤，而且其海上霸主地位受到威胁，因为重商而不重教的荷兰不断扩大商船队规模以垄断海上贸易，并把日本长崎作为其在亚洲的贸易据点。另外，美国发现银矿，使银成为第一个全球通用货币，日本佐渡岛的金银矿成为荷兰与西班牙争夺的焦点。为获取德川家康控制下的佐渡岛金银矿，荷兰商人向德川推销武器，介入日本内战。日本也成为西班牙与荷兰争霸战的东亚第一线。

17 世纪初，人口不足 200 万人的荷兰却拥有 16000 多艘商船，也就是说平均每 125 人就有一艘商船，占当时全欧洲商船的 80%，约是英国的 5倍、法国的 7 倍。荷兰还创立了东印度公司，这是世界上第一个股份公司。依靠贸易和金融，荷兰所积累的资本比欧洲其他国家的总和还多。③而且，荷兰当时生产加农炮，是欧洲军队武器的制造中心。1600 年 4 月登陆日本的荷兰军火商面见德川家康，表示愿提供枪支弹药，目的是换取

① 张经纬、汤重南主编《近代日本的内外政策与东亚》，中国社会科学出版社，2011，第153 页。
② 日本 NHKスペシャル番組『新発見で迫る戦国日本の真実 戦国』、2020 年 7 月 5 日。
③ 唐晋主编《大国崛起》，第 131~133 页。

日本的金银而非传教。德川家康认为，在世界争霸战中荷兰将取代西班牙，因此决定利用佐渡岛的金银矿与荷兰商人做交易。正是利用荷兰提供的射程达 500 米以上的大炮，德川一举攻克了大阪城，迫使丰臣秀赖自尽。① 1603 年，德川家康夺取政权并迁都江户（今东京），建立起持续了约 265 年的德川幕府统治。1609 年，丰臣秀吉的部将、萨摩藩藩主岛津家久在德川幕府的默许下入侵琉球国；德川幕府也曾企图染指中国台湾，但未果，又允许日本武士作为荷兰雇佣兵参与荷兰同西班牙争夺印尼的殖民战争。② 1639 年荷兰海军战胜西班牙舰队，荷兰成为世界第一海上强国和霸主。

反观日本，德川氏结束内战并以江户为据点设立幕府，即在日本近世后半期，其国内呈现出相对稳定的局面。这也是日本封建时代一个“重商崇佛”的时期。德川幕府一方面通过允许中国、荷兰商船进入长崎港维系海外贸易，另一方面禁止基督教传播，施行所谓锁国政策。其理由是：“基督教是侵略性殖民政策的爪牙；诽谤现有神佛信仰；有损人伦之常道；不遵守日本的法律秩序。”③ 江户时代，佛教和朱子学在日本颇受推崇，包括皇室在内，日本上下佛家香火不断。在这一背景下，1654 年中国福清黄檗山万福寺大和尚隐元应邀东渡日本，传授佛学、美术、医学、饮食等。日本皇室也对隐元十分推崇，赐匾“大光普照国师”。中日交流由此进入较为兴旺的时期。此后大约 270 年间，除了海盗倭寇骚扰中国沿海及中日围绕琉球的矛盾以外，中日维系了总体和平。

二　日本近代参与世界争霸国家战略的发轫

面对 18 世纪至 19 世纪的世界大变局，日本从“图存”到“膨胀”，其近代国家战略在社会变革中初具雏形。这一时期，欧洲、中国战乱不断，西方工业革命与资本主义的兴起对中国封建帝国乃至东亚封建朝贡

---

① 日本 NHK スペシャル番組『新発見で迫る戦国日本の真実　戦国』、2020 年 7 月 5 日。
② 日本 NHK スペシャル番組『新発見で迫る戦国日本の真実　戦国』、2020 年 7 月 5 日。
③ 〔日〕源了圆：《德川思想小史》，郭连友译，外语教学与研究出版社，2009，第 12、13 页。

体系造成巨大冲击。值得注意的是，日本近代国家战略的制定者和推手主要是出身日本长州藩（今山口县）的军政要人，例如丰臣秀吉对外扩张战略思想的传人吉田松阴、伊藤博文、山县有朋、桂太郎等。需要提及的是，山口县是日本产生首相最多的县，也是日本原首相安倍晋三的故乡。

（一）日本幕末至明治维新的世界大变局

1597 年明朝政府协助朝鲜击退丰臣秀吉的入侵，但也元气大伤，中国陷入内忧外患。一方面，努尔哈赤于 1616 年建成以女真族"八旗"为首的"后金"政权，1636 年皇太极将国号"金"改为"清"，志在完成一统天下的大业；另一方面，宦官魏忠贤专权，大批异己人士被追杀，陕西又发生饥民暴动，点燃了明末农民起义的烽火。趁中国内乱之机，1626 年西班牙殖民者入侵中国台湾北部的基隆和淡水。1642 年荷兰殖民者击败西班牙人，殖民统治台湾全境。1644 年李自成攻克北京，明朝末代皇帝崇祯自尽。但李自成进京后贪图享乐而疏于镇守山海关，吴三桂发动叛乱引清军入关击败李自成。顺治帝迁都北京建立清朝政府。1661 年郑成功赶走了荷兰殖民统治者，收复台湾。1683 年康熙帝派施琅率军收复台湾，设置台湾府。1689 年中俄签署《尼布楚条约》后，中俄边界维系了 150 多年的和平。

在欧洲，1618~1648 年德国内部矛盾引发欧洲 30 年战争，荷兰的海上霸主地位也成为昙花一现。1652~1673 年英荷之间发生三次战争，荷兰败北，债台高筑；1795 年法国军队甚至攻入荷兰，迫使荷兰国王威廉五世逃亡英国，荷兰沦为法国的附庸，走向衰落。[①] 与此同时，英国在与荷兰、法国的争霸战中崛起。欧洲陆地霸主法国与海洋霸主英国的矛盾激化。1689~1711 年，英法发生过两次战争，英国获胜，建立起欧洲最强大的海军，迈出构建"日不落"帝国的第一步。1790~1815 年，英国海军战舰的总吨位从 48.6 万吨增至 60.9 万吨，相当于世界其他国家海军战舰

---

① 唐晋主编《大国崛起》，第 136 页。

吨位数的总和。① 其后，英国在 19 世纪 40 年代率先完成工业革命，到 1850 年英国金属制品、纺织品以及铁等的产量占世界的一半，对外贸易占全球贸易的 20%，英国成为世界最强大的工业化国家。

在这一过程中，英国在全球的殖民地也迅速扩大。1757 年，英国占领印度的鸦片产地后，竭力通过向中国贩卖鸦片获取大量白银，为此还于 1783 年授予东印度公司生产和专卖鸦片的特权。马克思当年曾明确指出："在 1830 年之前，中国人在对外贸易上经常是出超，白银不断地从印度、英国和美国向中国输出。可是从 1833 年，特别是 1840 年以来，由中国向印度输出的白银，几乎使天朝帝国的银源有枯竭的危险。"② 1800 年被秘密输入中国的鸦片为 2000 箱，1837 年已增至 3.9 万箱，到了中国政府非立即采取果断行动不可的地步。③ 1839 年林则徐遵旨在虎门组织收缴及销毁鸦片。1840 年 6 月鸦片战争爆发。1842 年，获胜的英国迫使清政府签署不平等的《南京条约》，中国自此沦为半封建半殖民地社会。1844 年，美法又迫使中国签署不平等条约《望厦条约》与《黄埔条约》。

当时的世界大变局催生了马克思主义。1846 年，马克思、恩格斯在布鲁塞尔建立起共产主义组织，1848 年出版《共产党宣言》，号召"全世界无产者联合起来"。这一年，在中国，洪秀全借助基督教信条写成《原道觉世训》，提出"天下总一家，凡间皆兄弟"。④ 马克思指明了人类社会前进的方向，洪秀全则带有封建迷信色彩等农民起义的局限性。此时的中国多灾多难，内忧外患接踵而至。1856~1860 年，英法联军发动第二次鸦片战争，火烧圆明园。沙俄也趁机向中国扩张，先后于 1858 年、1860 年迫使清政府签署不平等的《瑷珲条约》和《中俄北京条约》，侵吞了库页岛（俄称"萨哈林岛"）等中国黑龙江以北约 40 万平方公里的土地。中国主权受到严重侵害，古代东亚的朝贡体制分崩离析。

---

① 唐晋主编《大国崛起》，第 168 页。
② 〔德〕马克思：《中国革命和欧洲革命》，《纽约每日论坛报》1853 年 6 月 14 日。
③ 〔德〕马克思：《鸦片贸易史》，《纽约每日论坛报》1858 年 9 月 20~25 日。
④ 《太平天国印书》（第 1 册），江苏人民出版社，1961，第 10~19 页。

鸦片战争的结局令实行锁国政策的德川幕府惴惴不安，担心自己也难逃此厄运。事实上，早在 1792～1804 年，俄国人就到达北海道和长崎，要求幕府"开关"，却遭婉拒；1806 年，俄国海军开始攻击北海道。1818 年英国要求日本与其通商，也遭到拒绝。1825 年，德川幕府甚至颁布法令，允许武力驱逐进入日本海域的外国船只。1837 年美国的"莫里森"号船便遭到日本炮击。1844 年，荷兰国王威廉二世致函日本幕府称，世界形势已变，日本将无法独善其身，应积极参与。① 对德川幕府而言，英国等列强崛起使其原来的靠山荷兰不再可靠，受中国佛教儒家思想体系影响而形成的日本社会稳定面临严重危机。1853 年 6 月幕府将军德川家庆去世，围绕继承人问题，日本内部斗争激烈，面临历史性抉择。

1853 年 7 月，美国东印度洋舰队司令马休·佩里初次到访日本，带来美国总统敦促日本开国的亲笔信，发出了西方列强最明确的信息：若日本不签通商条约，只有诉诸武力。② 因佩里的蒸汽船船体涂有防水黑漆，故日本称此为"黑船事件"。这也标志着美国作为后起的世界大国开启了崛起进程。

翌年，佩里又率 9 艘战舰停靠日本港口，并聘用中国广东人罗森做笔谈翻译，最终于 1854 年 3 月在神奈川迫使日本签署了不平等的《美日修好通商条约》，即《神奈川条约》。其后，英、荷、俄、法四国也如法炮制，迫使日本签署不平等条约，史称"安政五国条约"。这些不平等条约使日本陷入半殖民地状态，"日本在政治及经济上均成为外国政府的附庸"。③

这进一步激化了日本国内原有矛盾，围绕锁国还是开国、"尊王攘夷"还是"公武合体"的斗争十分激烈。幕府大老（辅佐幕府将军的最高官职）井伊直弼未上奏天皇便向欧美列强让步签约并严厉镇压反对派，制造了"安政大狱"，结果遇刺身亡。日本一批"忧国之士"及长州藩的"儒学武士"不仅关注国内政治，而且把视野投向海外，关注国际变局，

---

① 〔美〕安德鲁·戈登：《现代日本史——从德川时代至 21 世纪》，第 71 页。
② 〔美〕安德鲁·戈登：《现代日本史——从德川时代至 21 世纪》，第 75 页。
③ 〔美〕安德鲁·戈登：《现代日本史——从德川时代至 21 世纪》，第 74 页。

探寻变革维新的国家方向，其所代表的日本近代民族主义构成了 1868 年明治维新之后日本国家战略形成的思想与社会基础。

（二）日本对外扩张战略的思想脉络及传承

伴随 17~18 世纪的世界大变局，幕末锁国时期的日本开始有人继承丰臣秀吉的侵略扩张思想，提出先征服中国、后“统一万国”。[①] 这对近代日本国家战略形成产生了深远影响。其代表人物之一山鹿素行认定，日本是“寰宇中心”，日本皇统早在古代已完美实现。吉田松阴自幼受其熏陶，之后又受到长州藩思想家佐藤信渊的影响，成为明治维新的先驱者。日本甲级战犯大川周明在 20 世纪 40 年代曾承认：“大东亚新秩序和大东亚共荣圈的理念绝非今天产生的想法。它从近代日本为了国民统一而奋起时开始，便成为连绵不变的追求目标……如果写日本近代史，我将首先从叙述佐藤信渊的思想开始，因为这位伟大学者的灵魂中孕育了新日本非常具体的姿态。”[②] 1832 年，佐藤信渊在《宇内混同秘策》一书中狂称：“全世界皆为皇国之郡县，万国之君长亦悉隶为臣仆。”他主张，“皇国欲开拓他邦，必先吞并支那国……若强大支那且不敌吾皇国，更况其他夷狄乎……支那划归吾版图，余等西域、暹罗、印度等国则将逐慕吾之德，惧吾之威，不得不叩首匍匐，跪地称臣。”[③] 其所追求的日本国家战略目标是“大地皆为皇朝所领”，以日本雄风称霸世界，实现丰臣秀吉的遗愿。

为何近代以来日本国家战略往往与长州藩（今山口县）的军政头目有许多瓜葛？这就不能不提及在其中起承上启下作用的重要历史人物吉田松阴。他是长州藩思想家、军事家佐久间象山的弟子。当时，佐久间受到中国在鸦片战争中失败的巨大冲击，认为“西洋诸国精研学术，强盛国力，故频频得势”，因而他推崇实力，赞赏拿破仑和彼得大帝，认为“无

---

① 佐藤信渊「宇内混同秘策」、『日本思想大系 45　佐藤信渊』、岩波书店、1982、426 頁，转引自刘江永《中日关系二十讲》，中国人民大学出版社，2012，第 2 页。
② 大川周明「大东亚秩序建设」、『大川周明全集　第 2 卷』、岩崎书店、1962、771-773 頁，转引自刘江永《中日关系二十讲》，第 2 页。
③ 佐藤信渊「宇内混同秘策」、『日本思想大系 45　佐藤信渊』、426 頁，转引自刘江永《中日关系二十讲》，第 2 页。

其力而能保其国者，自古吾未闻也。谁为王者不尚力乎？"① 1842 年佐久间提出"海防八策"，主张学习和掌握西洋炮术兵法与科学技术，强调"驭夷俗不如首先知夷情，知夷情不如首先通夷语"，苦学荷兰语。佐久间认为，"一见超百闻，智者贵投机"②，"不如遣人往殊域学之，邦人往来自能操舟，不复仰给于外，省购费而习技巧，益莫大焉"③，鼓励其弟子吉田松阴偷渡至美国刺探实情，但幕府不允许并将其监禁。

吉田松阴于 1851 年拜佐久间象山为师，学习西洋兵法。他对德川幕府与美国签署《神奈川条约》强烈不满，坚决主张"尊王攘夷"、推翻幕府，成为日本明治维新的精神领袖之一。吉田松阴根据日本传说深信天皇是太阳神天照大神的后裔，日本绝对是"一君万民"国度，志士应效法楠木正成的"七生灭贼""七生报国"。④ 1854 年 4 月，他因在静冈县下田意图偷登佩里的军舰赴美，触犯了当时禁止渡海的国法而被捕（史称"下田踏海"）。吉田松阴入狱后继续通过其叔父于 1842 年创办的松下村塾传播思想。1855 年 12 月，吉田松阴以养病为名出狱，在松下村塾以读书会形式讲授中国古典、日本外交史及兵书，议论天下大事。1858 年 11 月，吉田松阴再度入狱，罪名为"并非纯学术而是动摇人心"，并于 1859 年 10 月被处死。⑤ 这引发了日本国内出现"尊王倒幕"的浪潮。

吉田松阴虽说是佐久间象山的弟子，但更多地继承了佐藤信渊的对外扩张思想，主张日本的国家战略目标应该是"乘隙富国强兵，开垦虾夷，夺取满洲，占领朝鲜，合并南地，然后克美折欧，则势无不克"。⑥ 他还提出"夺取勘察加、鄂霍茨克。谕琉球，朝觐会同，比内诸侯……北割满洲之地，南收台湾、吕宋诸岛，渐示进取之势。……君临印度……使神

---

① 〔日〕源了圆：《德川思想小史》，第 194 页。
② 奈良本辰也编『吉田松陰と松下村塾のすべて』、KADOKAWA 株式会社、2014、66 頁。
③ （清）黄遵宪：《日本国志》卷七《邻交志四》，上海图书集成印书局，1898。
④ 〔日〕源了圆：《德川思想小史》，第 202、203 页。所谓"七生报国"之说，始自镰仓末期效忠后醍醐天皇（1288~1339 年）推翻镰仓幕府的武将楠木正成。明治维新可以说是第二次"尊王倒幕"，楠木正成对幕末志士的影响巨大，成为明治维新的思想基础和精神动力。2021 年版日本《防卫白皮书》甚至将"楠木正成戎装战马"的水墨画作为封皮，引人关注。
⑤ 奈良本辰也编『吉田松陰と松下村塾のすべて』、109 頁。
⑥ 『吉田松陰全集　第一巻』、岩波書房、1940、298 頁、392 頁。

功未遂者得遂，丰国（丰臣秀吉）未果者得果"。① 吉田松阴在松下村塾先后教授的弟子共 230 多人，大多为长州藩 15～25 岁武士出身的年轻人②，包括备受吉田松阴青睐的高杉晋作、木户孝允（桂小五郎）、明治维新后成为日本首相的伊藤博文和山县有朋以及内务卿野村靖、外务卿井上馨等人。吉田松阴的"尊王攘夷"志向、"皇国史观"和对外扩张战略思想，对这些明治初期的日本政要产生了深远影响。高杉晋作忠实继承了吉田松阴的"尊王攘夷"思想，于 1861 年创立"攘夷血盟"，两年后组建奇兵队，从"尊王攘夷"转向"尊王倒幕"。木户孝允是幕末"尊王攘夷"的长州藩核心领袖，与萨摩藩的西乡隆盛、大久保利通并称"维新三杰"。由此可见，吉田松阴继承丰臣秀吉对外侵略扩张思想的路线，与佐藤信渊先后发挥了承上启下的重要作用。

伊藤博文 16 岁入松下村塾研读，年轻气盛时曾同高杉晋作向英国领馆投掷燃烧瓶。1863 年，22 岁的伊藤博文赴英国留学，了解西方情况，感到"攘夷"会使日本灭亡。③ 翌年，当他得知英法联合舰队攻打长州藩后，立即回国试图阻止战端，但未果，其立场从"尊王攘夷"迅速转向"尊王倒幕"，并试图通过在长崎经商的英国商人购买武器。④ 后来，伊藤博文成为明治维新后日本首任首相和起草《大日本帝国宪法》的组织者。1901 年 10 月，在伊藤六十寿辰庆生宴上，皇太子赐汉诗云："多年从政尽忠诚，内外事情如镜明。绿野堂中回历宴，祝卿寿考保功名。"伊藤博文也步其韵回赠汉诗曰："巨心一意霍葵诚，睿智四周天镜明。他日重光绳祖武，万邦钦德仰英明。"⑤ 由此可见，当时日本统治者的中华文化造诣颇深，但在他们看来，中国必须由日本"统治"。

同属长州藩的山县有朋 19 岁时在松下村塾学习过三个月，后成为奇兵队首领、日本陆军创始人和首相。早在日本"废藩置县"前夕，山县

---

① 『吉田松陰全集　第二卷』、岩波書房、1940、596 頁，转引自关捷等人主编《中日甲午战争全史（第五卷）：思想篇》，吉林人民出版社，2005，第 12 页。
② 奈良本辰也編『吉田松陰と松下村塾のすべて』、88 頁、93 頁。
③ 〔日〕吉田茂：《激荡的百年史》，孔凡、张文译，世界知识出版社，1980，第 7 页。
④ 奈良本辰也編『吉田松陰と松下村塾のすべて』、144 頁、145 頁。
⑤ 春畝公追頌會『伊藤博文傳　下卷』、凸版印刷株式會社、1940、567 頁。

有朋便从长州、萨摩、土佐三藩征兵 1 万多人组成御林军，自己升任兵部大辅（相当于国防部部长）①，从而掌握了辅佐明治天皇的军权。"废藩置县"的决策及其后明治政府制定国是的实权基本落入了长州藩军政头目手中。1871 年明治政府决定"废藩置县"，将 276 个藩合并为 72 个县，以统一政令，解散藩兵，兵权归一，实行全国征兵制的"举国皆兵主义"。② 有约 500 年历史的琉球国也于 1872 年被日本吞并而改称"琉球藩"，1879 年又被改称"冲绳县"。在这一过程中，伊藤博文不仅曾力主派兵控制琉球，而且协助明治天皇，与受李鸿章托付劝日本停止占领琉球的美国前总统格兰特谈判，并促其采取中立立场，无功而返。事后，伊藤还写诗云："呼霸呼王岂敢论，英雄遗业至今存。升平三百有余岁，海内谁言不浴恩。"③ 这首诗堪称日本对外扩张战略传承的真实写照。诗中的"英雄遗业"上溯约 300 年，恰值丰臣秀吉出兵朝鲜并欲吞琉球的发端期。

日本最初的国家与国民意识就是伴随"尊王攘夷""富国强兵"等主张产生的。日本思想家丸山真男称之为日本"前期的国民主义"。④ 日本明治维新后的国家战略及对华侵略扩张战略正是出自这些人之手，甚至对当下日本的国家战略决策思想仍有着潜在影响。追根溯源，目前中日之间围绕钓鱼岛归属发生的矛盾也发端于此。

（三）明治初期日本参与世界争霸战及其国家战略的形成

19 世纪至 20 世纪，世界列强从殖民主义发展为帝国主义，日本也积极参与其中并自我定位为"新兴文明国家"。早在幕末时期，日本国内便有人向幕府首席老中（首相兼外相）堀田正睦建议，"日本强兵的基础是富国，今后首先开商政等贸易之学，互通有无，凭皇国自身地利，成为天

---

① 大山梓編『山県有朋意見書』、原書房、1966、2 頁。
② 山県有朋「徴兵制度及自治制度確立の沿革」（大正 8 年 4 月）、大山梓編『山県有朋意見書』、385-387 頁。
③ 春畝公追頌會『伊藤博文傳 中巻 上』、凸版印刷株式會社、1940、134 頁、135 頁。
④ 〔日〕丸山真男：《日本政治思想史研究》，东京大学出版社，1952，转引自刘岳兵《日本近现代思想史》，世界知识出版社，2010，第 25 页。

下首富。与其坐等外国来攻，不如我自造无数军舰，兼并近旁小邦，走上贸易繁荣之路，反而可以建立超越欧洲诸国的功业……"① 1868 年明治维新后，日本逐步形成了天皇制下的军国主义与对外侵略扩张的国家战略。当时，政治上的重要决定都是天皇和元老做出②，由于 1868 年明治天皇年仅 16 岁，因而明治初年日本国家大政方针的主要制定者实际上是伊藤博文、山县有朋等长州藩的政治强人。

伊藤博文自 1871 年历时两年游历欧洲各国，决定按德国模式制定"明治宪法"。这与德国在当时称霸欧洲大陆是分不开的。1850～1870 年，德国的煤炭年产量从 670 万吨增至 3400 万吨，生铁年产量从 21 万吨增至 139 万吨，修筑铁路全长 2 万公里，超过了英法两国铁路长度的总和，机器制造业也超过英国，居欧洲之首。这期间，俾斯麦于 1862 年出任普鲁士首相，主张采取"铁血政策"，声称"当代的重大问题不是通过演说和多数人的决议所能解决的，而是要通过铁与血"。③

1870 年，普鲁士在"普法战争"中大获全胜，并建立起统一的德国，成为欧洲的新霸主。这些都对当时的日本决策者产生了巨大影响，主要体现在四个方面：一是伊藤博文以普鲁士（德国）为样板组织制定了《大日本帝国宪法》，1889 年由明治天皇颁布实施，从而形成了以天皇专制为主要特征的君主立宪政治；二是以明治天皇名义倡导并实施了富国强兵、殖产兴业、文明开化三大政策；三是于 1882 年以天皇名义颁布《军人敕谕》，1890 年山县有朋内阁又起草了《教育敕语》等；四是 1894 年日本发动甲午战争，以国内外舆论战、情报战与外交战相结合的方式展开。

1891 年出任日本首相的山县有朋发表演说强调："日本帝国之国是自维新确定以来，24 年无一日变动。"④ 这即说明，日本近代国家战略始于明治维新，并一直得到坚持。明治维新使日本迅速走上近代资本主义道路，免遭被欧美列强殖民统治的厄运，也推动日本迅速实现了教育普及

---

① 松本健一『日本の失敗「第二の開国」と「大東亜戦争」』、岩波書店、2006、6 頁。
② 〔日〕吉田茂：《激荡的百年史》，第 24 页。
③ 唐晋主编《大国崛起》，第 268、269 页。
④ 山県有朋「帝国の国是に就ての演説」（明治 24 年 2 月 16 日）、大山梓編『山県有朋意見書』、204 頁、205 頁。

化，并奠定了近代工业化基础。但是，在世界大变局中，日本遵循其国家战略而实施的侵略扩张对亚洲邻国造成了极大伤害，最终导致日本国民也深受其害。

三 明治维新后日本侵略扩张战略的形成与败北

日本从明治、大正到昭和时代前 20 年的 76 年间，曾三次参与世界争霸战。丰臣秀吉侵略朝鲜并妄图占领中国及琉球的扩张野心由 270 余年后天皇制下的日本明治政府和昭和时期的军部所继承。这期间，担任日本首相等军政要职的长州藩（今山口县）出身的人物包括伊藤博文、山县有朋、桂太郎、寺内正毅、田中义一、大村益次郎、乃木西典、儿玉源太郎等。他们的立场与丰臣秀吉、佐藤信渊、吉田松阴的侵略扩张思想一脉相承，成为战前日本军国主义国家战略的主要奠基者和推进者。

（一）明治维新后"脱亚入欧"的日本参与世界争霸

日本国家战略的制定与日本决策层对世界变局及国家利益的认知直接相关，同时也受到国内舆论导向的影响。当时，对日本社会影响最大的启蒙思想家福泽谕吉是日本庆应义塾大学和《产经新闻》的前身《时事新报》创始人。他一直以《时事新报》为思想传播阵地发表政策主张。福泽绝非一般的民间文人，而是承担了当时日本战略舆论战的任务。他于1880 年创办《时事新报》实际上是受命于日本的当政者大隈重信、伊藤博文等人。①

福泽谕吉的思想与"明治国家思想"都是站在"强权即公理"的立场上，认为"国际交往就是弱肉强食的禽兽之道"②，"百卷国际公法不如数门大炮，几册和亲条约不如一筐弹药……大炮弹药是不讲道理的工

---

① 〔日〕福泽谕吉：《福泽谕吉自传》，马斌译，商务印书馆，2016，第 247 页。
② 〔日〕安川寿之辅：《福泽谕吉的亚洲观——重新认识日本近代史》，孙卫东、徐伟桥、邱海永译，香港社会科学出版社有限公司，2004，第 45、46 页。

具……日本外交的最后手段是战争"①。1881 年，福泽又断定："今西洋诸
国以威势迫近东洋，如烈火蔓延。中国、朝鲜等近邻愚钝难挡，如木屋难
抵火势……可用武力胁迫其进步。"② 1885 年，福泽在《脱亚论》一文中
强调，日本应"与西洋之文明共进退，对待中国、朝鲜之法也不能因为
邻国而特别关照，而要根据西洋人对待他们的做法处置"。③ 福泽谕吉是
当时日本民间的战争吹鼓手，其言论虽不足以构成日本的国家战略，但起
了动员社会舆论、影响国家决策的作用。明治政府对外战略决策与福泽谕
吉的主张相一致。

　　当时与伊藤博文轮流执政并担任过陆军大臣的山县有朋则把日本传统
的国家战略思想具体化，主要体现在山县有朋的施政演说《政战两略概
论》《帝国国防方针》《对清政策意见书》《外交政略论》《关于帝国国是
之演说》《军事意见书》《军备意见书》《征清作战奏折》《对俄警戒论》
《朝鲜政策奏折》等一系列官方文献中。早在 1870 年，山县便提出要大
力建设海军，旨在防范俄国威胁，1874 年又提出"声北击南"、出兵台
湾，旨在吞并琉球。1885 年，山县有朋作为内务卿集军政实权于一身，
曾两次秘密指示调查刚吞并的冲绳县并占据钓鱼岛，但因冲绳县和外务省
调查均认为该等岛屿"清国亦附有岛名"，日方若公然占领"必遭清国疑
忌"而暂时作罢。④ 1886 年"长崎事件"之后，山县开始大肆推动日本
扩军，准备对中国开战。正如鸠山由纪夫指出的，"那是一个主张'大日
本主义'的时代"。⑤

　　日本统治者推行对外扩张战略，总要制造日本受到"威胁"的危机
感和受害意识。1890 年，山县有朋在首相施政演说中便提出，"国家独立
自卫的路径有二：一是保护主权线，二是保护利益线。主权线指国家疆

① 福沢諭吉『福沢諭吉全集　第 4 巻』、岩波書店、1959、637 頁、187 頁。
② 福沢諭吉『福沢諭吉全集　第 5 巻』、岩波書店、1959、187 頁。
③ 福沢諭吉「脱亜論」、『時事新報』1885 年 3 月 16 日。
④ 外務省編『日本外交文書　第 18 巻　雑件』、日本国際連合協会発行、1950、574 頁、578 頁。
⑤ 〔日〕鸠山由纪夫：《摆脱"大日本主义"》，邱鸣、津田量译，人民日报出版社，2020，第 2 页。

域，利益线是与其主权线安危有密切关系的区域"。他明确指出，日本"利益线的焦点在朝鲜"。① "西伯利亚铁路已推进至中亚，不出几年将竣工，从俄首都出发十几天便可饮马黑龙江边。我须切记，西伯利亚铁路建成之时即朝鲜多事之日，朝鲜多事之际乃东洋一大变局之机……日本保护利益线必不可缺的，一是兵备，二是教育。"② 于是，日本开始推行全民皆兵，建立近代军队，并普及国民教育。截至1912年，日本的小学入学率已达95%。③ 国民教育中自然也包括日本人从小所受到的效忠天皇的洗脑与军体训练。

日本羽翼丰满后，便借朝鲜动乱之机妄启战衅。1893年6月，日本时任首相伊藤博文在致陆奥宗光的文书中称，"若难免一战，我宁可先发制人"。④ 此刻，山县有朋为扩军备战寻找的"正当性"是所谓捍卫日本的"国家安全与人民福祉"。1893年他即表示，"东洋祸患"将不出十年，届时日本的敌手不会是中朝，而将是英法俄等国。⑤ 但翌年，他直接参与了发动甲午战争的决策，并担任日本陆军第一军司令官，率军入侵朝鲜和中国并意图直捣北京，后被天皇召回"养病"而未果。

甲午战争的结果对中日两国及世界都产生了重大影响。日本通过甲午战争迫使中国割让台湾和辽东半岛，巩固了对琉球的统治，并获得两亿两白银的赔偿。按当时的汇率，这相当于3.6亿日元，是当时清政府年度预算的3倍、日本年度预算的4.5倍，其中3亿日元被用于扩军，2000万日元付给皇室，剩余部分投资给八幡制铁所。清政府的失败催化了西方列强对中国的瓜分，还为日俄战争埋下了隐患。在英美眼中，"强权即公理"，日本反而成为"非西方世界的优等生，能成功达到近代化"。⑥

然而，1895年《马关条约》签署后第三天，俄德法三国便提出，日本占有辽东半岛，不仅将威胁中国首都北京的安全，还会使朝鲜的独立名

---

① 山县有朋「施政方針演説」（明治23年12月6日）、大山梓編『山県有朋意見書』、203頁。

② 山县有朋「外交政略論」（明治23年3月）、大山梓編『山県有朋意見書』、196-199頁。

③ 〔日〕吉田茂：《激荡的百年史》，第11页。

④ 春畝公追頌會『伊藤博文傳 下卷』、63頁。

⑤ 山县有朋「軍備意見書」（明治26年10月）、大山梓編『山県有朋意見書』、215-222頁。

⑥ 〔美〕安德鲁·戈登：《现代日本史——从德川时代至21世纪》，第188~189页。

存实亡，妨碍远东和平，要求日本归还辽东半岛。在三国干涉下，日本不得不暂时让步，但以"还辽"为名又向清政府勒索了 3000 万两白银的追加赔偿。此后，从伊藤博文内阁到桂太郎内阁，日本政府均以"卧薪尝胆"激励国民，大力扩军，决心打败俄国，全面统治朝鲜半岛，占领中国辽东，成为东洋新的"大陆国家"。当时日本国家年度预算的 28% 用于军费，陆军的规模比甲午战争时扩大了 3 倍多，战时兵力增至 60 万人以上，相当于俄国远东 20 万兵力的 3 倍；日本海军在 10 年间投入军费 2 亿日元（相当于当时日本全年的国家预算总额），建成了以 1.5 万吨级战舰为中心的"六六舰队"。①

1890 年，美国的工业生产总值跃升到世界首位，占世界的 31%，而英国占比仅为 22%。这一年，马汉的《海权对 1660~1783 年历史的影响》一书问世。1898 年，美国经过美西战争，海军实力升至世界第三位，中国成为美国重要的出口市场。1900 年，美国拥有铁路约 26 万英里，占世界铁道总长的一半，超过欧洲铁路的总长度。② 1914 年，美国工业总产值超过英法德日四国总和，成为名副其实的"世界工厂"。另外，早在 1897 年美国吞并夏威夷，1898 年战胜西班牙，获得关岛，殖民统治菲律宾，其帝国主义"西力东渐"直逼中国沿海。1899 年，美国提出"门户开放、机会均等"的政策原则，反对俄日垄断在华权益。

而此时的日俄矛盾加深且无视美国的主张。沙俄政府于 1896 年 5 月与清政府订立共同对抗日本的密约，1899 年获得辽东半岛的租借权和大连至哈尔滨的铁路铺设权。这令日本极度怨愤。1900 年日本派重兵参加八国联军镇压义和团，在 4.7 万人的总兵力中，日本出兵达 2 万人，超过俄军的 1 万人。日本时任陆军大臣桂太郎认为，"这是日本获取东洋霸权的契机"③，因此决定派重兵参与以赢得英美青睐，也有向俄国显示实力的意图。1902 年，日本利用英国对俄国南下扩张的担忧，促使英国首次放弃"光荣中立"立场与日本结盟，共同抗俄。日本的战舰几乎都由英

---

① 李盛煥『近代日本と戦争』、都奇延・大久保節士郎共訳、陽光出版社、2009、52 頁。
② 唐晋主编《大国崛起》，第 429、430、435 页。
③ 李盛煥『近代日本と戦争』、68 頁。

国制造，这对日本战胜俄国海军起了重要作用。另外，一些在俄国受过排挤的犹太金融大亨协助日本在华尔街发行国债，也确保了日本军费之需，而俄国从德法获得的支援则微乎其微。

1903年6月23日，日本御前会议决定了全面控制朝鲜半岛的方针，拒绝了俄方提出的半岛北纬39度线以北为中立地带的动议。而且，通过对俄情报工作，日本了解到俄国国内矛盾日趋激化，决心趁机对俄开战。1904年2月4日，日本御前会议决定对俄开战，9日突然偷袭旅顺港，日俄战争爆发。1905年1月俄国圣彼得堡沙皇军警枪杀前往冬宫递呈请愿书的工人，导致1000多人丧生（史称"流血星期日事件"），引发俄国革命，成为俄军在日俄战争中失利的重要原因之一。同年9月，日俄在美国调停下签署《朴次茅斯条约》，结束战事。根据该条约，俄国承认日本在朝鲜的政治、经济及军事特权；俄国将旅顺口、大连湾的租借权及其附属特权转让给日本；俄国将南满铁路及其支线、利权、煤矿等无偿转让给日本；俄国将库页岛北纬50度以南割让给日本等。日本从此成为朝鲜半岛的"保护国"，5年后更通过《日韩合并条约》吞并了朝鲜，实现了丰臣秀吉的"遗愿"。日本的下一个战略目标就是霸占"满洲"，入侵中国。

（二）日本参与第一次世界大战

近代以来的中国革命进程与日本有着密不可分的关系。1895年清政府在中日甲午战争中败北后，曾派出大量留学生赴日，以日本为师。1898年"戊戌变法"失败后，梁启超、康有为先后流亡日本避难。他们看到吉田松阴在推动明治维新中发挥的重要作用，甚至相当推崇，但未从日本对外侵略扩张战略的角度认识其本质，具有很大的片面性和历史局限性。① 辛亥革命前后，中国的志士仁人纷纷赴日寻找救国真理，建立了"中国同盟会"等早期

---

① 1898年8月6日，梁启超通过日本驻华公使林权助安排，乘"大岛"号小型军舰逃亡日本，流亡日本至1906年。他最初通过黄遵宪的《日本国志》一书了解日本，并推崇吉田松阴、高杉晋作等日本的"幕末志士"。他在日期间深受当时日本人美化赞颂的著述影响，甚至一度自称"吉田晋"。他认为："松阴可谓新日本之创造者矣。日本现世人物其啧啧万口者，如伊藤博文、桂太郎辈，皆松阴门下弟子不待论，虽谓全日本之新精神，皆松阴所感化焉，可也。"参见梁启超《松阴文钞》，广智书局校印丛书，1906。

革命组织。孙中山、黄兴、秋瑾、廖仲恺、陈独秀、李大钊、鲁迅、周恩来、李达、李书城、李汉俊、董必武等都是其中杰出代表。他们回国后积极从事中国革命活动，有的成为中国共产党的创始人。

在第一次世界大战之前就对日本有清醒认识的是李大钊。1911 年元旦，李大钊曾撰文揭露德富苏峰等人鼓吹的"大亚洲主义"："须知'大亚细亚主义'是并吞中国主义的隐语……表面上只是同文同种的亲热语，实际上却有一种独吞独咽的意思在话里包藏。须知'大亚细亚主义'是大日本主义的变名……这'大亚细亚主义'不是平和的主义，是侵略的主义；不是民族自决主义，是吞并弱小民族的帝国主义；不是亚细亚的民主主义，是日本的军国主义；不是适应世界组织的组织，乃是破坏世界组织的一个种子。"李大钊认为，这"不仅足以危害日本，并且可以危害亚细亚一切民族，危害全世界的平和"。① 李大钊振聋发聩的警世预言被后来的历史所印证。

1895 年德国支持俄法迫使日本还辽，1898 年德国又迫使清政府签署不平等的《胶澳租界条约》并获得在中国山东的殖民特权，引发日本的嫉恨。因此，1914 年德国发动第一次世界大战，日本便趁火打劫，对德宣战，提出从德国手中接管山东，并向北洋政府提出"二十一条"等无理要求，意在独霸中国。当时山县有朋在致大隈重信首相的《对支政策意见书》中称，当今欧洲大乱，所谓"一等强国"皆处于交战状态而无暇顾及"支那"，世界"人种竞争更加激烈"，故日本不仅要接管胶州湾，确保在"满蒙"的权益，而且"日支两国要相互亲善"。② 他所谓的"日支亲善"就是对占领地区实行怀柔政策，并仰仗强大兵力"保护和领导支那"。③ 这不仅激起中国人民的强烈反对，而且埋下了日后日美矛盾激化的祸根。

另外，此前的日俄战争进一步加剧了俄国的社会矛盾，而俄国参与第

---

① 李大钊：《大亚细亚主义与新亚细亚主义》（1919 年 2 月 1 日），《国民》第 1 卷第 2 号。另见《李大钊文集》，人民出版社，1994，第 609~610 页。
② 山县有朋「対支政策意見書」（大正 3 年 8 月）、大山梓编『山県有朋意見書』、339~345 页。
③ 山县有朋「国防方針改訂意見書」（大正 7 年 6 月）、大山梓编『山県有朋意見書』、375 页。

一次世界大战又导致死伤无数，沙皇尼古拉二世成为 1917 年 2 月革命的对象。同年列宁领导的俄国"十月革命"彻底推翻沙皇统治，建立起世界上第一个苏维埃共和国。"十月革命"给中国送来了马克思列宁主义，1919 年巴黎和会期间美英列强同意日本拥有在山东的施政特权则引发了震惊中外的"五四运动"，为中国共产党诞生奠定了基础。同年，日本扩军和独霸中国的势头引起美英警惕。在华盛顿会议上，中美英法日五国达成《限制海军军备条约》，日本被迫接受美英日战舰吨位比例为 5∶5∶3 的规定，暂时退还山东，放弃对华"二十一条"，并表面接受美国所谓"门户开放、利益均沾"原则。日英同盟也就此解体。

（三）日本成为第二次世界大战的亚洲策源地

进入昭和时代，日本明治时期的政治豪强大多过世或离任，但其国家战略思想仍被继承。比如，1927 年任日本首相的田中义一从小就深受其同乡山县有朋的军政思想影响，一份所谓"田中奏折"提出"欲征服支那，必先征服满蒙；欲征服世界，必先征服支那"。尽管围绕"田中奏折"的真伪一直有不同见解，但如上所述，类似的战略主张佐藤信渊早就提出过，日本军国主义实际上也是这么做的。1927 年 4 月 12 日，蒋介石在上海发动反对国民党左派和共产党的武装政变，大肆屠杀共产党员，给日本军阀尝试武力入侵中国提供了机会。1927 年和 1928 年，日本先后两次以"就地保护侨民"为由出兵山东，制造了"济南惨案"。1928 年，日本关东军又制造了"皇姑屯事件"，炸死奉系军阀张作霖，妄图统治中国东北。

1929 年，世界经济危机爆发，日本国内经济危机和矛盾加剧，军部势力进一步抬头。他们为参与世界争霸战，强烈要求废除限制日本发展军备的华盛顿体系，甚至不惜采取恐怖手段铲除态度相对温和的首相。1930 年 11 月，右翼杀手行刺日本时任首相滨口雄幸。1930 年 12 月至 1931 年 9 月，蒋介石指使国民党军队在鄂豫皖三省向中国工农红军的根据地发动了三次"围剿"，日本借机发动侵华战争。1931 年 9 月，日本关东军发动"九一八事变"，占领中国东北。1932 年 5 月 15 日，日本军人和右翼暴徒袭击首相官邸，杀死首相犬养毅。1936 年 2 月 26 日，"皇道派" 军人发动兵变，主张占领 "满洲" 后侵略中国的 "统制派" 得到天皇支持，建立起日本军国主义法西斯极权统治。同年 10 月，日本政府在东京国会议事堂外苑特意为伊藤博文竖立全身铜像及 "颂德碑"，时任日本首相广田弘毅、时任枢密院议长平沼骐一郎、时任贵族院议长近卫文麿在铜像揭幕仪式上致辞，为伊藤博文歌功颂德，称他 "毕生精忠、功绩巨大，将与明治圣代历史并存，永远为国民所敬仰"。① 正是这三人在 1936~1941 年先后担任日本首相期间发动全面侵略中国的战争，建立法西斯轴心国，使日本成为第二次世界大战的亚洲策源地。战后，三人均被定罪为甲级战犯。

1937 年 7 月 7 日，在近卫文麿执政期间，日本发动 "卢沟桥事变"，妄图迅速占领全中国。同年 11 月，日德缔结反共协定。1938~1939 年夏，日本关东军先后在张谷峰、诺门坎与苏军发生冲突，但均遭重创。1938 年 9 月英法对德采取绥靖政策，签署《慕尼黑条约》，企图祸水东引。对此，苏联于 1939 年 8 月与德国秘密签署《苏德互不侵犯条约》。同年 9 月 1 日德国入侵波兰，第二次世界大战全面爆发。1940 年 7 月希特勒对英国实施空袭 "海狮行动"，要求日军同时对英作战。同年 8 月，近卫内阁正式发布《基本国策纲要》，提出 "建成以皇国为中心，以日、满、支紧密结合为基础的大东亚新秩序"。日本陆军省起草的《国防国策案》提出，建设 "东亚共荣圈" 是日本的国策，包括 "生存圈" "防卫圈" "经济圈"，其中印度和澳大利亚包括在 "经济圈" 之内。② 山口县人、近卫内阁外相松冈洋右正式提出建立 "大东亚共荣圈"，宣称 "日本统治西太平洋是实现其国家理想所绝对需要的"，"依据皇道的伟大精神"。③ 其所涉及地理范围甚至超出丰臣秀吉的扩张野心，包括中国、中南半岛及太平洋岛屿、马来西亚、文莱、印尼、缅甸、澳大利亚、新西兰及印度等。这必然与美英等国发生矛盾，引起包括石油禁运等对日制裁。太平洋战争难以避免。

---

① 春畝公追颂會『伊藤博文傳　下卷』、939-941 頁。
② 岡本幸治『近代日本人のアジア観』、密涅法書房、1998、250-252 頁。
③ 「松岡洋右外相談話」、『東京朝日新聞』1940 年 8 月 2 日。

日本的"南进"战略是建立在轴心国盟友德国和意大利在欧洲战场可以获胜的基础之上的，为配合纳粹德国并借机占领英美在东南亚的殖民地，日本宁可冒险挑战美国。同时，苏联为避免欧亚两线作战，应日方要求于 1941 年 4 月签署了为期 5 年的《日苏互不侵犯条约》。基于此，11月，东条英机内阁在御前会议上通过《帝国国策纲要》，决定于 12 月上旬对英美宣战。12 月 8 日（美国时间 7 日）凌晨，日本海军出动 350 架战机偷袭夏威夷珍珠港，重创美国战舰和军事目标。翌日，美国总统罗斯福对日宣战。1945 年 8 月，美国对日本的广岛、长崎使用原子弹，苏联也对日宣战，中国抗战转入大反攻，日本最终接受《波茨坦公告》，于 8月 15 日宣布战败投降。

四　日本近代参与世界争霸与对外扩张的特点及规律

现有史料及文献显示，日本在近代历史上推行了以武力扩张为主要特征的国家战略，其中有一些规律可循。

（一）远交近攻，以强凌弱

在近代历史上，日本对欧洲列强曾采取"以夷制夷"的守势，甚至结盟争霸，竭力减少欧美列强对日本实施扩张行动的阻力；在吞并朝鲜、霸占中国方面则一直采取弱肉强食的攻势。甲午战争爆发前，日本首先基于全球大势分析俄法英对华战略，认为：一旦西伯利亚铁路贯通，俄国必将侵占蒙古并可能向中国内地扩张；法国不会坐视，将出兵染指中国广西；英国将通过云南至四川重庆控制长江权益。故此，日本也要参与瓜分中国的世界争霸战，并发动甲午战争，迫使清政府将辽东半岛和台湾及其附属各岛屿割让给日本。

关于中日甲午战争，福泽谕吉曾称，"这是等待了 300 年的喜讯"。[①]为何是等了 300 年？因为在 300 年前的 1594 年丰臣秀吉曾兵败朝鲜半岛，

---

① 福沢諭吉『福沢諭吉全集　第 14 巻』、岩波書店、1961、493 頁。

而甲午战争实现了丰臣的"夙愿"。福泽谕吉还狂称："若要以文明势力风靡四百余州，使四亿人仰日新之光，定要长驱直入北京，扼其喉而使其立即降伏于文明之师。"① 他还强调，"中国北部的盛京省（今辽宁——笔者注）乃清帝故乡，祖坟所在，清政府对此格外重视，其程度不亚于对北京。"② 因此，他主张日军占领盛京（今沈阳），切断其与吉林、黑龙江的联系后直逼北京，并称其痛苦犹如首府被占领，清政府定会"俯首称臣"。关于台湾，福泽谕吉称："对反抗我们的岛民要杀光……斩草除根。"③ 届时，中国还"要向文明的引路人日本行三拜九叩之礼以谢其恩"。④ 其态度何其狂妄、狰狞。

值得注意的是，战后以来日本曾经高度重视与邻国关系的和解，提出以联合国为中心的外交，日本的自我定位是"西方一员"与"亚洲一员"，在安全保障方面加强日美同盟，在经济方面通过政府开发援助（ODA）等积极发展同亚洲邻国的关系，努力做到"远交近和"。然而，如今日本对外战略再度以国际环境变化为由转向"远交近攻"，与几乎所有近邻的关系都处于紧张甚至敌对状态。这对日本和亚洲各国来说，都是一种不祥之兆。

（二）己所不欲，偏施于人

《论语》中提出"己所不欲，勿施于人"，这是儒家学说的精髓，是"德"与"仁"的具体体现。日本近代统治者虽然熟知中国古典，但对中国等亚洲邻国则为强不仁，己所不欲，偏施于人。

明治政府一方面谋求修改"安政五国条约"等不平等条约，确立同欧美平起平坐的地位，另一方面要求中方修改 1871 年的《中日修好条规》，在中国获取与欧美列强同样的各种特权，1872 年又强行吞并琉球国并改为"琉球藩"。1874 年大久保利通借口"牡丹社事件"策划派兵侵

---

① 福沢諭吉『福沢諭吉全集　第 14 巻』、501 頁。
② 福沢諭吉『福沢諭吉全集　第 14 巻』、507 頁。
③ 〔日〕安川寿之辅：《福泽谕吉的亚洲观——重新认识日本近代史》，第 46 页。
④ 福沢諭吉『福沢諭吉全集　第 14 巻』、492 頁。

台，并迫使清政府订立《中日北京专条》，承认日本出兵为"保民义举"，"中国不指以为不是"，向日本支付 50 万两白银"抚恤银"。其真实目的是切割中琉传统关系，将琉球纳入日本版图。这可谓"佯攻台湾与巧取琉球"①。1879 年日本将"琉球藩"改称"冲绳县"。其后，日方又利用分割琉球谈判，要求中方给予日本类似中英、中法等所签订的不平等条约中规定的特权，目的之一就是彻底独吞琉球。

1893 年 5 月至 1895 年 8 月，日本时任首相伊藤博文、外相陆奥宗光一面积极推动与欧美列强缔结平等条约，陆续同意大利、俄国、德意志、瑞典、法国、挪威等八国缔结了新条约②，一面在甲午战争后迫使中国清政府签署不平等的《马关条约》，要求清廷赔款割地。1899 年，明治天皇宣布"完成修改条约大业"。1900 年，山县有朋再度就任日本首相期间，为镇压义和团，以"保护侨民"为借口派出陆海军共约 23540 人杀入天津、北京，实现了其在甲午战争中的未竟"夙愿"和丰臣秀吉的"遗愿"。1901 年 9 月，八国联军迫使战败的清政府签署《辛丑条约》，日本国钦差全权大臣小村寿太郎代表日本签署该条约，日本不仅从中国获得了战争赔款以强化军力，还获得了在华驻军特权，迈出入侵中国大陆的又一步。

（三）情报先行，无孔不入

为实现国家战略目标，日本一直密切窥视中俄朝三国的各种情报。比如，1874 年日本海军省水路部为出兵台湾，收集相关文献情报，撰写了《台湾水路志》，并参考英国和中国的地图，加上实地考察，绘制出中国沿海和台湾省的精确地图。又如，有日军背景的间谍荒尾精于 1890 年在上海成立的"日清贸易研究所"曾培养出许多日军密探。甲午战争前，日本军方已掌握了日本作家、记者及商人等收集的中国地理、经济、港

---

① 韩东育：《日本拆解"宗藩体系"的整体设计与虚实进路——对〈中日修好条规〉的再认识》，《近代史研究》2016 年第 6 期。

② 春畝公追頌會『伊藤博文傳　下卷』、51 頁。

口、舰只、道路和军事设施的详细情况。[①] 日本军事间谍福岛安正曾在俄国境内"探险"，以调查西伯利亚铁路铺设情报；其后，他又作为日本驻北京公使馆武官在中国长驻并深入中国内地，发现鸦片毒害军队导致士气低落。[②] 日本据此断定，今后十年东洋形势堪忧，作为"百年大计"必须先发制人，在俄国军事力量到达之前首先对清开战，夺取朝鲜半岛的"利益线"。

1886 年日本特务利用北洋水师铁甲舰停靠长崎港之机盗取了中方舰上的密电码，这在甲午战争及《马关条约》谈判过程中为日方破译中方密电发挥了重要作用。1895 年 4 月，陆奥宗光获取并破译了李鸿章发给国内的全部密电。得知中方对赔偿金过高的不满和拒绝割让辽东，并打算向俄英法公使通报，暗中促其干涉后，日方决定先发制人，抢先秘密游说俄美英法四国公使。[③]

甲午战争后，时任日本皇家学习院校长近卫笃麿的战略思想与伊藤博文、福泽谕吉不同，主张由日本主导联中抗欧，"在东洋实行亚细亚的门罗主义"。[④] 他与清廷的刘坤一、张之洞关系密切，1899 年访华时通过他们建立了上海的东亚同文书院（爱知大学前身），强调日中"同文同种"，培养了大批知华人才。而且，一些想要帮助中国发展经济且反对军事行动的日本人，也曾为日本军方提供了可直接或间接在战时为军队利用的情报。[⑤]

反观中国，清政府对海外信息了解有限，面对世界变局盲目自大，有患无备。清朝驻日公使（即大使）汪凤藻在 1894 年初还错误地报告国内，日本正忙于内斗而难以开战。[⑥] 殊不知，当时其发回国内的密电已被日方破译。甚至开战后清廷还有人只关注其他列强会否介入，期盼"以夷制夷"，而未把日本放在眼里。

---

① 〔美〕傅高义：《中国和日本：1500 年的交流史》，毛升译，香港中文大学出版社，2019，第 105 页。
② 山县有朋「軍備意見書」（明治 26 年 10 月）、大山梓編『山県有朋意見書』、216-219 頁。
③ 春畝公追頌會『伊藤博文傳　下卷』、175-176 頁。
④ 近衛篤麿日記刊行会編『近衞篤麿日記　第二卷』、鹿島研究所出版会、1963、195 頁。
⑤ 〔美〕傅高义：《中国和日本：1500 年的交流史》，第 105 页。
⑥ 〔美〕傅高义：《中国和日本：1500 年的交流史》，第 106 页。

甲午战争后，清政府开始向日本派遣留学生。近卫笃麿支持东京高等师范学校校长嘉纳治五郎创建东京弘文学院，接收中国留学生。光绪帝于1898年起用康有为、梁启超等人，推行"戊戌变法"，但遭到以慈禧太后为首的保守派镇压，光绪帝被软禁，变法失败。康、梁逃亡日本，本欲获得近卫笃麿支持，但遭拒。

（四）强词夺理，舆论先行

日本为打破中国作为宗主国长期保护朝鲜的局面、将朝鲜置于日本殖民统治之下，总是打着支持朝鲜"独立"的旗号行事。1894年6月，日本时任外相陆奥宗光明知清政府不会接受却提出了中日在朝鲜"共同推进改革"的建议，遭拒后便把矛头对准中国；明明是侵略，却要占据"道义"制高点，宣称这是"开化对保守之战""文明对野蛮之战"[1]；在日本发动甲午战争和吞并朝鲜的过程中，日本官方文献中充斥着所谓恢复或维持"东洋和平""以耀国光"之类的说法[2]。这不仅是继承了丰臣秀吉的野心，而且居高临下地把日本侵华战争置于所谓"世界文明"的"道义"制高点。这绝非简单的不以为耻、反以为荣，而是要以此凝聚国内共识和民意支持，对外争取其他列强支持，以实现自身战略目标。

无独有偶，日俄战争期间，日本也把对俄开战视为"保卫祖国安全之战"。在第二次世界大战期间，日本也是打着"解放亚洲"的旗号入侵东南亚，发动太平洋战争。日本外交史专家渡边昭夫曾指出，战后初期大多数日本人内心的共鸣是："大东亚战争席卷的狂澜怒涛加速了菲律宾的独立，印度、越南、缅甸、印尼的独立、自治也推进了一步或数步。"战后日本只不过是作为败者而保持沉默与恭顺而已。[3]

（五）结盟偷袭，步步为营

日本独霸中国的战略野心上承丰臣秀吉侵朝战争，下启"九一八事

---

[1]　福沢諭吉『福沢諭吉全集　第14巻』、491頁。
[2]　春畝公追頌會『伊藤博文傳　下巻』、127頁。
[3]　渡辺昭夫編『戰後日本の対外政策』、有斐閣、1985、21頁。

变""七七事变"，贯穿日本侵华战争全过程。每次对华开战，日本几乎都做过长期准备，充分利用中国内部矛盾，并选择趁中国内忧外患之际下手。而且，日本自知要实现其战略目标，自身实力不足，结盟是其必然选择，而结盟对象则伴随世界争霸战而有所变换。

19 世纪末，伊藤博文主张先与俄国协商，再缔结日英同盟。这是因为他认为须防止中俄在朝鲜半岛联手。1894 年 4 月朝鲜爆发东学党起义。同年 6 月 2 日得知清政府应邀派兵赴朝后，他作为日本首相在解散议会的同时立即决定日本出兵朝鲜半岛。朝鲜局势平定后，日本拒绝撤军。同年 6 月 27 日外相陆奥宗光便建议首相："若冲突不可避免，就要在我国胜利之日出手，优柔寡断实乃国之不幸。"① 这与伊藤博文不谋而合。于是，同年 7 月 25 日，日本预先埋伏在朝鲜半岛丰岛海面的"吉野号""秋津洲号""速浪号"战舰袭击中方"济远""广乙"两舰，挑起甲午战争。

1901 年，山县有朋曾向伊藤博文内阁提出"东洋同盟论"的建议，主张日本同英德结盟，共同对抗俄国南下扩张，可先行统治朝鲜，而后择机进军中国福建、浙江。桂太郎任首相后，日本于 1902 年与英国缔结了"日英同盟"。日英结盟后，日本加紧对俄开战准备。1904 年 2 月 8 日，日本突然袭击旅顺、仁川的俄国舰队，不宣而战，中国辽东沦为日俄争霸战场。这是日本首次采取结盟争霸战略。日本在日俄战争中险胜后，又开始考虑击败海洋霸主英国。

日本时任首相桂太郎与孙中山密谈时曾透露，日英同盟的目的是日本利用英俄对立先击败俄国，然后"尽力联德，以日德同盟取代日英同盟，继而对俄作战之后对英作战，必须打倒英国的霸权"。为了拉拢孙中山，他还称希望日中相互合作，形成"中日土德奥同盟"。② 结果导致孙中山也一度误认为日本与中国"利害相关，绝无侵略东亚之野心……亲日政策，外交上之最妙着"。③ 直到 1914 年，孙中山还致函日本首相大隈重

① 春畝公追頌會『伊藤博文傳　下卷』、64 頁。
② 戴季陶：《日本论》（1928 年版），九州出版社，2005，第 102~103 页。
③ 孙中山：《在日本东亚同文会欢迎会的演说》（1913 年 2 月 15 日），载《孙中山全集》（第 3 卷），中华书局，1984，第 15 页。

信，争取日本支持。然而，第一次世界大战爆发后，日本借对德宣战出兵山东，并对华提出"二十一条"，根本言而无信。1915 年 2 月，山县有朋等元老向大隈重信首相提出"日俄同盟论"。他认为，俄国正在欧洲厮杀，为防止将来白种人列强联手与日本争夺在中国的霸权，建议此时与俄国结盟，相互尊重、保护各自在蒙古和"满洲"的权益，分割、合霸中国，阻止其他列强染指中国。①

此后，日本关东军发动"九一八事变"，遭到国际社会质疑，于是日本退出国际联盟，继续我行我素并谋求与纳粹德国结盟，妄图独霸中国。1936 年 11 月，德日签署了《反共国际协定》。同年 11 月，意大利也加入了该协定，德意日三国轴心集团形成（此后加入该协定的还有匈牙利、西班牙、保加利亚、芬兰、罗马尼亚、丹麦、斯洛伐克、克罗地亚等国的傀儡政权以及中国的伪满、汪伪政权）。1937 年 7 月日本发动全面侵华战争，同年 12 月日军攻占南京并展开南京大屠杀。

1940 年 9 月缔结的《德意日三国同盟条约》规定，日本承认并尊重德意在欧洲建立新秩序的领导权；德意承认并尊重日本在"大东亚"建设"新秩序"的领导权；日德意将遵循上述路线并努力合作。三国承允如果三缔约国中之一受到目前不在欧洲战争或中日冲突中的一国攻击时，应以一切政治、经济和军事手段相援助。其后，1941 年 12 月 8 日凌晨，日本偷袭珍珠港，同时入侵东南亚国家及中国香港，发动了太平洋战争。由于德意在欧洲战场自顾不暇，日本未能获得盟国的军事支援，最终战败投降。

（六）既与强者为伍，又挑战强者

在世界大变局中，日本往往"鄙弱尊强"，同时也会过高估计自身实力、利用各种矛盾冒险挑战强者或大国。

1820 年中国的经济规模占全球的 27%，居世界第 1 位，而当时英国的占比只有 5%，日本甚至不及英国。但早在 16 世纪末，日本从欧洲引进

---

① 山県有朋「日露同盟論」（大正 4 年 2 月 21 日）、大山梓編『山県有朋意見書』、345-348 頁。

枪支后就利用传统制刀锻造技术提高了命中率，并开始批量生产，成为年产 30 万支火枪的"世界军事大国"。日本发动甲午战争、日俄战争，都是在国力未占绝对优势的情况下先发制人并最终获胜，这使得日本的野心与信心同时膨胀。尤其是 1904 年通过偷袭旅顺港的俄国军舰，击败当时拥有世界最强陆军的俄国，更令日本举国欢腾，军部首领更是头脑发热。

1937 年日本发动全面侵华战争时，甚至以为可以在 3 个月内灭亡中国。据日本政府统计，1937 年，日本在西方列强经济实力排位中仅为第 5 位，经济总量仅为世界第一大国美国的 12.5%；1938 年，美国工业总产值占世界的 31.4%，远超英国的 10.7%，而日本的工业产值只相当于美国的 16.7%。① 日本发动太平洋战争时，美日两国军事潜力对比为：钢铁 20：1，石油 100：1，煤炭 10：1，飞机 5：1，海运 2：1，劳力 5：1，综合国力 10：1。② 尽管如此，东条英机等日本决策者仍孤注一掷，决定先发制人偷袭珍珠港，并以裕仁天皇的名义对美宣战。这一看就是非常鲁莽、无胜算的赌博，一些神风特别攻击队的队员也决心要像推翻镰仓幕府后绝对效忠天皇的武将楠木正成那样"七生报国"。日本统治者明知损人害己，却偏要一意孤行，这样的人过去有，现在也有，将来还会有。一旦这种人在日本掌权并头脑发热，注定会给日本带来祸端与厄运。

（七）无视忠告，一意孤行

在日本近代国家战略的形成和推进过程中，不乏有先见之明的思想家与反战和平主义者。他们曾提出自己对世界大变局的深刻分析，对日本参与瓜分甚至妄图独霸中国的"大日本主义"提出过忠告，但未被日本当局和社会接受。这也是日本走向惨败的重要原因之一。

1887 年，日本思想家中江兆民在《三醉人经纶问答》一书中，通过所谓"洋学绅士君""东洋豪杰君""南海先生"三人醉酒，纵论日本国家战略选择。他借"南海先生"之口称，"无论世界上任何国家都要与之

---

① 〔美〕安德鲁·戈登：《现代日本史——从德川时代至 21 世纪》，第 351 页。
② 汤重南主编《日本帝国的兴亡》（下卷），世界知识出版社，2005，第 998 页。

和好，万不得已时，也要严守防御战略，避免远征的劳苦和费用……"① 当然，中江兆民的思想也有其复杂性和局限性，包括凌驾于亚洲之上的"日本优越论"等。他提出的"亚洲主义"日后也被日本军国主义所篡改和利用。② 中江虽提出"小国外交思想"，晚年却与主张日本主导中日联手对抗欧洲列强的贵族院议长近卫笃麿为伍，同右翼头目头山满成为密友。中江在甲午战争后还对日本只获得中国台湾感到不满，转向支持政府完成既定的军备计划。③

与中江兆民思想变化过程正好相反的是在美国耶鲁大学任教的日本史学家朝河贯一。他曾在美国为日俄战争游说，争取英美舆论支持，但1906年2月回到日本后不久，其思想便发生了根本变化。朝河于1908年4月至11月撰写了《日本之祸端》一书，1909年又在日本出版了日文版。他在书中抨击了1840~1898年的近60年间，包括日本在内的列强贪婪地蹂躏中国，侵犯中国主权，瓜分中国领土，同时也指出清政府妄自尊大，"对现代国家权利义务的理解肤浅，实力不济，知识缺乏却总爱虚张声势，不断犯错，越发被列强所乘。结果遭受日清战争（甲午战争）之祸"。④ 该书针对日俄战争后日本国内一边倒的狂热气氛、独霸中国的野心、旁若无人且不择手段地入侵中国大陆的政策发出忠告，指出，"日本在南满的大方针涉及军事、政治、经济，即占据陆海空军优势，侵蚀清国主权，获取工商业主导地位"。⑤ 他提醒日本，美国海军发展已使美国成为"世界强国"，而且日俄战争后"美国人眼中的东洋局势已发生巨变……原来对俄国的憎恶开始转向日本而对中朝抱有同情"。⑥ 所以美国提出"门户开放、机会均沾"原则，如果日美发生冲突，国际舆论肯定会对日本不利。朝河主张日本在1923年之前从"南满"撤军，将辽东归还中国，否则日本将陷入国际孤立，"若中国竭力反抗或与其他强国协同

① 〔日〕中江兆民：《三醉人经纶问答》，滕颖译，商务印书馆，1990，第58页。
② 刘江永：《中日关系二十讲》，第10、11页。
③ 唐永亮：《中江兆民的国际政治思想》，社会科学文献出版社，2010，第311页。
④ 朝河贯一『日本の禍機』、宗高书房、1909、24-26页。
⑤ 朝河贯一『日本の禍機』、55页。
⑥ 朝河贯一『日本の禍機』、177页。

对日，东洋就将出现一场大乱"。① 他还大声疾呼："日本正处在国运的分水岭……日本将国运引向险境，招致东洋一大祸乱绝非虚构的预测。" 并奉劝日本"今天需要的是有反省力的爱国心"。② 正如东京大学教授由良君美指出的，"朝河的对日忠告，现在仍然有效"。该书出版的当年，作为"韩国统监"的伊藤博文在哈尔滨遇刺身亡，他带在身边的正是这本《日本之祸端》。③ 这说明日本统治者完全了解朝河的观点，但并未采纳。

还有石桥湛山，早在 1914 年他就撰文主张日本"不应向亚洲大陆扩张"，占领山东更是"害上加害，险上加险，不能不坚决反对"。④ 1922 年，他又发表《大日本主义的幻想》一文，主张"小日本主义"，强烈反对日本侵略亚洲邻国，奉劝日本"不要做将来后悔的事"。⑤ 战后，石桥更是明确反对敌视中国或制造"两个中国"，主张实现中日邦交正常化，建立"日中美苏四国和平同盟"。他和鸠山一郎内阁都主张开展与社会主义国家和平共处的"自主外交"。

遗憾的是，上述这些极具洞察力的预见、忠告和主张并未得到也不可能得到当时日本当局的采纳。结果，日本必遭灭顶之灾。直到战后日本军国主义才遭到否定，日本国家战略发生根本变化，武力扩张的历史惯性受阻。从 20 世纪 50 年代至 70 年代，在"和平宪法"下，吉田茂内阁推行"轻军备、优先发展经济"的治国之道，但追随美国的冷战政策，拒绝承认中华人民共和国政府而与台湾当局"建交"；池田勇人内阁提出《国民收入倍增计划》，日本在"贸易立国"以及"科技立国"等口号下涅槃重生，成为西方世界第二经济大国；20 世纪 70 年代，田中角荣内阁提出《日本列岛改造计划》，实现中日邦交正常化；大平正芳内阁提出"田园都市计划"和综合安全保障战略，决定对华提供日元贷款等政府开发援助；20 世纪 80 年代，中曾根康弘内阁改变"吉田路线"，主张日本应拥

---

① 朝河贯一『日本の禍機』、60 页。
② 朝河贯一『日本の禍機』、3 页。
③ 朝河贯一『日本の禍機』、268-269 页。
④ 〔日〕石桥湛山：《绝不能占领山东》，《东洋经济新报》1914 年 11 月 15 日，转引自刘江永主编《跨世纪的日本》，时事出版社，1995，第 444 页。
⑤ 转引自刘江永主编《跨世纪的日本》，第 444 页。

有与经济地位相称的国际政治发言权，成为"政治大国"或"国际国家"。冷战后，世界格局发生重大变化，日本开始争取成为联合国安理会常任理事国，但"泡沫经济"崩溃削弱了其国际影响力，国内政治右倾化又造成日本同邻国关系的紧张。如今，在经济持续低迷与资本利益的驱动下，日本又开始在向特定国家出口武器方面跃跃欲试。

21世纪的今天时代不同了，但在世界大国竞争中，日本再度倾向于与中俄对立，甚至有人谋求与美"核共享"。这不禁使人联想起日本在历史上多次自我定位为处于世界争霸战的第一线，先后发动甲午战争和日俄战争的历史套路。事态如此发展下去，也许会成为日本再度加害邻国并惹祸上身的历史起点。笔者似乎已听到100多年前朝河贯一大声疾呼的历史回音。面对日本近代参与世界争霸战的国家战略惯性复萌可能产生的现实祸端，世界各国应有所警惕。日本爱好和平的人民，为了自己的子孙后代和国家的前途命运，该猛醒啦！

（审校：张耀之）

日本政府对《鲍莱中期赔偿计划》的
交涉与对策*

李　臻**

内容提要：在战后初期美国制订关于日本战争赔偿的《鲍莱中期赔偿计划》的过程中，日本政府先后与鲍莱使节团、远东委员会的美国代表以及盟军总司令部三方进行了多次会谈。从会谈的内容及过程可以一窥日本政府如何应对《鲍莱中期赔偿计划》的制订。通过一步步探明美国不同机构对赔偿问题的基本态度及差异，日本政府的应对由最初的不知所措、纠结于赔偿方案的具体数字，转变为在美国政策框架下自行制定赔偿政策的方式。这一过程体现了日本政府从被动等待和请求到主动利用美国内部政策不统一的"漏洞"确定对已方有利方案的应对策略的转变。

关 键 词：日本战争赔偿　鲍莱中期赔偿计划　美国对日占领　美日交涉

第二次世界大战结束以后，日本战争赔偿问题作为日本战后处理和美国对日占领政策的一环，是一个深刻影响战后日本国家发展方向和亚洲太平洋地区国际关系格局的重大问题。美国在 1945～1951 年的对日占领期间共制订了"鲍莱计划"①、"斯特赖克计划"和"约翰斯顿计划"三个

---

　* 本文为"第四届日本研究青年学者论坛"入选论文，吸收评审专家意见修改后成文。
　** 李臻，华东师范大学历史学系博士后，主要研究方向为美国对日占领史、战后日本史。
　① "鲍莱计划"分为两个，第一个是 1945 年 12 月 7 日发表的《鲍莱大使关于日本中期赔偿计划的声明》，简称《鲍莱中期赔偿计划》；第二个是 1946 年 5 月提交给杜鲁门总统的《日本最终赔偿计划》。本文集中探讨的是针对《鲍莱中期赔偿计划》的交涉过程。

日本战争赔偿计划，其索赔意图也呈现出从严格惩罚到减轻惩罚再到取消惩罚的演变。这一发展轨迹不仅使日本基本逃避了战争赔偿的责任，在日本和东亚各战争受害国之间留下了"历史问题"的种子，还为日本在《旧金山和约》签订以后以"劳务赔偿"的形式实施重返东南亚的"赔偿外交"奠定了基础。

国内外学者对日本战争赔偿问题的研究大致可以分为三种类型。第一种类型是从战后国际关系的发展来考察美国对日政策演变过程中的日本战争赔偿与交涉，该视角的主旨是将日本的战争赔偿问题置于美国冷战战略中的一环来审视美国亚洲外交政策史的演变，研究的时间样本集中于1945~1951年的占领时期，研究对象也以美国的三个赔偿计划为主。① 第二种类型是从日本经济外交的发展来探讨日本政府的赔偿外交，其主旨是讨论日本如何积极地利用冷战形势和盟国间矛盾，以赔偿为手段，卓有成效地开拓了东南亚市场并"重返亚洲"，进而促进了日本经济结构的转型。这一类型研究对象所涉及的时间主要是在《旧金山和约》签订以后日本以主权国家的身份开始开展外交活动的时期。② 第三种类型则是以各国与日本的赔偿交涉为案例，研究各国对日索赔的交涉过程，也有将日本战争赔偿与其他国家的战争赔偿进行比较的研究。③

围绕这三种类型的研究，国内外学者均有著述，但是对在占领时期美

① 代表性成果有：崔丕《美国关于日本战争赔偿政策的演变》，《历史研究》1995年第4期；杨栋梁《日本的战争赔偿》，《日本研究》1995年第3期；戴超武《美国的政策与战后日本战争赔偿问题》，《兰州学刊》1994年第6期；乔林生《日本战争赔偿与美国的责任》，《日本问题研究》2004年第2期；等等。
② 代表性成果有：于群《日本战争赔偿问题始末》，《日本学刊》1995年第5期；田野《战后日本赔偿外交研究（1945~1977）》，博士学位论文，吉林大学，2010；张光《战后日本的战争赔偿与经济外交》，《南开学报》1994年第6期；Willian S. Border, *The Pacific Alliance: United States' Foreign Economic Policy and Japanese Trade Recovery 1947-1955*, Madison: University of Wisconsin Press, 1984；平川均『賠償と経済拡張』、倉沢愛子編『岩波講座7 アジア·太平洋戦争』、岩波書店、2006；岡野鑑記『日本賠償論』、東洋経済新報社、1958；永野慎一郎·近藤正臣『日本の戦後賠償—アジア経済協力の出発—』、勁草書房、1999；等等。
③ 代表性成果有：吉川洋子『日比賠償外交交渉の研究 1949—1956』、勁草書房、1991；倉沢愛子「インドネシアの国家建設と日本の賠償(講和問題とアジア)」、『年報·日本現代史』1999年第5号；史勤《日本和缅甸关于战争赔偿的交涉》，《世界历史》2018年第5期；等等。

国对日赔偿计划演进过程中日本政府的应对及与美国政府的交涉过程涉及不多。从现有材料可以看到，日本政府在寻求减少赔偿的过程中分别与代表美国政府的使节团、远东委员会及盟军总司令部进行了多次交涉，尤其集中于《鲍莱中期赔偿计划》制订的初期阶段。基于此，本文拟以1945年底至1946年初日本政府分别与鲍莱使节团、远东委员会的美国代表及盟军总司令部三方进行的多次会谈为考察对象，探讨日本政府如何应对美国提出的赔偿计划并进行交涉这一问题。

一　与美国鲍莱使节团的谈判

1945年11月13日，美国杜鲁门总统派遣的以埃德温·鲍莱（Edwin W. Pauley）为团长的22人使节团到达日本，开始对日本赔偿问题进行调查。日本政府则以终战联络中央事务局总务部第一课的朝海浩一郎为代表，与鲍莱使节团就赔偿事务展开了为期两个月的反复交涉。其间，日本政府探明了鲍莱使节团所代表的美国政府在这一时期看待日本赔偿问题的态度，并据此制定了日本政府应对赔偿问题的基本原则方针。

（一）初探美方的赔偿原则

早在美国杜鲁门总统派遣的鲍莱使节团到达日本之前，日本的驻外公使们就已经得到了消息，纷纷紧急联络日本时任外务大臣吉田茂，提醒日本政府尽早准备应对鲍莱可能提出的赔偿计划。其中，驻葡萄牙、瑞士及中国（上海）的公使均担忧消息中提到的赔偿数额庞大而导致日本财阀、工业解体，对日本经济造成毁灭性打击，提醒日本政府早做准备。① 1945年11月13日，日本外务省政务局第二课根据美方的公开信息汇总形成《日本赔偿问题调查团的派遣》报告，详细介绍了杜鲁门总统派遣鲍莱一行的动机及鲍莱对日本赔偿问题的基本态度，即"永远地结束日本的侵略"以及"一次性将日本的金属、军需产业的机械设施等其他资产拆除，

---

① 外務省編纂『日本外交文書　占領期　第二巻』、六一書房、2017、1167-1168頁。

分配给各盟国",并"将日本的钢铁业限制在民需充足的程度"等。①

事实上，这些情报只是日本政府根据美国的新闻了解到的，因此，当1945年11月28日鲍莱一行到中岛飞机大谷地下工厂视察时，同行的朝海浩一郎课长（以下简称"朝海"）在车上与鲍莱进行了约50分钟的谈话，针对上述公开内容中尚不明确的地方进行了咨询。概言之，朝海主要问了以下三个方面的问题：①关于评价赔偿标准的问题："保留日本最小限度的经济水平，使日本人的生活标准不高于朝鲜人、印度尼西亚人、越南人等"，这种"生活标准"是否包含"文化标准"？②美国在日本战争赔偿问题方面如何处理与其他盟国之间关系的问题："贵使是为美国研究赔偿问题的，那么请问美国要如何处理与其他盟国的关系？其他盟国有没有特殊的赔偿要求？如何与苏联沟通？"③美国如何处理占领费、援助与赔偿之间关系的问题："占领费与赔偿之间的关系为何？日本的产业设备受战争灾难影响，难以凭借自身之力恢复，如果要由产业负担赔偿的话，需要美国先投资日本的产业以助其恢复。关于这点美方是如何考虑的？"②

对于这三个方面的提问，鲍莱的回答非常慎重，尽量避免使用能表达"承诺"之意的词语，但是明确传达了此时美国关于日本战争赔偿计划的原则是"以剥夺日本的战争能力为目标，但不使日本贫穷化，同时也不能使日本的经济生活恢复到能够对其邻国产生支配力的优越水平"③。这是日方与鲍莱使节团第一次就日本战争赔偿问题的实质性内容进行接触，是日方对美国关于赔偿问题见解的首次试探。可以看到，日方的关心分为日本国内经济、与盟国（特别是苏联）关系、与美国关系这三个层面，从提出问题的多寡来看，其重点关注的是赔偿对日本国内经济的影响。在事实上被美国单独占领这一特殊时期，日本并不具备与有赔偿请求权的国家进行谈判的权利和能力，基本是通过美国和远东委员会间接处理，因此日本政府应对战争赔偿问题的重心自然是在国内而非对外。

---

① 外務省編纂『日本外交文書 占領期 第二巻』、1168頁。
② 外務省編纂『日本外交文書 占領期 第二巻』、1170頁。
③ Edwin W. Pauley, "Personal Representative of the President on Reparations: U. S. Reparation Policy for Japan（Preliminary Statement）October 31, 1945", *FRUS*, Vol. 6, p. 998.

　　同年 12 月 6 日，朝海与鲍莱使节团的首席随行官员马克斯韦尔（H. D. Maxwell）会谈。在这次会谈中，朝海的提问基本与一周前其向鲍莱提出的问题相同，但是马克斯韦尔的回答比鲍莱更加具体。其中值得注意的有几点。第一，针对日方最为关心的最低生活水准的评价标准问题，马克斯韦尔表示目前开会讨论时使用的都是 1926~1930 年的资料，所以做出决定是一个极为复杂困难的问题，目前还没有明确答案。① 可以看出，此时美国对于"通过索赔将日本的经济发展水平限制在最低的生活标准上"这一构想并没有一个确定的基准，这在日本方面看来是给他们留下了争取和交涉的余地，是一个通过不断给美国递交日本经济相关资料有可能将赔偿条件导向对己较为有利方向的突破口。

　　第二，此次会谈提到了将军需工厂转换为和平产业的问题。朝海认为"如何处理这些工厂的转换"非常重要，因为日本产业界需要一个明确的指导方向。这是其与鲍莱第一次接触时没有提到的问题。对此，马克斯韦尔认为，被指定转换的工厂原本就是民需产业不需要的，因此对民生应该没有影响。但朝海解释说，在战争期间，为了满足军需，日本的民需产业已经荒废，失去了经济的弹性，现在必须将经济的所有力量投入民需生产才符合实际情况。马克斯韦尔却答道："不能放任转换后的产业具备可再次转换为军需产业的性质，尽管不是要把转换工厂全部搬走，但是必须做好'被转换'本身成为赔偿对象的觉悟。"② 也就是说，马克斯韦尔看穿了日方希望不要拆除转换工厂的意图，并直截了当地拒绝了。

　　日方提出的这个问题还体现了当时以产业界为代表的日本社会对于还未确定的赔偿方案感到恐惧和迷茫。尽管从 1945 年 8 月 26 日设置终战联络中央事务局时就立刻设置了专门负责赔偿相关事务的部门③，但是直到与鲍莱使节团真正接触，日本政府关于赔偿问题的对策研究都是根据公开发布的《波茨坦宣言》和《战后初期美国对日政策》等文件中关于赔偿要求的内容进行推测。日本政府对这种状况深感焦虑，民间产业也因此惶

---

① 外務省編纂『日本外交文書　占領期　第二巻』、1176 頁。
② 外務省編纂『日本外交文書　占領期　第二巻』、1179 頁。
③ 后于 1945 年 10 月终战联络中央事务局改组时被废止。

惶不可终日，迟迟无法安心地进行企业转型，对生产和经济的恢复都造成了极大的影响。这也从侧面反映出日本社会在战败初期弥漫的"虚脱"与"迷惘"的心理状态。

第三，朝海在谈话临近尾声时问道："日本何时能够得知赔偿要求的全貌？另外，在做出决定之前会不会给予日本开陈意见的机会？"对此，马克斯韦尔明确答道："应该是我等一行将调查结果报告给杜鲁门总统并与相关各国协商后做出决定，之后就会进入向日本披露的阶段，不会给日本正式提出意见的机会。"朝海提出："不会给予正式机会的话，请允许我以个人的名义向贵方官员提供具体的船舶保有量、纺织业和炼铁业的规模等满足日本民需的必要物资的资料作为参考，并加以说明。"① 马克斯韦尔对此表示同意，但提醒日本不要将谈话内容过早地透露给新闻媒体，朝海则承诺只将此次谈话的内容报告给日本政府相关官员。这一段对话明确传达了美国在日本赔偿问题上对日本政府立场的定位，即不允许日本有正式的发言权，但是可以以私人或非正式的形式向美国提供评价赔偿标准的参考资料。尽管美国不留情面地指责日本政府总是在交涉过程中就泄露消息给新闻媒体的做法从侧面体现了美国主导和日本从属的地位差异，但从美方接受日方提供资料可以想见，日本仍然可以在制订赔偿计划时积极地发挥影响。

根据以上两次会谈，朝海以报告的形式起草了《赔偿对策基本方针（草案）》。其中指出，赔偿对策的主要目标是确保日本有维持现状和在未来建设和平日本的基础条件，特别是要保有维持最低生活水准不可或缺的必需物资的生产能力和进口能力。就具体做法而言，首先要确保充分就业，因为这是实现和平民主主义所必需的前提条件；其次是保持相关政府部门和民间的紧密联络，利用一切机会使盟国科学、客观地认识日本经济的现状及未来；再次，要自主地制订赔偿计划，并基于上述原则尽可能与盟国进行交涉；最后，在实施赔偿计划时，希望确保上述基础条件能够实

---

① 外務省編纂『日本外交文書　占領期　第二巻』、1179 頁。

现。① 这个赔偿对策草案，基本奠定了日本针对《鲍莱中期赔偿计划》与美国进行交涉的原则，之后关于赔偿具体内容的讨论都是以这个草案为指导思想推进的。

（二）对具体赔偿对象和数量的"讨价还价"

1945年12月7日，也就是日本袭击珍珠港四周年这一天，鲍莱发表了《鲍莱大使关于日本中期赔偿计划的声明》②。该声明首先表明了"不能使日本军国主义卷土重来"和"促使日本成为一个自重的国家，过上经济稳定、政治坚定的民主主义生活"这两个目标。声明还说明了日本仍存在满足民需之外的工厂和设备，并提出拆除一部分或全部以下类型工厂或设备：机床制造厂（滚珠及滚柱轴承）、陆海军工厂、飞机制造厂、造船厂、钢铁生产设备、以煤炭为燃料的火力发电厂、特定的化学工厂（接触法硫酸厂、氨碱法纯碱制造厂、电解法苛性苏打制造厂）、轻金属工厂等。③ 另外，该声明向杜鲁门总统提出了三点建议：①没收日本所有的海外资产；②将日本积累的大部分黄金和贵金属运往美国，之后可充作占领费、进口物资、赔偿或赔款用途；③优先拆除财阀拥有或控制的工厂和设施，以配合占领盟军正在推行的解散财阀的政策。

12月8日，朝海和外务省外务次官松岛鹿夫针对《鲍莱中期赔偿计划》与马克斯韦尔等人进行会谈，并将12月3日外务省调查局提交的《日本的赔偿能力研究：从国际收支看今后的日本经济》作为参考资料交给了马克斯韦尔。该资料首先从"粮食自给的困难性""日本国内资源的不足""海运收入的丧失""进口原料资源的不足""就业困难"五个方面介绍了战后日本经济的现状，提出了以1930年日本人生活水平为基准的必需物资进口量，并通过对贸易收支的预测提出了达到进出口平衡的大

---

① 外務省編纂『日本外交文書　占領期　第二巻』、1181頁。

② Edwin W. Pauley, "Personal Representative of the President of the United States and Head of the United States Reparations Mission to Japan, December 7, 1945", *FRUS*, Vol. 6, p. 1008.

③ 由于篇幅限制，具体的拆除种类和数量不做赘述。

致数额，还通过预测出口产品的内容和工业生产进一步估算了日本需要保有的海运规模及为解决就业问题需要保有的工业规模。①

在这次会谈中，日美双方确定了以 1930 年日本人生活水平为基准、围绕赔偿内容和数量进行讨论的原则。松岛首先针对几项具体内容表达了日方的意见：第一，如果将全部的滚柱轴承拆除的话，会导致日本的汽车工业和自行车生产全部依赖进口，而进口也存在诸多限制，这等于完全断了这些产业的活路，因此希望给日本留下合理范围内的滚柱轴承生产设备；第二，日方认为将钢铁生产能力限制在 250 万吨不足以满足民需；第三，拆除所有接触法硫酸厂会导致无法制造硫酸，因此希望在这些工厂制造出足够（发动机）燃烧室所需的硫酸后再进行拆除；第四，希望保留 3 万吨铝的生产能力用于生产民需日用品。针对这四项意见，马克斯韦尔表示，姑且请日方提出认为合适的数字。朝海还进一步提出了几个更为具体的疑问和意见。例如，"拆除财阀拥有或控制的工厂时采取何种顺序？""由于劳务、运输等技术层面的原因，拆除工厂或设备需要一个过程，在此期间能否继续进行民需生产？日本可否在适当的时候扩大生产？""希望将轻金属工厂的水银整流器转做制造硫酸之用。""目前还未得知生铁的限制数量。"对于这些问题和意见，马克斯韦尔和同席的欧文·拉铁摩尔（Owen Lattimore，美国的远东问题专家，负责工作机械和铝的问题）交替进行了回答，并对日方的意见做了笔记。朝海在会谈后的总结中指出，美方采取了听取日方意见的态度，但是日方的时间非常紧迫，因此要尽快向美方提供以 1930 年日本人生活水平为基准展示日本经济全貌的资料，特别是硫酸、轴承、钢铁、铝、铣铁以及纺织业的相关数据等。朝海认为，美方应该会接受日本关于轴承和硫酸的意见，但关于铝的话题态度暧昧，至于钢铁相关问题则几乎没有讨论余地。②

12 月 14 日，日方向美方提交了《针对鲍莱大使之声明的备忘录》。松岛、朝海和日本外务省调查局技术官员大来佐五郎围绕该备忘录与马克

---

① 外務省編纂『日本外交文書 占領期 第二巻』、1210 頁。
② 外務省編纂『日本外交文書 占領期 第二巻』、1185 頁。

斯韦尔等人进行了第三次会谈。这次会谈以日方宣读备忘录、美方提出异议或表示同意的形式进行，双方对《鲍莱中期赔偿计划》提出的赔偿内容和数量"讨价还价"，具体内容涉及十项，其中最具争议的是把军工厂及飞机制造厂转为民需工厂、造船厂以及船舶保有量和钢铁产量的限制这三项。

日方希望将已转为民用的军工厂和飞机制造厂排除在赔偿对象之外，因为这些工厂中包含黑色火药制造厂（岩鼻制造所）、铁道车辆工厂（光海军工厂）等恢复战后经济所必需物资的生产工厂。但美方认为这些工厂原本就是在战时由民用转为军用的，有再次转为军用的潜在危险，故拒绝了这一要求。至于造船厂的问题，涉及钢铁产量和对外贸易，日方希望能以 1930 年的 400 万吨为基准保留船舶，但马克斯韦尔提出，船舶保有量需要咨询美国海军方面的意见，并明确表示日本想要保有大型船舶的希望是很渺茫的。日方继续争取道："这样的话，只能允许日本进行沿岸贸易，那么日本就很难进行对外贸易，希望美国能充分考虑这一点。同时，如果只允许日本保有小型船舶的话，400 万吨这一数字自然也会有所变更。"① 对此，美方没有给出明确的答复，避开了话题。

对于钢铁生产能力的问题，日方要求保有 330 万吨的生产能力，美国表示很难接受。日方说："这是以 1930 年的数据为基础的，考虑到人口增长并依据机械工业的规模、出口机械类的材料等所确定的。"美国却指出："没有必要考虑机械的出口，1930 年日本对钢铁的消费量约为 170 万吨，算上 25% 的人口增加，至多是 212.5 万吨，美国制定的 250 万吨已经相当宽大了。"日方答道："贵方所使用的 1930 年为 170 万吨的数据与我方信息不符，我方资料所显示的数据是 212.1 万吨，算上人口的增长，就算达不到 330 万吨，但加上之前说明的理由（机械工业规模及出口所需材料），这一数字也应该是合理的。我方重视的点在于，250 万吨的限制会长期压抑日本的工业发展，因此无论如何也希望以我方的数字为基准。"对此，美方以略带威胁加嘲讽的语气回答："关于将来的产量，正如前几

① 　外务省编纂『日本外交文書　占領期　第二卷』、1214 页。

天拉铁摩尔所说的那样，取决于日本的和平主义行动。从美国人民的感情出发，太大的数字是很难得到允许的。我们并不打算剥夺日本将来作为独立国家生存的基础。"① 至此，日方只得作罢，在确定（钢铁）生产能力以实际生产能力计算并允许设备运转能力充分之后，进入下一个话题的讨论。

还有其他几项，例如火力发电厂、硫酸产量、留用苛性苏打的生产设备、轻金属（保留一定程度的铝的生产能力）、纺织业的扩充和铣铁产量等问题，美方皆认为日方的要求是合理的，表示可以接受或予以考虑。会谈结束后，朝海总结了对此次会谈的印象。首先，关于具体项目的讨论，结果有喜讯也有噩耗。在将已由军需转为民需的工厂作为免除赔偿的对象、提高钢铁产量的限制问题上，美国的反对态度强硬；在对外远洋贸易、机械类产品出口等问题上，美方也表现出消极态度。但是，对于能够使粮食增产的硫酸生产的相关要求，美国持接受态度；而且，从会谈时马克斯韦尔桌上放着《日本赔偿能力》的英文翻译版文件可见，美方有讨论该文件的热情。② 更重要的是，从本次会谈得到了一个重要信息，即实施赔偿的监督机构不是以鲍莱为代表的美国赔偿委员会，而是远东委员会。当时，该委员会的成员国有 11 个，预计苏联也会参加，其动向对于日本的赔偿计划来说是巨大的不确定因素。据此，日方决定先向美方提交《针对鲍莱大使之声明的备忘录》、《未来日本产业复兴及日本的赔偿能力》和《日本赔偿能力》三个资料，同时继续订正之前提交文件中的相关数据。但更关键的是，要密切关注远东委员会各成员国特别是苏联的动向，以及其与美国赔偿委员会之间的关系。

接下来的第四至第八次会谈（会谈时间分别是 1945 年 12 月 20 日、12 月 21 日、12 月 22 日、12 月 28 日及 1946 年 1 月 8 日）依然将讨论焦点集中于船舶保有量和造船能力、把军工厂转为民生所需的铁道车辆制造和修理厂、保留化肥生产相关的硫酸和苛性苏打工厂等问题上，还特别针对美国赔偿委员会与远东委员会的关系进行了多次确认。日方出席会谈的

① 外务省編纂『日本外交文書　占領期　第二卷』、1214 頁。
② 外务省編纂『日本外交文書　占領期　第二卷』、1217 頁。

人员除朝海以外，还包括大来及农林省相关专业人员等，参会代表在进行
具体问题应答的同时，还相继提交了有关钢铁业、粮食消费、造船等方面
的说明以及军工厂转用计划、肥料生产计划、不同人口基数所需物资进口
额比较表等附加材料。从交涉过程可以看到，日方通过强调维持一定生活
水准所需物资的必要性，极力争取相对缓和的赔偿，但美方的态度并没有
太大的转变。不过，在第七次及第八次会谈中，马克斯韦尔屡次提醒日
本，制订赔偿计划到正式实施计划之间尚有时日，这期间仍有可能因国际
形势的变化以及美国对日政策的转变而变更具体赔偿计划，因此日本应该
利用这段珍贵的时间抓紧恢复生产，而不要纠结于还未确定的具体赔偿数
字。但他强调这只是"个人意见"，最终结果仍取决于美国政府的判断。①

二　与远东委员会美国代表及盟军总司令部的谈判

鲍莱使节团于 1946 年 1 月 16 日返回美国，日本政府转向与到达日本
进行考察的远东委员会美国代表就日本赔偿问题进行交涉。尽管日本政府
感到远东委员会对日本赔偿问题持更为严苛的态度，但在交涉中也得知了
盟军总司令部在日本赔偿问题上握有相当程度的主动权。在盟军总司令部
与日本政府同样希望日本尽快恢复经济独立的前提下，日本政府看到了减
缓赔偿的希望，因此彻底改变了"被动等待"赔偿政策的方针，转为
"主动出击"，先行自主制定对己方有利的赔偿政策。

（一）与远东委员会美国代表的接触

1946 年 1 月 9 日，远东委员会各国代表到达日本，开始为期三周的
考察。马克斯韦尔等人于 1 月 16 日返回美国，日方与远东委员会主席麦
考伊少将（General Frank Ross McCoy）的经济助理巴内特（Robert
W. Barnett，美国国务院日韩经济事务局副局长）就日本战争赔偿计划进
行了对接。根据朝海的总结，日方认为截至此时美方已经彻底了解了日方

---

① 外務省編纂『日本外交文書　占領期　第二巻』、1242 頁。

的主张，在《鲍莱中期赔偿计划》决定的赔偿数额上多少会做出一些对日方有利的调整。① 然而，朝海在 1946 年 1 月与巴内特进行了三次会谈，讨论内容从赔偿种类和数量等具体事项转为更加宏观的政策和原则问题，其结果使日方感受到与之前美方态度的巨大差异，重新紧张起来。

在第一次会谈中，日方首先表示，希望远东委员会能够尽快确定赔偿方案，"使日本产业界尽早脱离不安定的状态"。而巴内特回答称："由于苏联也是远东委员会的成员，即使鲍莱大使已经发表了声明，但是远东委员会中的相关赔偿国家较多，因此问题相当复杂。赔偿问题不只是日本产业界的问题，从战后处理的角度来说也应该尽快解决，但是远东委员会各成员国的意见很难快速达成一致，毕竟赔偿问题不仅是关乎日本未来经济的重大问题，还事关日本的贸易、产业结构、劳动等问题，延伸来说的话是连政治都涉及的根本性问题。日本是本次大战的发动国，因此必须结合惩罚日本及补偿中国、菲律宾等遭受巨大损害国家的各种要素，配合复杂的国际关系来解决。"② 巴内特认为日本产业停滞的原因不在于赔偿问题还未决定，而是日本的通货膨胀导致企业家不愿意将持有的原材料与产品投入生产和市场，并认为如果按照日本的要求保有民需充足所必需的设施，其结果就是保留大量财阀设施，这与美国解散日本财阀的政策相冲突。

在第二次及第三次谈话中，巴内特建议日本政府不要直接向远东委员会提出请求，而应该让民需生产不可或缺的企业本身掌握主动权，直接向赔偿计划的"执行机关"盟军总司令部提出，因为盟军总司令部占领日本的方针是剥夺日本战争能力的同时实行民主主义改造，使日本将来能够在国际中保持自立，所以保留民需生产所必需的工厂和设施事实上是盟军总司令部关心的事情。最后，巴内特提醒日本不要低估了远东委员会其他成员国的地位，麦考伊少将的使命就是让远东委员会的各成员国都能够满意。尽管远东委员会设立以后美国在管理日本的问题上能够自由处理，具

① 外务省编纂『日本外交文書　占領期　第二卷』、1257 頁。
② 外务省编纂『日本外交文書　占領期　第二卷』、1261 頁。

有很大的发言权，但在战争赔偿问题上还是要参考各国的意向，或至少在某种程度上进行斟酌。①

可以看出，远东委员会的美国代表巴内特（同时代表美国国务院的立场）与美国赔偿委员会的代表鲍莱、马克斯韦尔等人，在与日本进行会谈时所持的立场有所不同。鲍莱和马克斯韦尔等人明确表示他们认为苏联没有赔偿请求权资格的立场，而巴内特则坚持苏联是远东委员会的一员，且讨论赔偿问题时是从惩罚日本及补偿受害国的立场考虑的，与马克斯韦尔等人对保留日本一定生活水平和最低民需充足的关注有明显的区别。但值得日本庆幸的是，巴内特暗示了远东委员会的最终决定至多是政策框架，盟军总司令部仍然握有主动权，这也给日本提供了提出己方诉求的最直接且可能最有效的方式。

（二）与盟军总司令部的会谈

听取了巴内特的意见之后，朝海于 1946 年 1 月 30 日与盟军总司令部第八军巴拉德（Ballard）上校进行了会谈。除有关具体的飞机制造厂及研究所的保管维护等问题以外，巴拉德还向朝海透露了内部谈话内容。巴拉德说，鲍莱在日期间，盟军总司令部曾与其进行讨论并认为，"让日本闲等盟国方面的赔偿决定并非上策，这会从根本上颠覆日本的经济。第八军不仅会强烈建议保留满足日本最低民需的工厂，在拆除其他工厂之前也会给予日本开陈意见的机会，在日本做好准备以前，至少可以争取到延期的机会。对美国来说，如何确定日本的'过剩设施'是很重要的问题，就算美国能做决定，也终究没有日本自己所掌握的资料那样详细，并不清楚日本产业的实际情况。在这一点上，虽不能说应该让日本方面自己做决定，但日本如果对此没有一点预见性，到最后只能招致狼狈的结果。因此日本现在需要迅速地按照最低民需的设施决定具体的工厂类别，制定保留必要设施的万全措施，不要一味地等待赔偿问题确定的时间。如果日本对拆除对象缺乏一个全面的判断，就相当于放弃了向盟国表达期望的机会。

---

① 外務省編纂『日本外交文書　占領期　第二巻』、1269 頁。

目前最要紧的是积极推进日本经济重建，安静地应对赔偿的实施问题"。①

同一时期盟军总司令部已开始陆续下达关于指定赔偿工厂的保管和维护的执行指令，朝海就这些指令与巴拉德进行了多次确认和协商。其间，巴拉德多次重申他的观点，即日本政府要自行研究被指定为赔偿工厂的分类及内容，对赔偿对象要有自己的全局观，对执行赔偿之后的工业布局要有自己的计划。他还进一步向朝海透露，盟军总司令部将选定赔偿对象工厂的任务委托给第八军，希望日本政府以满足最低民需的条件为原则，掌握选定工厂的主动权；但是出于远东委员会相关的政治因素考虑，日本自己选择的时间相当紧迫，若来不及在指令发布前向第八军提交详细资料的话，只能在指令发布后以申请"替换"（substitute）的形式将民需必要的工厂保留下来，但申请"替换"的工厂必须有"实质性"的理由，例如该产业工厂对于满足最低民需如何不可或缺，或者拆除该工厂对于地方经济有怎样深刻的影响等。②

相比作为远东委员会代表的巴内特关于赔偿问题的立场，作为盟军总司令部代表之一的巴拉德上校的态度明显倾向于维持日本人最低生活水准，希望日本尽快恢复经济。这既体现了盟军总司令部对于顺利达成占领日本的目标、减轻美国纳税者负担的决心，也使日本政府具有了在美国政策框架下自行研究和制定赔偿方案的底气。

三　制定应对方案

日本政府与远东委员会进行会谈之后，日本战争赔偿问题即由制定政策的阶段逐渐进入实施的阶段，日本与美国赔偿委员会、远东委员会的美国代表及盟军总司令部三方针对赔偿计划进行会谈的第一阶段宣告结束。

1945 年 12 月 21 日，日本在与美国赔偿委员会（鲍莱使节团）进行谈判的同时设立了以外务大臣为首的赔偿协议会，涵盖从外务省、终战联

---

① 外務省編纂『日本外交文書　占領期　第二卷』、1276 頁。
② 外務省編纂『日本外交文書　占領期　第二卷』、1283 頁。

络中央事务局到商工省、农林省、厚生省、大藏省、运输省和通信省等各省的官员，对赔偿相关事项进行调查和审议。① 根据第一阶段与各方的谈判，赔偿协议会出台了文件《赔偿协议会的工作》，在规定该部门的具体工作范围的同时，基本对上述谈判做了总结，制定了日本针对赔偿问题需要采取的应对措施。文件指出，决定赔偿对象原本是盟国方面专属的权力，日方至多只能提交请愿，因此赔偿协议会在决定如何处理相关产业时，要在日本民生必需的最低水准范围内提供最大限度的赔偿。在与美方联络、请愿时避免单纯地从战争清算的角度，也就是惩罚与补偿的角度对赔偿问题进行探讨，而是要将重点置于确保日本产业正常运行、保证人民生活水准的最低限度，尽可能为赔偿问题相关讨论提供对日方有利的参考资料。这是赔偿协议会进行赔偿相关工作时要遵守的原则。

大体说来，赔偿协议会的工作分为赔偿准备工作与实施赔偿两部分，同时也从处理国内设施与海外日本资产两方面给出指导意见。在进行国内设施的赔偿准备方面，赔偿协议会要在远东委员会做出具体的赔偿决定之前根据日本国内产业的现状迅速地推进。具体做法和目标就是，向盟国明确提出具体的日本民生所需的最低水准范围，至少要起到牵制盟国的效果；若远东委员会要求拆除日本准备保留的设施，日本则要重申民生所需最小限度的请求，预计这样可使远东委员会同意在善后处理完成之前延期转换，或者同意用其他设备替代。在进行这些准备工作时，要避免引起摩擦、混乱。

尤其值得注意的是，该文件规定了赔偿准备工作的实施方式，即日本政府要在远东委员会正式决定赔偿计划之前，先将《鲍莱中期赔偿计划》中指定的赔偿工厂种类和设备分为"绝不能充作赔偿"和"不太希望充作赔偿"两类；对于被内定为"绝不能充作赔偿"的设备，要让其百分之百地运作起来，从现实角度证明其对国民经济不可或缺；对于被内定为"不太希望充作赔偿"的设备，要探讨这些设备与允许保留的设备之间是

---

① 国立公文書館『賠償協議会官制・御署名原本・昭和二十年・勅令第七一〇号』、御 29402100、1945 年 12 月 21 日。

否可以替换，并采取相应措施。同时，要将赔偿执行之前能够运作的工厂与不能运作的工厂加以区分，将满足最小限度民需所应保留的设备与无关紧要的设备也区分开，以此制订是否使其运作的具体计划。在对上述设备进行分类时，有两个考量标准：①要保留所有优秀的设备，只将劣等的设备预定为赔偿对象，但为了让盟国接受，也要将一定的优秀设备列入预定的赔偿物件；②具体指定赔偿设备时，要从原料、制成品、交通、产业布局等角度进行适当考量。

在推进上述国内相关产业及设备的赔偿准备的同时，也要开始准备对海外资产及外债的调查与处理，特别是支付赔偿以后的国内善后问题。为了谋求日本国民的理解和赔偿计划的顺利实施，国家将对提供赔偿设备的产业拥有者提供补偿。另外，文件中要求赔偿协议会在开展工作时体恤官民各方的意向，并要求官民干事及干事辅佐（在政府部门与民众之间进行协调沟通的人员）尽快根据该文件制定具体草案并提交赔偿协议会审议，待赔偿协议会决定后再提交内阁决议。如此的话，一旦盟国方面出台赔偿的具体方案，赔偿协议会即可指导并监督赔偿迅速且顺利地执行。①

上述关于如何处理赔偿相关事项的决定经过日本内阁决议，成为日方处理赔偿问题的最高指示方针。从文件中出现的"内定"这类措辞，以及保留所有优秀设备，只将劣等的设备预定为赔偿对象，让绝不能充作赔偿的工厂运作起来，从现实角度证明其对国民经济不可或缺，可以看到，日本政府的应对策略出现了明显转变。日本政府与美国赔偿委员会和远东委员会的美国代表谈判的过程中多使用"积极提供参考资料，强调'民生最小限度'，以期对方能够体恤"这种被动等待的策略。但经过与盟军总司令部的会谈，日本政府逐步摸清了与制订赔偿计划相关的三方之间的关系，并准确捕捉到这三方对于日本赔偿问题的不同态度。盟军总司令部明确传达出的对于日本经济现状的担忧以及对未来经济恢复的期许的信号，增强了日本政府的底气，日本政府转而采用"以确保日本民生，并

---

① 外務省編纂『日本外交文書 占領期 第二巻』、1279 頁。

为未来工业布局进行规划为原则，自行决定赔偿对象"这种主动行动，用既成事实"逼迫"盟国接受的策略。

结　语

综上所述，日本政府以终战联络中央事务局为代表，针对关于日本战争赔偿问题的《鲍莱中期赔偿计划》，分别与以鲍莱为代表的美国赔偿委员会、以巴内特为代表的远东委员会以及盟军总司令部第八军巴拉德上校进行了多次谈判。从一系列谈判过程可以看到，日本作为第二次世界大战的发动国及战败国，不具备与以美国为代表的各盟国进行平等谈判的地位，也没有很好的可供谈判的筹码，只能尽力交涉。在 1945 年底至 1946 年初这一阶段，美国国务院和军方针对是否与苏联展开全面对抗的问题还未有定论，尽管军方有强烈反对的声音，但是国务院在处理东亚事务时仍以与苏联合作为前提，远东政策的重心也仍以中国为主，对于未来日本在美国东亚战略部署中的定位尚未成型。在这样的国际背景下，日本唯一可利用的就是美国"避免使日本贫穷化"这一源自第一次世界大战后德国赔偿政策失败经验的原则。换句话说，日本唯一的交涉筹码，就是不断地强调日本经济窘迫的现状和维持人民一定生活水准的重要性，尽量提高最低生活水准的参考标准，以此来减轻赔偿计划的惩罚性质。

但是，上述谈判过程表明，日本所持的这一筹码对美国来说可轻可重，美国的不同部门从不同的立场出发对此筹码的态度有所不同。一方面，对于鲍莱使节团来说，他们在谈判中始终强调自己只是制定政策的先行调查者而非决定者，且将"剥夺日本的战争能力"和"避免使日本贫穷化"这两个原则并重，看似接受了很多日本的请愿，实则回答得模棱两可。对于代表远东委员会的巴内特来说，为了能制订让远东委员会的成员国都满意的赔偿计划，美国需要考虑各受害国的立场，赔偿计划需要以惩罚日本和补偿受害国为根本性原则，因此"避免使日本贫穷化"只是在惩罚和补偿的基础上需要注意的底线。另一方面，对于占领日本的直接执行者盟军总司令部来说，日本经济的窘迫和持续恶化不利于"通过非军事化、民主化、发展和平经济，把日本改造为一个和平、民主国家"这一占领目标的达成。盟军总司令部的领导者深知，此时的日本经济和人民生活因缺乏粮食和严重的通货膨胀已经到了崩溃的边缘，若赔偿计划不注重"避免使日本贫穷化"这一原则，对日本的占领和援助无疑会在未来给美国的纳税者增加更重的负担。也就是说，美国内部不同部门对于日本战争赔偿的方针有着各自的侧重点，在与日本谈判时表现出不同程度的偏差。

尽管日本向美方提供了数量庞大的参考资料，且不断强调"维持日本一定的最低生活水准"，但是由于双方地位的差距和交涉筹码的弱势，日本的应对之策并没有取得多大成效。特别是参照 1946 年 5 月鲍莱提交给杜鲁门总统的《最终赔偿计划》，可以看到鲍莱不仅没有因为日本的请愿而减少拆迁赔偿的种类和数量，反而进一步扩大了赔偿范围。① 可以说，日本在《鲍莱中期赔偿计划》的谈判上几乎是失败的，其积极争取的工作所起到的作用极其有限。

不过，日本在这一系列交涉中注意到美国内部政策不统一。按照马克斯韦尔和巴内特的说法，以鲍莱为首的赔偿委员会的任务是向杜鲁门总统提出赔偿计划，得到总统认可后提交远东委员会审议，然后由远东委员会监督在盟军总司令部监管指导下的日本政府实施赔偿计划。日本政府看到，这三方在赔偿问题上所持立场不同，制订赔偿计划的审议周期势必延长，且不说到正式开始实施赔偿计划前政策会不会不断变化，即使按照目前的赔偿计划开始实施，实施过程中的可操作空间也很大。美国这种政策制定者与监督实施者之间的"脱节"，使日本"有机可乘"。日本赔偿协议会出台的处理方针很好地体现了这一想法。他们认为，既然直接与美国赔偿委员会谈判无果，不如直接放弃在赔偿计划制订上能够争取的机会，转而把精力集中在赔偿计划实施过程的可操作性上，毕竟在"维持日本一定的最低生活水准"这一点上，担任直接监督和实施任务的盟军总司令部与日本是站在一条线上的。日本的处理方针由"向美方继续提供资

---

① 崔丕：《冷战时期美日关系史研究》，中央编译出版社，2013，第 69 页。

料""在具体的拆除项目上争取更有利的保留数额"等寄希望于美方"手下留情"，转为"内定希望保留的设施""只将劣等的设备充作赔偿"等积极自主的政策，由"等待最终的赔偿计划方案"转为"先行规划产业复兴，重建日本经济"。正如盟军总司令令部第八军的巴拉德上校所说，美方掌握的关于日本经济的资料不如日方自己掌握的那样清楚详细，在赔偿计划实施过程中，只要在美国政策的大框架之内，日本"动一些手脚"是再正常不过的事情。这种"有机可乘"，事实上是战后美国对日占领采取"间接统治"的必然结果，因为"间接统治"就意味着给日本政府中负责具体政策实施的技术官僚留下了很大的操作余地。从赔偿问题开始到第一阶段交涉结束，日本摸清了从美国制定对日政策到日本政府负责实施政策的过程所体现的"脱节"关系，这也奠定了占领期间日本应对美国政策的基本模式，即一方面与美方保持沟通联系，另一方面在美国的政策框架内自行制定并实施对己方有利的政策。随着冷战的全面展开及由此带来的美国对日政策的正式转变，日本在美国东亚战略中的地位显著上升，日本在各种交涉中可利用的"筹码"逐渐增加，使日本在之后的赔偿问题交涉中有了很大的话语权。但日本在之后的赔偿问题交涉中是否应用这些"筹码"及话语权实现了减轻赔偿的目的，仍需进一步考证。

（审校：李璇夏）

巫女与王权

——日本神功皇后西征之"神谕"谫论

唐 卉*

内容提要： 日本神话历史上首位女性君主神功皇后是介于虚构与真实之间的人物，《古事记》和《日本书纪》记载她曾遵照"神谕"出海征讨朝鲜半岛上的新罗国。到了近代，日本国内掀起疑古浪潮，神功皇后其人其事受到质疑。本文认为，神功皇后这一人物的设定有一定的历史原型，"巫女在朝""神授王权"的说法属于日本上古政教合一的产物，其神话的核心思想旨在树立太阳女神的"玉（魂）"崇拜。结合"记纪"创作的时代背景，对神功皇后故事的渲染体现出 8 世纪初以元明、元正女帝为首的统治者力图通过女性一统天下的先例来巩固其政权的意图。

关 键 词： 神功皇后 巫女 神授王权 玉魂 太阳神崇拜

《古事记》（712 年）和《日本书纪》（720 年）中均有关于日本第一位女性君王——神功皇后（じんぐうこうごう，Empress Jingū）的记载。据载，她具有巫女的职能，传达神谕，下令向西讨伐朝鲜半岛的新罗国，创立年号"神功"，摄政长达 69 年，直到百岁去世。时至近代，随着欧美新史学研究方法的传入，不少学者对神功皇后其人其事进行了详细的考辨，指出其年代和故事存在诸多疑点。疑古思潮的兴起令日本"神圣起源"的

---

* 唐卉，文学博士，中国社会科学院外国文学研究所研究员，中国社会科学院大学硕士生导师，主要研究方向为古希腊、日本文学研究。

国家基础随之动摇，于是神功皇后连带其夫君仲哀天皇（ちゅうあいてんの，Emperor CHIŪ-AI）① 纯属虚构的说法一度盛行，截至目前的考古发现同样无法提供这一人物存在的切实证据。那么，神功皇后究竟是不是某位历史人物的投影？她身上藏着怎样的政治、宗教和思想史谜团？当权者是出于何种意图建构了神功皇后的神话，并堂而皇之地将其编入日本历史？本文尝试对这些问题进行探讨。

一　神功皇后西征：历史还是神话？

和铜五年（712）正月二十八日，日本第一部集神话、传说、歌谣和历史事件于一体的文学作品《古事记》在舍人稗田阿礼（ひえだのあれ）口述、太朝臣太安万侣（おおのやすまろ）笔录下编撰完成。口述者稗田阿礼是当朝女帝元明天皇（707～715 年在位）的亲信，记忆力过人，对先代旧辞倒背如流，"年是廿八，为人聪明，度目诵口，拂耳勒心"②。从这一层面说，仅凭个体记忆而问世的《古事记》并非一部严谨的史书。而且，稗田阿礼是男是女③、是真名还是化名尚存疑问，由其讲述的内容的真实性更是令人生疑。或许，《古事记》重大的显在意义是口耳相传的日本神话历史得到了重新整理，并首次以皇家盛典的形式完整地展现在世人面前；而其潜在意义恐怕就在于"天授皇权"的神话成为日本历史诞生的佐证，神话与历史交融，使得女帝政权合理化的历史故事成为国家的集体备忘录和权威教科书。在此背景之下，该书问世 500 年前的神功皇后

---

① 传说中日本的第 14 代天皇，《古事记》中名为"带中日子天皇"，《日本书纪》中名为"足仲彦尊"，在位时间约为 192～200 年。

② 『古事記・祝詞』、倉野憲司・武田祐吉校注、岩波書店、1993、46 頁。

③ 日本的民俗学家柳田国男在 1927 年提出关于稗田阿礼是男是女的讨论在日本史学界"甚是繁荣"。参见西郷信綱『古事記研究』、未来社、1973、3 頁。日本国学四大家之一平田笃胤曾经断定阿礼是女性，理由是"时有舍人"与"时有宫人""时有猿女"相对应，这样一来阿礼很可能是宫廷里司掌法事的巫女；如果阿礼是男性，那么极有可能与当时的权贵、辅佐元明女帝的藤原不比等（659～720 年）画上等号，这是梅原猛的观点，他的根据是元明对藤原的恩宠毫不掩饰，博闻强记的藤原不比等在天武逝世的那一年（686 年）刚好 28 岁，与《古事记》的口述者稗田阿礼同龄。

及其传记故事应运而生，正式载入日本史册。

《古事记》中卷"仲哀天皇"一章记述了神功皇后向西征讨新罗的始末。原本打算攻打熊曾国（くまそのくに）的仲哀天皇在筑紫的诃志比宫弹奏御琴，大臣建内宿祢请神，皇后息长带比卖命（おきながたらしひめのみこと）被神灵附体，传达神谕："西方有国，金银为本，目之炎耀，种种珍宝多在其国。吾今归赐其国。"[①] 仲哀天皇心生疑窦，说西面只有茫茫大海，未曾见到国土，认为神灵说谎，于是推开御琴不再弹奏，惹得神灵大怒，不久仲哀天皇猝死。此时已有身孕的皇后息长带比卖命代理朝政，决定放弃讨伐熊曾国的计划，遵照神灵指示攻打位于日本西面的富庶之国——新罗（新羅，しんら，Shin-ra）。随后，息长带比卖命确立日本新的年号——神功，成为日本历史上赫赫有名的神功皇后。

这个重要场景中出现了三个关键人物，即手握政权的天皇、传达神谕的皇后和作法请神的大臣，三人各司其职，本来天皇在上、皇后在中、大臣在下，结局是天皇一命呜呼，皇后成功上位，大臣辅佐在侧。一则神谕改变了日本整个国家的军事导向和前途命运，尤其是具有神秘色彩的神功皇后执掌朝政，打着神谕的旗号公然入侵其他国家。周作人对此段做注说："日本古奉神道教，犹现今的沙满[②]教，用降神之术，使神附于人，听取教示。其情形略如下文所记，寻常以妇女为较多，神功皇后乃历史最杰出的女巫。"[③] 神功皇后能"通灵"，传达神灵的旨意，从这一点来看，她完全具备巫女的条件。《说文解字》对"巫"的解释为："巫，祝也，女能事无形以舞降神者也。"[④] 这个汉字的造型是两个人围绕一个竖立的柱子，上面、下面各一横，表示沟通天与地。这正是与鬼神相沟通、充当传话者的巫觋最根本的功用。神功皇后摄政恰恰体现了日本早期社会各个部落"巫君合一"[⑤] 的特点。作为女巫的神功皇后最终获得政权，她是否

---

① 『日本古典文学全集 1　古事記・上代歌謡』、萩原浅男・鴻巣隼雄校注・訳、小学館、1983、237 頁。

② 现通用"萨满"。——笔者注

③ 〔日〕安万侣：《古事记》，周作人译，上海人民出版社，2015，第 147 页。

④ （汉）许慎：《说文解字》，（宋）徐铉校定，中华书局，2013，第 95 页。

⑤ 李泽厚：《历史本体论·己卯五说》，生活·读书·新知三联书店，2006，第 157 页。

真的被神灵附体，还是假借"神谕"策划了一场政变阴谋，历史真相究竟为何，诸多学者做出了不同的评判。

英国著名的日本学研究者巴泽尔·豪尔·张伯伦（Basil Hall Chamberlain，1850-1935）在1882年英文版《古事记》（*Kojiki*，*Records of Ancient Matters*）的"译者导言"中对日本早期历史的可信度表示怀疑，认为无论是《古事记》还是之后的《日本书纪》（*Nihonshoki*，*Chronicles of Japan*），其中所记载的公元400年以前所谓的日本历史很可疑。他指出："无论如何，从今往后这个非常晦涩的问题都会有所启示，必须记住，有明确原始文献证据的，最早追溯到公元400年。"[①] 同样持怀疑态度的还有威廉姆·乔治·阿斯顿（William George Aston，1841-1911），他在1888年发表的《早期日本历史》（Early Japanese History）一文中，从历史文献入手，论证指出日本早期的年代记录出现了一个长达120年的时序差错，他对"神功皇后征讨新罗"的说法予以否定，认为这段记载基本上是虚构的，根本不是史实。[②] 同一年，日本历史学家那珂通世（なかみちよ，1851~1908年）在《支那通史》（1888~1890年）一书中将日本与朝鲜古史两相对比，认定神功皇后和应神天皇母子两代比实际纪年提前了约两个甲子的时间，也就是说神话时间比历史时间早了约120年。[③] 按照"记纪"的说法，第14代天皇仲哀天皇在位时间为192~200年，天皇驾崩后，身怀六甲的皇后率领军队渡海，皇子在出征路上降生，出生地取名"宇美"（うみ）［与日语"生产"（うみ）同音］。根据神话叙事，此次讨伐新罗的时间大约在200年，201年确立年号"神功"。阿斯顿和张伯伦通过较为详细的考证，诸如"日本"地名的出现、韩国书籍传入日本的时期等，做出了神话时间与现实情况不符的论断，进而证明英勇盖世的神功

---

① *The Kojiki*，*Records of Ancient Matters*，translated by Basil Hall Chamberlain，Second Edition with Annotations by W. G. Aston，North Clarendon：Tuttle Publishing，1982，"translator's introduction，sect. v"，lxxiii.

② William George Aston，"Early Japanese History"，in *Transactions of the Asiatic Society of Japan*，London：Heinemann，1888，p. 63. 中国学者也关注到日本早期历史的时间问题，相关论述参见聂友军《阿斯顿〈早期日本历史〉解读》，《日语学习与研究》2015年第6期，第80页。

③ 参见那珂通世编『支那通史』、中央堂、1890；井上光贞『日本の歴史1　神話から歴史へ』、中央公論、2007、278-279頁。

皇后乃出于日本树立大国之位的需要而完全虚构的神话人物无疑。① 近年来，一些学者也撰文讨论，认为神功皇后很可能是根据从三国时代伊始到推古天皇为止的日韩关系历史而被神话化的人物②，进而仲哀天皇也被列为不存在的皇帝之一③。仲哀天皇不存在，神功皇后不真实，那么征服新罗的故事就只能算杜撰了。④ 即便如此，不可否认的是，神功皇后觊觎他国财富，"振兵甲而度嶮浪，整舻船以求财土"⑤，扩张领土的故事，对后世日本产生了巨大的影响力。

据载，神功皇后首次西征时，新罗国不战而降。《日本书纪》记载新罗国王威慑于神功皇后的神勇，赞叹道："吾闻，东有神国，谓日本。亦有圣王，谓天皇。必其国之神兵也。岂可举兵以距乎?"⑥ "日本"这个国名首次在日本史书中出现，毫无疑问带有中国影响的痕迹。《尔雅》曰："日下者，谓日所出处，其下之国也。" "日本"的含义即"太阳下的地方"，正对应着中国《尔雅》对于东方即日下的定义。在中国典籍《三国志》（280～290年）问世前，《山海经·海内北经》《汉书·地理志》中关于"倭国""倭人"有零星记述。包括7世纪初成书的《隋书·倭国传》记载的也是"倭国"。也就是说，至少在公元600年之前，"日本"这一国名并未出现，由此推断新罗人对神功皇后"日本"身份的识别与"日本"一词出现的实际时间不符。阿斯顿也据此认为神功皇后征韩的传奇故事有着相对晚近的起源，因为"日本"一词直到670年才被引入日

---

① 《日本书纪》记载，仲哀天皇的生父倭建命卒于景行四十三年（113），而仲哀天皇生于成务十九年（149），父亲死后36年儿子才出生，英国译者张伯伦就此质疑《古事记》和《日本书纪》所记载历史的真实性。参见 The Kojiki, Records of Ancient Matters, translated by Basil Hall Chamberlain, Second Edition with Annotations by W. G. Aston, "translator's introduction, sect. v", lxxvii。

② 持有此观点的学者著作参见大津透『神話から歴史へ』、講談社、2010、133-135頁；塚本明「〈論説〉神功皇后伝説と近世日本の朝鮮観」、『史林』1996年第6号、821頁；罗丽馨《日本人的朝鲜观——神功皇后征三韩的传说》，《新史学》2007年第3期，第181～211页；张龙妹《日本开国神话中的战争叙述》，《日语学习与研究》2017年第3期；等等。

③ 国史大辞典编集委员会编『国史大辞典9』、吉川弘文堂、2003、467頁。

④ 『日本史大事典4』、平凡社、1997、92頁。

⑤ 『日本古典文学大系67 日本書紀 卷第九 気長足姫尊·神功皇后』、岩波書店、1965、330頁。

⑥ 『日本古典文学大系67 日本書紀 卷第九 気長足姫尊·神功皇后』、332頁。

本，之后又过了 51 年《日本书纪》才成书，"一般说来，称呼本国的外来词都会经历一个被逐渐接纳的过程，奇怪的是，正史记载为何如此急不可耐地采用它呢？"① 诸多疑点都指向同一个问题，即"记纪"有意地运用传说和想象为其政治棋盘建构一种新历史。日本历史学家池内宏（1878~1952 年）基于对朝鲜史的研究认为，《日本书纪》所记载的神功皇后西征新罗的纪年时间有伪造之嫌，建议神功皇后的具体年代应当按照朝鲜半岛上史书尤其应以"神功皇后纪"里所插入的百济相关记事来推算。② 的确，《日本书纪》神功皇后一卷引用的史料，除了中国正史以外还有《百济记》③，如"（神功）六十二年，新罗不朝。即年，遣袭津彦击新罗。《百济记》云：'壬午年，新罗不奉贵国。贵国遣沙至比跪，令讨之。'"④ 而日本哲学评论家梅原猛（1925~2019 年）则持相反观点，他在考察被称作"神岛"的冲岛时坚信神功皇后的传说基本属实："神功皇后传说中说 4 世纪末日本曾进入朝鲜，我认为这基本上是事实。九州岛濑户内海沿海一带有许多关于神功皇后的传说。在民众中流传的传说绝不可能是人为传布的。这个玄海滩中的孤岛冲岛，大概是出兵朝鲜的中转站，同时又是一个祭祀的场所……自 4 世纪末神功皇后侵略朝鲜以来，朝鲜半岛一直处在日本的武装压力之下。冲岛的遗物如实地表明了记纪中记载的神功皇后至天智帝（668~671 年在位）期间侵略朝鲜的情况完全是事实。"⑤ 神功皇后入侵朝鲜是否属实，赞成方和反对方各执一词。其实，神谕中有一句"西方有国，金银为本"，提供了十分重要的历史讯息。根据考古发现，朝鲜半岛以新罗为主要的黄金产地。王室陵墓中出土的大量黄金和镀金青铜冠冕证实了新罗首都被命名为"金城"或"黄金之城"当之无愧。无论如何，新罗产金在整个东亚历史上都应该算是一个不容忽视的大事件。而日本早期不产黄金，需要从新罗进口，新罗一直是早期日

① William George Aston, "Early Japanese History", in *Transactions of the Asiatic Society of Japan*, p. 42.
② 池内宏『日本上代史の一研究—日鮮の交渉と日本書紀—』、近藤書店、1947、17 頁。
③ 《百济记》是高丽朝仁宗时期金富轼《三国史记》之前的编年史，编者不明且已经失传。
④ 『日本書紀』、小島憲之ら校注、小学館、1994、462 頁。
⑤ 〔日〕梅原猛：《诸神流窜——论日本〈古事记〉》，卞立强、赵琼译，经济日报出版社，1999，第 330、339 页。

本的黄金来源。需要注意的是，日本起初进口金银，不是用作流通货币，而是看中这种物质的神圣性、恒定性和珍贵性，将金银器作为重要的祭祀用具。

按照神话历史的理论和视角，大体可以设想"神功皇后"出现的三大成因：①3 世纪前后，日本确实存在一位擅长通灵巫术的女性统治者；②4 世纪到 5 世纪，朝鲜的确受到日本的侵犯并有一部分地区曾被征服；③8 世纪，元明女帝及其智囊团殚精竭虑地描绘出一个日本统辖四方的历史蓝图，也蕴藏着当朝统治者力图将女性对宗教、政治的支配权合理化的雄心。于是，历史编纂者将相隔久远的几件事情糅合在一起，为适应社会发展和时代需求塑造了一位纵横四海、威风八面的女性帝王形象，以增强日本大和民族的自信心和自豪感。遵循这一思路，接下来将进一步探究神话历史语境中神功皇后传说的宗教思想支撑。

二 太阳女神信仰："玉"与"魂"的借音表意

作为神话历史上的特殊符号，神功皇后的形象及其功能随着时代的变迁而发生变化。例如，二战期间突出她的刚硬特征，作为勇猛的战斗之神在日本军队里受到崇拜，战后则被视为具有安产、守护性质的柔性女神，供奉的神社数量庞大，最具代表性的是福冈市的香椎宫。[①]

《日本书纪》第九卷名为"气长足姬尊神功皇后"，在共计 30 卷的《日本书纪》中独占一卷，神功皇后的重要性不言而喻。据《常陆国风土记》（713～721 年）、《神皇正统记》（1339～1343 年）和《大日本史》（1715 年）记载，神功皇后在仲哀天皇驾崩直至应神天皇即位约 70 年间长期摄理朝政，摄政时间是神功元年十月二日到神功六十九年四月十七日，也是日本第一位女帝，曾三次下令西征韩国。[②] 神功皇后的威名和相当于天皇的女帝地位在日本历史上占有重要的一席，直到大

---

① 戸部民夫『日本の神様がわかる本』、PHP 研究所、2005、21 頁。
② 『日本古典文学大系 2 風土記』、秋本吉郎校注、岩波書店、1958、62 頁。

正 15 年 （1926） 的皇统族谱 （皇室令第六号） 才将她从历代天皇的名单中除去①。神功皇后故事的背后蕴含着政治、宗教、文化盘根错节的关联结构，她身上隐藏着众多亟待发掘的历史密码。

神功皇后在《古事记》中名为 "息长带比卖命"，《日本书纪》第九卷则用其和式谥号 "气长足姬尊"（おきながたらしひめのみこと，含有 "气息长久"、延年益寿之意）命名。她的父亲息长宿弥王是日本第 9 代天皇开化天皇的玄孙，母亲名叫 "葛城之高额比卖"，母亲一族可追溯至新罗国王之子天之日矛（あめのひぼこ）。这又引出了另一段日本与新罗之间的神话历史过往，对此《古事记》中卷 "应神天皇" 一章有详细的记载。当年新罗王子天之日矛得到一块赤玉（あかだま），他把赤玉放在床边，赤玉化作美女与天之日矛缔结连理，后来夫妻发生口角，由赤玉变成的妻子逃回母国——日本。为了追寻逃跑的妻子，天之日矛来到难波（今大阪市的一个区），娶妻生子，所生的后代就包括神功皇后的母亲葛城之高额比卖。② 我们可以用一个简单的表格来展示神功皇后的出生谱系，如表 1 所示。

表 1 神功皇后的身世谱系

父系（日本）		母系（新罗）
		天之日矛
开化天皇（第 9 代）		多迟摩母吕须玖
崇神天皇（第 10 代）	日子坐王	多迟摩斐泥
垂仁天皇（第 11 代）	山代之大筒木真	多迟摩比那良岐
景行天皇（第 12 代）	〇	多迟摩比多诃
成务天皇（第 13 代）	息长宿弥王	葛城之高额比卖
仲哀天皇（第 14 代）	息长带比卖命（神功皇后）	
应神天皇（第 15 代天皇）		

① 其实在《大日本史》"卷之三本纪第三" 中，天皇名册列出仲哀天皇和应神天皇父子，而把神功皇后的名号安排在列传卷之七十四 "后妃" 当中。参见 Stuart D. B. Picken, *Historical Dictionary of Shinto*, Scarecrow Press, Second Edition, 2010, p. 78。
② 『日本古典文学全集 1 古事記・上代歌謡』、262-265 頁。

从这份族谱可以了解到，神功皇后并非纯粹的日本血统，她的身上流淌着新罗人的血液，是新罗王子天之日矛的第六代子孙，属于新罗后裔。从这一层面看，这位日本女巫皇后攻打新罗本身就兼有侵略和回归的双重意义。问题是，神功皇后的祖先天之日矛明显不是一个朝鲜人的名字，日本痕迹十分明显。《古事记》的注释者也对"为何要用日本名字称呼朝鲜王子"表示大惑不解①。仔细辨别，天之日矛（あめのひぼこ）这个名字与日本创世神话中搅动海水、创造岛屿的"天之琼矛"（あめのぬぼこ）②只有一字之差。"天之琼矛"指的是"用玉装饰的矛"③，"日"与"琼"即太阳与玉石两者之间发生了巧妙的对应和置换。而天之日矛的妻子是由一块赤玉变成的女子，她的母国在日本，天之日矛为了追寻逃跑的妻子从朝鲜半岛一路向东来到日本。概言之，新罗王子的名字也好，经历也罢，都与日本的"玉"相关。从"记纪"编纂者将异邦人名同化为日本人名，以及书写赤玉妻子的日本出生，也可以一窥日本将新罗国纳入日本历史地理版图的野心。

天之日矛的赤玉妻子的来历其实也暗藏玄机。新罗国有一处名为"阿具奴摩"（あぐぬま）的沼泽，一位出身卑微的少女躺在沼泽边午休。日光如虹，照耀其阴处。不久该少女怀孕，生下一块赤玉。④太阳照射、未婚先孕、诞下胎儿……这些要素组合起来属于典型的"太阳脱胎卵生神话"⑤。这与朝鲜半岛上高句丽开国君主神话极为相似。《隋书·高丽传》载："高丽之先，出自夫余。夫余王尝得河伯女，因闭于室内，为日光随而照之，感而遂孕，生一大卵，有一男子破壳而出，名曰朱蒙。"⑥两相比较，天之日矛的赤玉妻子与高句丽开国君主朱蒙的诞生，都是女子被太阳光照射后怀孕，属于典型的"太阳脱胎卵生神话"。不同的是，神

---

① 『古事記·祝詞』、255 頁。
② 《古事记》作"天之沼矛"，《日本书纪》作"天之琼矛"。表面看来，前者与水有关，后者与石相关。实际上，"沼"与"琼"的发音都为ヌ，而"琼"属玉石种类，无论是"沼"还是"琼"，都在凸显玉石所象征的尊贵地位。
③ 『日本古典文学全集 1　古事記·上代歌謡』、52 頁。
④ 『日本古典文学全集 1　古事記·上代歌謡』、264 頁。
⑤ 『古事記·祝詞』、255 頁。
⑥ 《隋书》卷八十一《高丽传》，中华书局，2002，第 1813 页。

功皇后的先祖故事中，太阳、女性以及玉石这三个要素紧密相连，玉石将太阳女神、赤玉女子、神功皇后以及日本和朝鲜紧紧地串联在一起，我们可以从相同时期玉石在中、日、韩等地出产和销售的具体历史信息中查找神话的印记。其实，日本产玉的说法由来已久，《后汉书·东夷列传》载，"倭在韩东南大海中……出白珠、青玉"；[①]《隋书·高丽传》也描绘了当时日本的产玉状况，"有如意宝珠，其色青，大如鸡卵，夜则有光，云鱼眼精也。新罗、百济皆以倭为大国，多珍物，并敬仰之，恒通使往来"。[②] 日本盛产青玉，自绳纹时代中期日本已经有了不少 C 字形的勾玉（まがたま）作坊，之所以做成 C 这个形状，阐释不一，一说模仿动物的牙齿，一说仿照婴儿在母亲胎内的形状，还有说是绳纹时代初期玦状耳饰的原型。[③] 5~6 世纪，日本与新罗、百济做玉石贸易。[④] 朝鲜半岛上新罗、百济和任那的势力圈内出土了大量的勾玉，证明倭国的玉石曾经输出至这些地方。[⑤] 结合神话故事，新罗王子天之日矛的赤玉妻子出现在新罗、赤玉妻子后来回到母国日本、新罗王子追妻来日等情节，影射了玉石充当媒介、日韩之间文化交流的盛况。那么，日本出产的"青玉"怎么变成了"赤玉"呢？可以推测，玉石颜色的变化受到了太阳神话的影响，"赤色""红色"可能在寓意玉石和太阳的关系。第一，日本以"太阳下的国度"自居，"日耀如虹"[⑥]，显示其地位之高。第二，新罗女子是"贱女"，新罗男子是"贱夫"，[⑦] 对新罗国的鄙夷之情跃然纸上。第三，太阳"指其阴上"[⑧]，新罗女子怀孕，诞下赤玉。这段看似荒诞不经的太阳卵生神话隐喻了历史上日本对新罗国军事上的"侵入"和占有。第四，赤玉妻子和新罗王子先后来到日本，透露出日本在"新罗、百济皆以倭为大国，多珍物，并敬仰之"描述上自我认同的文化强国臆想。另外，高句丽太

① 《后汉书》卷八十五《东夷列传》，中华书局，2007，第 831 页。
② 《隋书》卷八十一《高丽传》，第 1827 页。
③ 鈴木克彦「縄文勾玉の起源に関する考証」、『玉文化』2006 年第 3 号、1–22 頁。
④ 川出孝雄編『日本歴史大辞典 17』、河出書房新社、1959、54 頁。
⑤ 門田誠『古代東アジア地域相の考古学的研究』、学生社、2006、148–149 頁。
⑥ 『日本古典文学全集 1　古事記·上代歌謡』、264 頁。
⑦ 『日本古典文学全集 1　古事記·上代歌謡』、264 頁。
⑧ 『日本古典文学全集 1　古事記·上代歌謡』、264 頁。

阳卵生神话生的是男性，而日本太阳卵生神话诞下的则是女性，这与"记纪"神话中刻意推崇太阳女神崇拜、抬高女性地位的用意不无关系。

日本天皇的始祖、主宰高天原的最高神灵天照大御神是一位女性，在其一生中，太阳与玉石的神话贯穿始终。天照大御神出生时，父亲伊邪那岐便赐予她玉串（"御頸珠之玉緒母由良邇"），命她掌管天地。① 她与胞弟须佐之男命在天安河起誓时，男神取下女神发髻上的八尺勾玉（八尺勾璁，やさかのまがたま）的玉串，放在天之真名井洗涤后咬碎，吹出雾气诞下五位男神。② 后来天照大神委派爱孙迩迩艺命到下界治理国家时，赠送其随身宝物八尺勾玉，并郑重托付要敬奉自己的"魂"（たま，tama）。③ 日语的"玉"（たま，tama）和"魂"（たま，tama）同音，古代日本人想象中的"魂"就是一枚勾玉的形状，意味着"玉魂合一"。考古发现，绳纹时代的人会在死者的胸上放置一块被叫作"大珠"的玉石一起下葬，这块"大珠"即代表死者的灵魂，承载着死而复生的愿望和祈求。相同发音的"玉"和"魂"可以互相转化，拥有玉石就会为普通的血肉之身注入灵魂，可以"不死"、"永恒"和"再生"。④ 这里呈现出中国和日本同源异流的玉文化，玉石沟通天地，是神圣与世俗之间的媒介，政教合一，持玉者为王。目前在日本本土各大神社中都有作为护身符（お守り）的玉石出售；在冲绳，勾玉是祝女进行祭祀的法器，至今仍作为传统延续。⑤ 天照大御神在神道教中占据最高地位，神功皇后积极推动神道教，用"玉"祭"魂"，这是"神授王权"的核心，背后是太阳女神信仰和以"太阳下的国度"自居的日本中心主义。

仰仗天照大御神"玉""魂"的加持，神功皇后便在天照大御神的"神谕"下顺理成章地获得了王权。仲哀天皇因不信"神谕"而亡，神功皇后因执行"神谕"而王。《日本书纪》"神功皇后纪"里，200 年神功

---

① 『日本古典文学全集1 古事記・上代歌謠』、72 頁。
② 『日本古典文学全集1 古事記・上代歌謠』、77 頁。
③ 『日本古典文学全集1 古事記・上代歌謠』、127 頁。
④ 鈴木克彦「繩文勾玉の起源に関する考証」、『玉文化』2006 年第 3 号、1-22 頁。
⑤ Daniel Clarence Holtom, "The Jewels", in Daniel Clarence Holtom, *The Japanese Enthronement Ceremonies: With an Account of the Imperial Regalia*, Tokyo: Kyo Bun Kwan, 1928, p. 37.

皇后西征新罗，为平复海上的狂风巨浪，听从天照大御神的教诲："和魂（ニキミタマ）服玉身而守寿命，荒魂（あらたま）为先锋而导师船"①，身怀六甲的神功皇后"取石插腰而祈之曰'事竟还日，产于兹土'"②，与玉石盟誓后顺利产下了王子（日后的应神天皇），皇后将系在身上的石头取下放置在筑紫国的伊斗村，并在四月上旬来到筑紫末罗县的玉岛里（たましまのさと）还愿。250 年，神功皇后又一次出征韩国，祭祀天照大御神的"荒御魂"（あらみたま，aramitama)③。之后，神功皇后在征服韩国的战役中也携带着天照大御神的"荒御魂"，并把"和御魂"留在了大阪的住吉大社。④ 根据《日本书纪》记载，神功皇后在大阪住吉神社进行奉献后离开，此后住吉神社被奉为航海守护神社，而息长足姬命成为其主要祭祀的神灵，每年受到数百万信众的参拜。⑤ 由此反映出，附身在神功皇后身上的神灵是太阳女神天照大御神。和魂、荒魂、玉岛、玉石……神功皇后在天照大御神的"神谕"下，一路向西又往东返回，联系其祖先天之日矛从西向东追随一块赤玉的路线，似乎可以得出这样的结论：①这是一条日本玉石输出的海上贸易线；②日本在开展贸易交流的同时进行文化输出和军事侵略；③"记纪"的时代背景正是元明天皇和元正天皇母女二人前后执政期，宣扬神功皇后的故事以树立太阳信仰的女神威信，从而巩固女性天皇的政治地位。

　　按照"记纪"记载的时间推测，神功皇后于 170 年出生，193 年立为皇后，仲哀天皇 199 年准备讨伐熊袭，200 年逝世。仲哀天皇驾崩后，举国上下举办除灾降福的祭祀——祓，"尔惊惧而，坐殡宫，更取国之大奴佐而，种种求生剥、逆剥、阿离、沟埋、屎户、上通下通婚、马婚、牛婚、鸡婚、犬婚之罪类为国之大祓而，亦建内宿祢居于沙庭，请神之

---

① 『日本古典文学大系 67　日本書紀　卷第九　気長足姬尊・神功皇后』、332 頁。
② 『日本古典文学大系 67　日本書紀　卷第九　気長足姬尊・神功皇后』、332 頁。
③ 所谓"荒御魂"，是神灵（kami）狂野且富有生气的性格，"和御魂"（nigimitama）更为平和安静。
④ Stuart D. B. Picken, *Historical Dictionary of Shinto*, p. 42.
⑤ Stuart D. B. Picken, *Historical Dictionary of Shinto*, xxii.

命"。① 大范围进行袚的目的显而易见，它是权力移交前的仪式，意在为女性执政者顺利登基扫清障碍。"大袚明确作为国家的活动而举行，是在天武时代。由此可以推断，袚的神道作为民间的习俗暂且不说，作为国家的活动是在天武时期形成的。"② 仪式举办过程中，请神的大臣建内宿祢询问神的御名，神回答称"是天照大御神之御心者"。③ 通过请神、祭祀、神谕等外力，神功皇后名正言顺地坐上了日本统治阶层的第一把交椅，这一过程与女帝持统天皇（686~697 年在位）的继位何其相似。

672 年"壬申之乱"后，大海人皇子掌握了权力，号称"天武"，成为日本第 40 代天皇。676 年新罗统一了朝鲜半岛，天武天皇与新罗保持外交联系，继而与和新罗敌对的大唐断绝来往。686 年九月，天武天皇病逝，皇后鸬野赞良执政，690 年一月皇后正式即位，称"持统天皇"。在女帝持统天皇的即位典礼上，中臣大岛宣读了《天神寿词》（あまつかみのよごと，又称《中臣寿词》）。698 年，中臣神道盛行，"大袚祝词"完成。"大袚祝词"用神灵的声调庄严地树立天皇的权威，说到底就是政治与宗教的合谋。其中一句为："人们犯有种种罪过。天罪有毁坏田垅，填埋沟渠，破坏水管，他人田中播种、插签，活剥兽皮，倒剥兽皮，随地粪便。国罪有伤害活人、死人肌肤，身长白斑，堕胎杀婴，奸母罪，奸子罪，母子奸罪，子母奸罪，畜奸罪，昆虫灾，天变灾，飞鸟灾，咒术杀畜、蛊毒害人。"④ 这一段祝词⑤与"记纪"中仲哀天皇死后的大袚如出一辙，即把国家的意志作为神灵的旨意广泛灌输、强制执行。仲哀天皇死后，神功皇后掌权；天武天皇死后，赞良皇后即位，权力从男性移交到女性手中。二者虽然在时间上相差了近 500 年，但内容相似，情景相同，都是通过举行请神仪式、大袚活动、念诵祝词等宗教仪式为女性在男尊女卑

① 『古事記・祝詞』、228 页。
② 〔日〕梅原猛：《诸神流窜——论日本〈古事记〉》，第 423 页。
③ 『日本古典文学全集 1 古事記・上代歌謡』、237 页。
④ 西牟田崇生「中臣寿詞」、『平成新編祝詞事典』、戎光祥出版、2003、168–174 页。中译文转引自〔日〕梅原猛《诸神流窜——论日本〈古事记〉》，第 427 页。
⑤ 祝词（のりと），属于神道的仪式，即神官在神前唱诵的古老语言。其中，"のり"是动词"宣る/告る"的名词形式；"と"通常含有咒术中的咒语之意。

的社会中取得政治地位、树立权威。为了进一步探讨日本女性天皇即位的政治谋略，有必要梳理一下从持统天皇到元明天皇即位前后的历史脉络。

697 年八月日本第 41 代天皇持统天皇让位于年仅 15 岁的孙子轻皇子即文武天皇；702 年十二月女太上皇持统天皇驾崩；707 年六月第 42 代天皇文武天皇驾崩，七月文武天皇的生母阿闭皇女也就是元明天皇即位。正是在这位女天皇执政期间，712 年一月太安万侣呈献《古事记》，上书神功皇后的故事。巧合的是，中国历史上第一位女帝王武则天也曾将"神功"作为自己在位时的第九个年号，具体时间是 697 年九月二十九日，与持统女帝退位的时间前后相差仅一个月。《旧唐书·则天皇后本纪》记载："九月，以契丹李尽灭等平，大赦天下，改元为神功，大酺七日。"① 万岁通天元年，契丹首领松漠都督李尽忠反唐，武则天将其改名为李尽灭，二年唐军大胜，改年号为神功。"神功"这一年号的目的很明确，与战争相关，是女性帝王为了纪念自己一统天下的赫赫战功。而日本的汉风谥号"神功"是 8 世纪后半期由淡海三船甄选敬献的，意为"神妙之不可测之功绩、神之功业"②。至于神功皇后的"神功"之名与年号是不是借鉴了中国历史上第一位女帝王的年号，需要另行考证。概言之，神功皇后、武则天、持统天皇，倘若将这三位女性帝王进行比较的话会发现一些奇妙的相近之处：①皇帝驾崩之后，权力移交皇后；②皇后即位，成为新皇帝；③平定战乱，确立威信。她们试图通过改写神话来重新编纂之前的男权历史，为女性一统天下正名。男性统治者去世后，女性掌权人开始整改传统，将个人愿望、上位野心、政治构想一一添加进宗教仪式，刻意将历史片段式的意志投入神话的时间即永恒不变的世界当中，使其合理化、固定化和长期化，以获取最高的权力，并将统治者的意愿强行制定为法则，让公众在无意识的宗教活动中有效、深刻且持久地履行。由神功皇后按照"君权神授"而确立的日本新神道，其背后支撑的是太阳女神信仰，也是"记纪"神话历史的核心。可以说，从神功皇后到持统天皇，再到

---

① 《旧唐书》卷六《则天皇后本纪》，中华书局，1975，第 126 页。
② 『大漢和辞典』、大修館書店、1955—1960，转引自〔日〕吉村武彦《古代日本的女帝》，顾姗姗译，社会科学文献出版社，2019，第 20 页。

元明天皇、元正天皇，日本女帝的历史就是对男权神话的大胆改写，在太阳神乃女性的指导思想下致力于构建历史上的女权神话。

三　神话历史原型：巫女王权来源的可能性

为了进一步考察"记纪"关于巫女王权的来源问题，需要注意文本中出现的地名，思考这些名称暗藏或者掩盖了哪些历史信息。在"神功皇后纪"中出现了一个特殊的地名——熊曽（くまそ，kumaso）。仲哀天皇在暴毙前原本打算攻打熊曽国，皇后听从神谕放弃熊曽国，改攻新罗。"熊曽"是《古事记》中使用的称呼，在《日本书纪》中写作"熊袭"（くまそ，kumaso），属于古代日本南九州世居民族的一支，名称中的"くま"（Kuma）是"熊"的意思，同一个"so"音则分别使用了"曽"和"袭"两个不同的汉字。太安万侣在《古事记》的序中谈到"化熊出川"，熊被认为是"神的化身"。① 熊袭人被描述得神乎其神："有羽白熊鹫者，其为人强健，亦身有翼，能飞以高翔。"② 天照大御神的父母伊邪那岐和伊邪那美曽诞下一个岛屿叫筑紫岛，岛有四面，每面各一个名号，筑紫国称"白日别"，熊曽国称"建日别"。③ 仲哀天皇在筑紫的宫殿里计划攻打熊曽国别有用意。位列第一的筑紫国，名号"白日别"，具有"明亮的太阳照耀的地方"之意。仲哀天皇试图讨伐熊曽，欲意排除异己，先统一日本列岛；但神功皇后的野心更大，比起近攻熊曽，她更渴望远征新罗。《日本书纪》"神功皇后纪"描述神功皇后遵照神谕攻打熊袭的情况："时得神语，随教而祭……令击熊袭国……"④ 神功皇后攻打熊袭、入侵新罗都是神谕所示，那么二者究竟有何关联？

《日本书纪》"神功皇后纪"中，神功第三十九、四十、四十三年各条均引用了《三国志·魏书·乌丸鲜卑东夷传》中的"倭人条"（通称

---

① 『古事記・祝詞』、42 頁。
② 『日本古典文学大系 67　日本書紀　卷第九　気長足姫尊・神功皇后』、333 頁。
③ 『古事記・祝詞』、56 頁。
④ 『日本古典文学大系 67　日本書紀　卷第九　気長足姫尊・神功皇后』、330 頁。

《魏志·倭人传》，成书于 280~290 年）的记载，足见"神功皇后纪"对此书的重视。《魏志·倭人传》提到一个小国狗奴国（くぬのくに）："其南有狗奴国，男子为王，其官有狗古智卑狗，不属女王。自郡至女王国万二千余里……倭女王卑弥呼与狗奴国男王卑弥弓呼素不和，遣倭载斯、乌越等诣郡说相攻击状。"[①] 根据记载，2 世纪末，倭国大乱，分成许多小国，邪马台国（やまたいこく/やまとのくに）[②] 是当时最强大的国家，亦称"女王国"，女首领是巫女卑弥呼（ヒミコ，Himiko），唯一不肯臣服的国家就是位于邪马台属国奴国之南的狗奴国。247 年，女王卑弥呼派遣载斯、乌越出使曹魏，陈述两国交战的情况。内藤湖南、津田左右吉、井上光贞等人经过考证认为，熊袭极有可能就是狗奴国。[③] 神功皇后以"神谕"为借口攻打熊袭的主要原因在于该民族"是以、不从皇命，每略盗人民"。[④] 白鸟库吉认为熊袭借助外国的势力才会与邪马台针锋相对，而这背后的势力就是新罗。当任那与新罗发生纷争时，大和朝廷支持任那而讨伐新罗。[⑤] 熊曾（熊袭）国是神功皇后称霸倭国最大的隐患，神功皇后在消灭了熊袭后，谓左右曰"取得熊鹫，我心则安"。[⑥] 熊鹫是长着白色翅膀的熊鸟，曾和神功皇后交战。东北亚古代史学者宝贺寿男认为，天孙族降临日本的神话与古代朝鲜半岛具有一定的渊源，而这个羽白熊鹫所隶属的熊袭与三韩新罗关系密切，作为妖魔化的外来形象，是卑弥呼女王代表的邪马台王族最大的劲敌。[⑦]

　　生活在 3 世纪初，精通巫术的女王，攻打熊袭和新罗……"记纪"记载的神功皇后与历史上的女首领卑弥呼有许多相似之处。江户时代中

① 《三国志》卷三十《魏书·乌丸鲜卑东夷传》，中华书局，2006，第 511 页。
② 邪马台国是 2~3 世纪日本列岛的一个国家。自古被音译为"やまとのくに"，与大和国同音。
③ 参见内藤湖南「卑弥呼考」、『藝文』1910 年第 2・3・4 号；津田左右吉『日本上代史研究』、岩波書店、1930；井上光貞『日本国家の起源』、岩波書店、1960；井上光貞『日本の歴史 1　神話から歴史へ』、中央公論社、1973。
④ 『日本古典文学大系 67　日本書紀　卷第九　気長足姫尊・神功皇后』、333 頁。
⑤ 白鳥庫吉「倭女王卑弥呼考」、『白鳥庫吉全集　第 1 巻』、岩波書店、1969、1-11 頁。
⑥ 『日本古典文学大系 67　日本書紀　卷第九　気長足姫尊・神功皇后』、333 頁。
⑦ 宝賀寿男『古代氏族の研究 13　天皇氏族—天孫族の来た道—』、青垣出版（星雲社）、2018、118 頁、209 頁、295 頁。

叶，一些研究者将神功皇后与中国史书记载的倭国邪马台国女王卑弥呼相等同，认定邪马台国是位于日本畿内一带的大和政权。① 张伯伦在注释《古事记》时也认为"神灵附体"的神功皇后可能就是卑弥呼，"我们不了解神功皇后被神灵附体的时间究竟是何时，不过，据中国史书上对日本的记载，卑弥呼就精通巫术，装神弄鬼（Ki-Shin），在精神上（to be in the spirit）欺骗人们"。② "卑弥呼"这三个汉字是根据读音对当时尚无文字的日本人名的对应，确切的发音不明；现代日语通常用"ヒミコ"来称呼这位女王，按照日文发音，除了"卑弥呼"，还可以对应多个日文当用汉字，如"ヒミコ"（日巫女、日御子）、"ヒメコ"（日女子、姫子）③、"ヒメコ"（比咩子、比卖子）④、"ヒメミコ"（日女御子、姫御子）等⑤。另外，从汉语发音来考虑，"ヒミコ"的"コ"与卑弥呼的"呼"字发音并不对等，当时"卑呼"（与"卑狗"⑥ 发音相近）二字明显含有对于"日"（ヒ）的太阳崇拜。

作为巫女的卑弥呼本人深居简出，异常神秘。"（卑弥呼）自为王以来，少有见者。以婢千人自侍，唯有男子一人给饮食，传辞出入。居处宫室楼观，城栅严设，常有人持兵守卫。"⑦ 卑弥呼与外人近乎隔绝的生活状态似乎更加强调或者说放大了其作为巫女"事鬼道、能惑众"⑧ 的神秘特质。"强调宗教性的能力是卑弥呼能够成为王并终息'倭国大乱'的前

---

① 白鸟库吉「倭女王卑弥呼考」、『白鸟库吉全集 第 1 卷』、7 頁。
② *The Kojiki*, *Records of Ancient Matters*, translated by Basil Hall Chamberlain, Second Edition with Annotations by W. G. Aston, p. 277.
③ 这是源自驹泽大学教授三木太郎的说法，他认为对男性的尊称为"ヒコ"（日子），对女性则用"メコ"（姫子）。
④ 《古事记》里读音的表现形式。
⑤ 伊藤博文《皇室典范义解》第三十一解说："上古把皇子称为ミコ，把皇女称为ヒメミコ。"参见伊藤博文编『憲法資料』、憲法資料刊行会、1934。
⑥ 1937 年，藤井尚志在《国史异论奇说新学说考》一文中提出的观点。他认为中国学者把"宫居"（ひみか）误认为是人名，将日文"ミヤッコ"（原意为"宫仕"）写成了"卑弥呼"，把"ミコ"（原意为"皇子"）写成了"卑狗"。参见西谷正「邪馬台国最新事情」、『石油技術会誌』2010 年第 4 号、277-285 頁。
⑦ 《三国志》卷三十《魏书·乌丸鲜卑东夷传》，第 510 页。
⑧ 《三国志》卷三十《魏书·乌丸鲜卑东夷传》，第 510 页。

提条件，也是其维持王权权威的重要手段。"① 卑弥呼具有双重身份，对内是安邦治国的巫女，对外是与中国王朝建交的女王。② 据朝鲜半岛现存最早的史书《三国史记·新罗本纪》记载，173 年③倭女王卑弥呼向新罗派遣使节④；倭军先后于 208 年、232 年、287 年三次侵入新罗⑤；248 年卑弥呼暴毙，年仅十三岁的女孩壹与（とよ，toyo，235？～？年）⑥ 继承王位，成为邪马台国新的女领袖。《魏志·倭人传》载："壹与遣倭大夫……献上男女生口三十人，贡白珠五千，孔青大句珠二枚，异文杂锦二十匹"⑦，其进贡时间推测为 248～266 年。在世袭制度尚未确立的邪马台国，之所以拥护女性为王，是因为"像卑弥呼这样的宗教权威作为'国'的统一者比凭借政治军事实力更为有效。卑弥呼与壹与是组成这个国家的各部族的正宗氏族，又是祭祀长的宗祧。她也许既有着祭祀长的权威，同时还有着母系氏族时代母祖权威的遗风。"⑧ 卑弥呼死后，日本从中国的官方史书中消失了一个半世纪。也有学者认为《日本书纪》"神功皇后纪"多次直接引用《魏志·倭人传》的记载，似乎有意将神功皇后与统一日本的巫女国王卑弥呼等同。邪马台国是不是日本历史上大和政权的前身，自古就是日本自我定位的一个重要根源。⑨ 神功皇后西征以及卑弥呼的故事都至关重要，在日本神话历史中起着承上启下的十分关键的作用。所以，有必要在神话历史语境中讨论神功皇后和卑弥呼的可能性关联，以探究敕令撰写"记纪"史书的女帝们的真正动机。

　　卑弥呼卒于 248 年，这个年份十分特殊。日本天文学家斋藤国治

---

① 王海燕：《日本古代史》，昆仑出版社，2012，第 31 页。

② 石母田正『日本の古代国家』、岩波书店、1971、6–11 页。

③ 年代似乎有误，按照天干地支 60 年一轮，233 年的说法更合理。

④ 《三国史记·新罗本纪》记载："阿达罗尼师今二十年夏五月，倭女王卑弥乎遣使来聘。"

⑤ 参见〔朝鲜〕金富轼《三国史记·新罗本纪》，吉林文史出版社，2003，第 23、25、29 页。

⑥ 又叫"台与"，《梁书》卷五十四《诸夷传》中记载："正始中，卑弥呼死，更立男王，国中不服，更相诛杀，复立卑弥呼宗女台与为王。""台与"可能是对日语"たいよう"的汉字标音，意思是"太阳"。这样一来，卑弥呼和她的继任者都与太阳崇拜相关。

⑦ 《三国志》卷三十《魏书·乌丸鲜卑东夷传》，第 511 页。

⑧ 〔日〕井上清：《日本历史》，闫伯纬译，陕西人民出版社，2011，第 11 页。

⑨ 周德望：《乡关何处？——论日本邪马台国研究中的自我认识》，《国家发展研究》2007 年第 1 期，第 95～120 页。

（1913～2003 年）提出，248 年九月五日上午在北九州曾发生日全食，当时太阳被月亮遮挡，大地一片黑暗；这一现象直接导致了侍奉太阳神的女巫卑弥呼的死亡。① 橘高章和安本美典则认为，247 年三月二十四日傍晚在北九州出现过日全食，当地人认为太阳的守护者卑弥呼已失去了巫女的魔力，于是把她残忍杀害。② 这些说法中基于想象的成分较多，与日本上古崇尚太阳的宗教信仰相关，进而将卑弥呼与天照大御神的神话故事联系起来。至于卑弥呼与神功皇后是不是同一人，本居宣长（1730～1801 年）和新井白石做了深入的考证。尤其是本居宣长本着"大和之心"③ 的观念，在《驭戎慨言》一文中认定卑弥呼就是神功皇后。不过，本居宣长否定了卑弥呼向大魏派遣使节的事实，坚持认为邪马台只是位于九州的地方性政权，只是假借神功皇后之名向中国朝贡而已，不能代表整个大和民族。他认为《魏志·倭人传》杜撰了倭国女王进贡的故事，力图表明古日本（大和）从未曾臣服于中国。④ 明治维新以后，日本历史学界肯定《魏志·倭人传》记载的史料价值，形成了主张邪马台国位于九州和位于畿内大和的两个学派，并否定卑弥呼即神功皇后的传统说法。2009 年日本奈良县樱井市教育委员会对外宣布，位于该市的缠向遗迹⑤的考古发掘发现了 3 世纪前半期的建筑（SB-101）和栅栏（SA-101），主要出土文物为特殊器台形埴轮片、壶形埴轮片、有段口缘的底部穿孔壶形土器等，这一发现有可能成为探寻作为日本国家起源的邪马台国的新线索。⑥ 2009 年 5 月 30 日，日本国立历史民俗博物馆

---

① 斎藤国治『古天文学の道—歴史の中の天文現象—』、原書房、1990、8 頁、116 頁、175 頁、293 頁。

② 安本美典『卑弥呼の謎』、講談社、1972、25 頁、196 頁。

③ 本居宣长『古事記伝』、本居豊頴校、本居清造再校『本居宣長全集　第 1 巻』、吉川弘文館、1926、3 頁。

④ 本居宣长『古事記伝』、本居豊頴校、本居清造再校『本居宣長全集　第 1 巻』、吉川弘文館、1926、参见聂友军《阿斯顿〈早期日本历史〉解读》，《日语学习与研究》2015 年第 6 期，第 85 页。

⑤ "缠向遗迹"（まきむくいせき），位于奈良县樱井市三轮山北西麓一带，推测年代属于弥生时代末期至古坟时代前期。从 1978 年起曾在此地进行过多次发掘，2009 年的挖掘发现了一些建筑和栅栏遗迹，年代为 3 世纪前半期，正好和《魏志·倭人传》中卑弥呼所处的年代一致，因此被认为是邪马台国在畿内地区最有可能的所在地。

⑥ 参见『纒向考古学通信：倭国王も公認？「纒向遺跡」の調査情報誌 1』、桜井市立埋蔵文化財センター、2009；石野博信『邪馬台国の候補地—纒向遺跡—』、新泉社、2008。

的一个研究小组利用碳 14 测年法对箸墓古坟①周边出土的土器上附着的碳化物进行检测，春城秀尔教授根据出土状态判断这些土器是古坟完成后不久被丢弃的，其年代也应与古坟建造年代相近。研究小组根据检测结果推定，箸墓古坟的建造年代为 240~260 年②，从时间上看与中国古代史书中记载的卑弥呼的去世时间 248 年前后相吻合；而且，古坟全长 280 米，与《魏志·倭人传》所描述的女王厚葬的情形相似，"卑弥呼以死，大作冢，径百余步，殉葬者奴婢百余人"③。卑弥呼死亡时期正值弥生时代向古坟时代过渡时期，陵墓形状也符合古坟时代的陵墓形状④，不过缺乏更为有力的证据，且具体年代仍然存疑。

《日本书纪》卷九"神功皇后纪"里直接引用了《魏志·倭人传》中关于卑弥呼的相关记载，"卅九年，是年也，太岁己未。魏志云：'明帝景初三年六月，倭女王遣大夫难升米等诣郡，求诣天子朝献。太守邓夏遣吏将送诣京都也。'"神话叙事的神功摄政"冬十月癸亥朔甲子、群臣尊皇后曰皇太后。是年也，太岁辛巳，即为摄政元年。"如果神功元年是 201 年，那么神功卅九年正好是 239 年，和《魏志·倭人传》记载的卑弥呼向中国朝贡的时间景初三年（239）一致。究竟是机缘巧合还是刻意为之？我们无法回到时间的原点，只能通过神话语境、历史片段和考古发现来查找蛛丝马迹。

更多的学者倾向于认为《古事记》和《日本书纪》的作者是为了将大和王权与卑弥呼、神功皇后这两位杰出女性连为一体而刻意添加的内容，不应作为史实的参考依据。例如，阿斯顿就坚决否认卑弥呼女王就是神功皇后这一说法。他指出，卑弥呼女王被葬在巨大的坟丘下面，一直陪

---

① "箸墓古坟"（はしはかこふん），位于奈良县樱井市箸中地区，形状为前方后圆坟。以笠井新也为代表，日本考古学者认为此处很有可能是邪马台国女王卑弥呼的坟墓。参见笠井新也「卑弥呼の塚墓と箸墓」、『考古学雑誌』1942 年第 7 号、344-368 页。
② 「箸墓古墳、卑弥呼の生前に築造開始か 歴博が研究発表」、『朝日新聞』2009 年 5 月 31 日。
③ 《三国志》卷三十《魏志·乌丸鲜卑东夷传》，第 511 页。
④ 岡林孝作・水野敏典・北山峰生「実年代について」、『ホケノ山古墳の研究』、橿原考古学研究所、2008、289-291 页。

伴左右、服侍多年的众多婢女围绕在主人坟墓的周围作为牺牲殉葬，这些都是基于远古时期日本的习俗而出现的，并非卑弥呼一人专享，许多考古证据都表明神功皇后要远远晚于卑弥呼女王生活的时代。① 而考古挖掘也进一步证明，疑似卑弥呼的坟墓的形状以及出土文物属于古坟时代。② 此外，日本女性史学者义江明子也从女性学的角度对两位女性同为一人的说法持否定态度，其理由是，一个终身未婚、足不出户、无儿无女、孤独终老，一个却是出身名门、挂帅出征、后继有人、寿终正寝，卑弥呼和神功皇后完全分属两种际遇、两样人生，天壤之别，所以绝不可能是同一个人。③

卑弥呼与神功皇后是不是同一个人，仅凭零星的考古资料无法证实。正如井上光贞所言："在阐述日本国家起源的时候，考古学的方法不是万能的。"④ 神功皇后的神话故事也并非完全的凭空想象，卑弥呼的盛名、事迹、史料都会为神功皇后的形象塑造提供一定的原型和参照，因而在某种程度上具备一定的历史骨骼。

余 论

神功皇后西征新罗的故事展现出日本神话历史中巫女与王权纠葛的问题，说到底就是在论证宗教与政治之间合谋的问题。哲学评论家梅原猛一语道破个中真相："古代史的最大关键——政治即祭事"⑤，古代日本政治带有浓郁的宗教气味，而宗教也包裹着强烈的政治目的。如何将宗教信仰、祭祀仪式天衣无缝地代入政治权力运作，当权者首先想到的是将神话故事巧妙地安插进已然发生或者即将发生的历史洪流当中，

① William George Aston, "Early Japanese History", *in Transactions of the Asiatic Society of Japan*, p. 60.
② 石原洋三郎『邪馬台国』、中公新书、2019、54-56頁。
③ 義江明子「聖なる女の思想的系譜」、竹村和子・義江明子編『ジェンダー史叢書　思想と文化　第3巻』、明石書店、2010、68-77頁。
④ 井上光貞『日本国家の起源』、「序文」、2頁。
⑤ 〔日〕梅原猛：《诸神流窜——论日本〈古事记〉》，第416页。

用神话观念指导历史的发展风向和行进轨迹；同时，又将历史上业已发生的事件重新编排进新的政治剧本，为"倭"所用。神功皇后的神话成为"古史"，为无文字时期的日本历史增添了一抹巫女当权的鲜艳色彩。诚如汤因比在阐述历史学起源时曾指出的："历史学同戏剧和小说一样，都是来自神话。神话是一种原始的理解和表现形式——它像儿童们听到的童话或成年人的梦境一样——在虚构和事实之间没有划出界线。"① 日本出现文字的年代较晚，元明女帝时期的太安万侣在统治者的授意下，根据稗田阿礼的口述记录编写出日本最早的文献《古事记》，这是一部真实与虚构搅和在一起的混合物——神话历史。神功皇后遵照"神谕"西征新罗的神话历史就是宗教与政治合谋的典型例子，它既是荒诞不经的巫女掌权神话，亦是一段女性借助神话传说统治王朝的真实案例。

不可否认，神功皇后之所以在日本神话历史上占有重要一席，是因为其具备三个关键的因素。首先，以元明女帝为首的统治者力图通过女性一统天下的先例来巩固其在男尊女卑社会中来之不易的政权；其次，对巫女形象的塑造源自上古太阳女神崇拜，以"太阳下的国度"自居的日本中心主义符合大和民族社会心理的需要，是长期以来日本积极寻求自我定位和向外扩张不可或缺的前提；再次，神功皇后的神话故事也并非完全的凭空想象，有一定的原型和参照，因而在某种程度上具备真实的历史骨骼。从此，一个真真假假、似是而非的巫女王形象被载入了日本史册，留下无尽的话题讨论空间和探秘的可能性。

（审校：张耀之）

---

① 〔英〕阿诺德·汤因比：《历史研究》（上卷），郭小凌等译，上海世纪出版集团，1997，第47 页。

文话、评点、选本：宋代文章学在日本的被接受

靳晓岳*

内容提要： 伴随着宋学的普及与唐宋古文地位的提升，宋代文章学在日本江户后期至明治时期被积极接受。这一时期，日本文话表彰宋文、吸收宋人文章观念，甚至直接引用宋代古文家论述；日本学者也对以《文章轨范》为主的宋人所编古文选本进行批点、补充和模仿，并借鉴宋人对古文的阅读和编选方式及圈点符号、批评术语等。江户后期至明治时期对宋代文章学的接受是对江户中期古文辞派重辞轻理文章观的反拨，也是文以明道的古文基本属性的回归，宽政以来的官方政令与幕末大变革的时代背景对此也形成了直接推动力。日本学者也在此过程中扬弃了宋代文章学中"为举子设"的弊端，而接受了宋人文从字顺、平易畅达的文章风貌与尚理明道、关涉世教的文章精神。

关 键 词： 宋代　江户后期　文章学　《文章轨范》

宋代是中国文章学成立的时期，古文研究与批评在此时期真正成为一门学科。[①] 古文的立意、结构、遣词、造句等在过去并未被关注或并未得到系统性研究，此时期成为古文家一再揭示与探讨的问题，也为后人的古

---

* 靳晓岳，南京大学文学院博士研究生，主要研究方向为宋代文学。

① 这一观点最早由王水照先生提出，参见王水照《历代文话序》，载王水照编《历代文话》（第1册），复旦大学出版社，2007，第2页。关于文章学成立更详细的论述，参见慈波《文话流变研究》（上编），复旦大学出版社，2020，第9~27页。

文赏鉴与写作提供了可资依循的路径。

日本江户时代后期，尤其是宽政时期以后，伴随宋学的普及与唐宋八大家文典范地位的确立，宋代文章学也受到了更高程度的重视；更具体而言就是，宋人撰写的系统性抑或随笔式的古文研究著作及古文研究资料汇编与古文选本在当时的日本社会大范围流传。① 东英寿先生考察了"宽政异学之禁"后日本学者有关欧阳修的评论，称："由于徂徕学派流行而式微的宋代文学，借着幕府的政令完全复兴。换句话说，与朱子学表里一体的宋代文学再度流行于当时文坛。此一现象也表现于教学方面。幕府昌平黌相继于文化十一年（1814）刊行《唐宋八家文读本》、于文政元年（1818）刊行《文章轨范正编》作为教科书，各地藩府的学校也竞相采用，以故唐宋八大家文流行于全国各地。"② 此外，这一时期日本的汉文写作也呈现出走向成熟的趋势。幕末学者斋藤拙堂总结日本古今作者及文风称，"贝原益轩、伊藤仁斋并元禄以上人，当时文章之道未开……仁斋之文多不成语"③，随后又云"本邦文章日隆，元禄胜元和，享保胜元禄，天明、宽政胜享保。此后更进，东海出韩昌黎、欧阳庐陵，未可知也"④。斋藤拙堂指出日本的汉文写作在元禄以前还比较稚嫩，即便贝原益轩、伊藤仁斋这样的大学者也未能谙熟文章之道；但"本邦"文章写作水准也在逐渐提高，日后甚至不无与中国匹敌的可能。从江户后期以后学者文人的汉文创作成果来看，其表述或许略带鼓吹本国与当下的成分，但仍基本符合实际情况。

及至明治时期，"文明开化""脱亚入欧"等思潮席卷日本社会，但传统的汉文学研究与写作并未因此一蹶不振，反而越发兴盛。平田宗敬即

① 此处借用王水照先生关于文章学成立于宋代的标志性四类文论著作，即"颇见系统性与原创性之理论专著"，"具有说部性质、随笔式的著作，即狭义之'文话'"，"'辑'而不述之数据汇编式著作"，"有评有点之文章选集"，参见王水照《历代文话序》，载王水照编《历代文话》（第 1 册），第 2~3 页。

② 〔日〕东英寿：《复古与创新：欧阳修散文与古文复兴》，王振宇、李莉等译，上海古籍出版社，2013，第 227 页。

③ 〔日〕斋藤拙堂：《拙堂文话》，载王水照、吴鸿春编选《日本学者中国文章学论著选》，吴鸿春译，上海古籍出版社，1994，第 10 页。

④ 〔日〕斋藤拙堂：《拙堂文话》，载王水照、吴鸿春编选《日本学者中国文章学论著选》，第 13 页。

称："维新以来，文学日进。青衿子弟竞学文章。"① 虽然明治初年汉文学确实受到了前所未有的冲击，但人们很快意识到全面西化并不适用于日本，传统儒学与汉文学依然存在不可替代的价值。文部省也于明治 10 年（1877）重申汉文教育，批准在东京大学文学部开设和汉文专业，又增设古典讲习科。与此同时，三岛中洲的二松学舍（明治 10 年）、小永井小舟的濠西精舍（明治 11 年）、中村敬宇的同人社（明治 12 年）等一批汉学学塾也相继设立。②

江户后期到明治时期"文章日隆""文学日进"的盛况固然不能排除文学写作技巧自然累积、成熟的因素，但与之相伴发生的宋代文章学在日本广为流传的推动作用也应受到关注。③ 因此，笔者拟从文话、文章评点、文章选本等几个方面入手，对宋代文章学是如何投射到日本江户后期至明治时期这一汉文学繁荣期的，以及此时的汉文批评发生了何种作用等问题试做探究。

一　日本文话对宋代文章学的接受

文话和诗话、词话一样，是古典文学批评的重要材料，虽然其所受关注程度远逊于诗话，甚至不如研究"倚声末技"的词话，以至于连陈用光这样的桐城古文名家都不知其存在，而发出"古今诗话多矣，文话则未之闻"④ 的感慨。但在大致同时期的日本，中国文话尤其是宋代文话得到了文章家积极的接受。从幕末明治时代日本学者所作文话中，可以明显

① 平田宗敬：《文章一贯集解跋》，高崎编集，吴守素同集，龟卦川政隆集解，宝田通文训点《文章一贯集解》（卷末），日本国立国会图书馆网站公开明治 17 年（1884）东京浅仓久兵卫排印本。

② 关于明治时期学制与汉学学塾的概况，参见高文汉《日本近代汉文学》，宁夏人民出版社，2005，第 16~18 页。

③ 关于宋代文话在日本江户时代的流传与接受情况，参见卞东波《日本汉籍视域下的文话研究》，载王水照、侯体健主编《中国古代文章学的衍化与异形——中国古代文章学二集》，复旦大学出版社，2014，第 415~436 页。

④ （清）陈用光：《睿吾楼文话序》，载王水照编《历代文话》（第 6 册），复旦大学出版社，2007，第 5357 页。

看到宋代文话及整个宋代文章学所产生的投射。

以在日本极负盛名的斋藤拙堂《拙堂文话》为例。从内容来看，斋藤自序末尾云"其果补文坛之缺与否，非余所知也"，可见其撰写此书带有裨补文坛时弊的意愿。土井有格所作跋文称："右《文话》正续十六卷，我拙堂先生忧近世文弊所作。"① 赖山阳为其所作序言亦称：

> 余尝谓吾国文运两开，每开辄有或败之。宁乐与平安之盛，文在公卿，而败于唐初骈体，骫骳不振；至今江门之致治，文在士庶，而败于明清间俗流之文，非剿剿则鄙俚。虽有名儒大家，或所习不专，专者则不免浸淬焉。是无他，不详其源流与体裁，骤喜于新艳，择而取每下者，是瞆瞆如此。拙堂此著有见于此哉？②

赖山阳也认为此书有针砭文弊而为习文者指明正路的意图。这段文字本身也很值得注意，赖山阳提出日本文章史上的两个高峰，即平安时代公卿的骈文和江户时代士庶的散文。就散文而论，赖山阳认为其"败于明清间俗流之文"，这是针对江户文坛的实际有感而发的。荻生徂徕等人以明七子文为标的③，而落入陈腐空疏；后学既知其谬，却又将取法对象转向公安、竟陵，沦为僻拗鄙亵；学金圣叹、李渔、袁枚者也终不免于轻薄浅俗之讥。在这样的情势之下，取法唐宋散文，尤其是八大家散文就成了一种非常自然的选择。这不是赖山阳个人的独得之见，而是在相当程度上代表了当时学者的共同认知。斋藤拙堂也持有大致相似的观点，他推崇唐宋散文，而且特别推崇宋文。《拙堂文话》卷四称：

> 唐虽无名之人，其诗可诵；宋虽无名之人，其文可观。然而李、杜之诗，欧、苏之文，出乎其类，拔乎其萃，后人所以弗及也。庐陵出焉，

---

① 〔日〕土井有格：《跋》，载王水照、吴鸿春编选《日本学者中国文章学论著选》，第 195 页。
② 〔日〕赖山阳：《拙堂文话序》，载王水照、吴鸿春编选《日本学者中国文章学论著选》，第 3 页。
③ 在日本学者的探讨语境中，"明七子"一般主要指活跃在明嘉靖年间的"后七子"，即李攀龙、王世贞、谢榛、宗臣、梁有誉、徐中行、吴国伦七人。

而古文大兴；眉山出焉，而时文一变。二家之于文，可谓犄角之功矣。①

斎藤是将宋文与唐诗对举，作为"一代之文学"来看待的。"宋虽无名之人，其文可观"这种近乎夸张的论述将宋代散文的地位提升到几乎无以复加的程度。其中欧阳修与苏轼则代表了古文写作的最高典范。斎藤在后文又一次重申其对宋代文章之盛的赞叹，称："宋人多名文，非特欧、苏以文名者。相业如范文正、司马温公、李忠定，道学如朱文公、吕成公，节义如文信国、谢叠山，兵法如辛稼轩、陈龙川，博学如刘原父、贡父，不必以文章显，然皆有名文脍炙人口者。"② 足见其对宋文涉猎之广与推崇之深。

如果以宋文为取法对象，那么宋人在散文研究与创作方面的总结的参考价值也是不言而喻的，因而宋代文话也受到斎藤拙堂相应的重视，从其所作《拙堂文话》中可以明显看到其对宋代文章学的积极接受。

如卷一总论古文研究之法云：

> 凡论他人之文，当先问体制如何，字句或略之可也。韩退之曰："体不备，不可以为成人。"是体制之所以不可不先问也。柳子厚曰："大圭之瑕，曷足黜其宝哉？"是字句之所以或可略之也。今人论先辈之诗文，吹毛索瘢，乃谓是不得为文，是不得为诗，问之不过字句之小疵，此可施于朋友之间而已，非所以论先辈也。③

斎藤拙堂论文以体制为先，对于字句则不过分深究。从其论述来看，其所谓体制可大致理解为从整体上把握文章的立意与风格。这与宋人关于古文阅读方法的论述如出一辙。吕本中《与赵承国论学帖》即云：

① 〔日〕斎藤拙堂：《拙堂文话》卷四，载王水照、吴鸿春编选《日本学者中国文章学论著选》，第41页。
② 〔日〕斎藤拙堂：《拙堂文话》卷四，载王水照、吴鸿春编选《日本学者中国文章学论著选》，第50页。
③ 〔日〕斎藤拙堂：《拙堂文话》卷一，载王水照、吴鸿春编选《日本学者中国文章学论著选》，第16页。

学文须熟看韩、柳、欧、苏，先见文字体式，然后更考古人用意下句处。①

吕祖谦所编古文选本《古文关键》卷首列有《看古文要法》若干条，指示读者如何阅读古文。其中"总论看文字法"直接承袭此论并展开论述，云：

学文须熟看韩、柳、欧、苏。先见文字体式，然后遍考古人用意下句处……第一看大概、主张，第二看文势、规模，第三看纲目、关键……第四看警策、句法。②

均强调先从总体入手来阅读古文。斋藤拙堂提出的"体制"与"体式"表示大致相同的含义，与宋人表述中所用的概念也具有一定的相似性。不仅仅是吕本中和吕祖谦，陈傅良《止斋论祖》也提出过类似观点，称：

凡作论之要，莫先于体认题意。故见题目，必详观出处上下文，及细玩其题中有切要字，方可立意。盖看上下文，则识其本原，而立意不差。知其切要字，则方可就上面着工夫。此最作论之关键也。③

又称：

凡论以立意为先，造语次之。如立意高妙，而遣辞不工，未害为佳论；苟立意未善，而文如浑金璞玉，亦为无补矣。故前辈作论，每先于体认题意者，盖欲其立意之当也。④

---

① （宋）吕本中：《吕本中全集》（第 4 册），韩酉山辑校，中华书局，2019，第 1768 页。
② （宋）吕祖谦编《古文关键》，黄灵庚、吴战垒主编《吕祖谦全集》（第 40 册），浙江古籍出版社，2017，第 1 页。
③ （宋）魏天应编选《论学绳尺》，林子长笺解，载王水照编《历代文话》（第 1 册），第 1081~1082 页。
④ （宋）魏天应编选《论学绳尺》，林子长笺解，载王水照编《历代文话》（第 1 册），第 1082 页。

陈傅良同样强调要重视体认文章立意，而不过分追求词句之工。这种从文章整体着眼，重视立意与风格的文章学习方式在很大程度上是一种针对科场写作的应对策略。场屋之中时间有限，不具备反复推敲字眼、打磨语言表述的条件，文章的主旨大意和行文风格就成为展示写作水准的重要评判依据而特别受到关注。陈亮称："大凡论不必作好语言，意与理胜，则文字自然超众。"① 也是同样的道理。通过各家论述可以看到，整体把握为文大意而对语言表述不做太过严格的要求成为当时指导文章研习的总体倾向。虽然日本文人写作汉文并无科场的限制，但作为文章学成立时期的理论总结，宋代文章学重视从整体把握文章立意与风格的倾向仍对其文章批评方式产生了深刻影响。

再举两例，如斋藤拙堂所著《拙堂文话》卷三论文章意与辞二者之间的关系称："文以意为主，辞为之奴。"② 又如，卷五以邹阳《狱中上梁王书》与王褒《圣主得贤臣颂》为例，论述文章意、气、辞三者之间的关系，云：

> 文以意为主，以气为辅。邹阳狱中书、王褒《圣主得贤臣颂》虽好，辞胜意与气，故稍不振。《朱子语录》："问吕舍人言古文衰自谷永，曰：'何止谷永，邹阳狱中书已自作对子了。'"观此，则齐梁绮靡之体，非邹阳辈启之乎？③

斋藤拙堂对邹阳和王褒的两篇名作并不十分推崇，原因在于他认为意是文章写作中最关键的要素，气则作为意的辅助，辞所处的地位就更次要了。曹丕在《典论·论文》中提出"文以气为主"的重要命题④，直接影响了其后数百年的文学创作与批评。作为唐代古文运动的领袖，韩愈论文

① （宋）魏天应编选《论学绳尺》，林子长笺解，载王水照编《历代文话》（第1册），第1078页。
② 〔日〕斋藤拙堂：《拙堂文话》卷三，载王水照、吴鸿春编选《日本学者中国文章学论著选》，第39页。
③ 〔日〕斋藤拙堂：《拙堂文话》卷五，载王水照、吴鸿春编选《日本学者中国文章学论著选》，第63页。
④ （梁）萧统编《文选》（第6册），李善注，上海古籍出版社，2019，第2316页。

亦称："气，水也；言，浮物也。水大而物之浮者大小毕浮，气之与言犹是也，气盛则言之短长与声之高下者皆宜。"① 也是对曹丕"文以气为主"这一命题的继承。斋藤拙堂不止一次称"文以意为主"，一反唐代及唐代之前"文以气为主"的论断，而在"气"与"辞"之外又引入"意"的概念，并对"意""气""辞"这三个文章构成要素的排列次序做出规定，这正是其对宋人尚意的文章观念的接受。在阐述自己的观点之后，他又援引《朱子语类》中记载的朱熹与吕祖谦二人关于同一问题的探讨作为佐证，这也表明其文章观念向宋人的贴合；或者可以直接从反方向来理解，宋代文章学在其文章观念的形成过程中产生了很大的影响。

很多时候，尤其是探讨唐宋古文的情况下，日本文话的撰写者就直接摘引宋代文章家的论述，如海保渔村《渔村文话续·韩柳文区别》探讨韩、柳古文区别称：

> 昌黎之文经中得来，柳州之文史中得来（《闻见后录》）。柳州间或取前人陈言而用之，昌黎之文卓然不群，全自己出（《宋景文笔记》）。柳文易学；韩文规模阔大，似难学（《语类》卷百三九）。柳文不将文意说破，欲使人不易读懂，故表现出奇，其实这正是柳文之病（同上）。韩文本于经，又学孟子（《古文关键》《金石例》）。柳文出于《国语》（《古文关键》《文章精义》），又学西汉诸传。《国语》之文段落整齐，子厚之文段落虽碎，句法却与之相似（《文章精义》）。子厚作楚词卓诡谲怪，为退之所不及；退之作古文深闳雄毅，为子厚所不及（《寓简》）。韩文论事说理，一一明白透彻，无含糊不清之处。柳文则不然，事之经旨常谬于圣人。即如碑碣之作，亦是陈言与排比参半。唯记人物而寄嘲骂，状山水以舒抑郁，则峻洁精奇，如明珠夜光，夺人眼目。此亦为子厚放浪既久，直抒胸臆之作；且都作于晚年。昌黎所谓"大肆其力于文章"，即是谓此也。

---

① （唐）韩愈：《韩昌黎文集校注》（上册），马其昶校注，马茂元整理，上海古籍出版社，2014，第 191 页。

所以，读柳文不能不多费猜详（《黄氏日抄》）。①

这段文字几乎就是从宋人相关论述中摘录的，其所采引的《闻见后录》《宋景文笔记》《朱子语类》《古文关键》《文章精义》《寓简》《黄氏日抄》这七种文献全部为宋人编撰，这段文字中标示的著作只有《金石例》为元人潘昂霄所撰，且韩文"一本于经，亦学《孟子》"的观点在宋人吕祖谦《古文关键》中已经有过说明。② 从海保渔村对韩、柳古文异同这一问题的叙述中，可以非常明显地看出宋代文章学对其产生的影响，甚至可以认为其对这一问题的认识就是建立在接受宋代文章学基础之上的。

除了这一例以外，又如海保渔村论唐宋古文区别引《鹤林玉露》《朱子语类》《闻见后录》《黄氏日抄》《困学纪闻》《古文关键》《文章精义》等③，论古人作文有所本引《避暑录话》《容斋随笔》《朱子语类》《古文关键》《困学纪闻》《黄氏日抄》《寓简》《文章精义》等④。情况与上文所述基本一致，此处不再摘录原文详细说明。通观全书即可发现，在海保渔村这部"述而不作"的文话中，宋人几部关于文章批评与写作的研究著作被反复引用，而且在某一主题之下十分自然地融合于其他文字之间，而不是作为一种宋人的观点简单罗列。这也表明，在海保渔村这里，宋代文章学和他个人的文章学已经是一种融合无间的状态，或者可以说他的文章学就是宋代文章学浸润的产物。

二 宋人所编古文选本的日本评点本

相较于上文探讨的文话，古文选本尤其是宋人编选并加以批点的古文

① 〔日〕海保渔村：《渔村文话续·韩柳文区别》，载王水照、吴鸿春编选《日本学者中国文章学论著选》，第239页。
② （宋）吕祖谦编《古文关键》卷首《看古文要法》，载王水照编《历代文话》（第1册），第235页。
③ 〔日〕海保渔村：《渔村文话续·唐宋古区文区别》，载王水照、吴鸿春编选《日本学者中国文章学论著选》，第240~241页。
④ 〔日〕海保渔村：《渔村文话续·古文有本》，载王水照、吴鸿春编选《日本学者中国文章学论著选》，第242~247页。

选本在传播宋代文章学方面发挥的作用可以说是毫不逊色的。古文选本虽然不像文话那样可以对文章的批评与写作加以系统性、理论性的阐述，但选本的编选与评点过程中也融入了编选者与评点者个人的文章观念。更重要的是，比起理论性较强的文话类著作，与文本本身紧密结合的选本更能满足人们研习文章的实际需要，也就更容易被接受与传播。张伯伟先生指出："宋代以后，选本成为中国文学批评中包容性最广，因而也最便于扩大影响的批评方式。如果我们把眼光扩大到整个汉语文学世界，就不难发现，在域外汉文学圈中，影响最大的也是选本。"①

平安时代，日本人接受的汉文是以《文选》所载篇目为主的骈俪文，古文在此时尚未正式成为日本人研习的主要对象。五山时代和江户时代初期对古文的接受与宋学的传播休戚与共，因而宋人所编文章选本也流传最广，此时最为流行的古文读本是题名黄坚所编的《古文真宝后集》。江户时代后期，伴随宋学的普及与唐宋八大家文典范地位的确立，谢枋得所编《文章轨范》逐渐取代《古文真宝后集》而成为当时最流行的古文读本。②

到了幕末明治时期，《文章轨范》在日本社会进一步流行，其对《文章轨范》的接受主要体现在两个层面：一个是针对此书进行评论与注释；另一个是仿照此书编选其他文章读本。评注本如海保渔村的《文章轨范补注》、三岛中洲的《文章轨范评注》等，仿照此书编纂的赖山阳的《谢选拾遗》、近藤元粹的《新撰文章轨范评林》、石川鸿斋的《日本文章轨范》《续日本文章轨范》，乃至增田藤之助的《英语文章轨范》等文章读本也纷纷面世，足见此书流传之广、影响之巨。

在这一时期关于《文章轨范》的评注本中，三岛中洲的《文章轨范评注》是值得注意的一部。

---

① 张伯伟：《中国古代文学批评方法研究》，中华书局，2002，第 313 页。
② 关于《古文真宝后集》在日本流传的基本情况，参见〔日〕副岛一郎《中国文章论与日本江户时代的精神、国学、文艺》，载王水照、朱刚主编《中国古代文章学的成立与展开——古代文章学论集》，复旦大学出版社，2011，第 360~368 页。关于《文章轨范》在日本江户时代的流传情况，参见〔日〕副岛一郎《〈文章轨范〉在日本——日本近世近代精神的源流之一》，载王水照、侯体健主编《中国古代文章学的衍化与异形——中国古代文章学二集》，第 437~464 页。

三岛中洲是明治时期著名的汉学家、文学家，其学崇尚阳明，文章则师从斋藤拙堂，为"明治三大家"之一。此外，三岛中洲作为教育家与政治家的身份也不容忽视。明治 10 年（1877），三岛中洲创立了汉学塾二松学舍，同时执教于东京帝国大学、东京高等师范学校等；后又曾担任皇室和东宫的御用顾问官。可以说三岛中洲是当时较能代表日本官方主流观点的一位学者，借助其研究成果或可对明治时期总体的文章批评样态窥见一斑。

三岛中洲为创办二松学舍向东京都知事提交的《私立汉学申请》中记录了学舍的主要教学内容，其中就包含《文章轨范》。① 明治 44 年（1911），东京宝文馆出版了三岛中洲的《文章轨范评注》，本城赟为此书所作序言称：

> 先生数讲谢氏《文章轨范》，其所手录稿本，朱绿烂然，纸无余白。先生既老，厌讲说之烦，因出而行诸世。读之，犹亲受先生口讲指画也。②

三岛中洲门生久保轾为此书所作《例言》亦称：

> 吾师中洲先生，为二松学舍生徒数讲《文章轨范》，随时手录供讲资。积年之久，竟成此，非有意著书而然也。③

可知此书正是三岛中洲多年来在二松学舍等处为学生讲授《文章轨范》的讲义，因而也为读者还原当时古文教学与学习的基本情况提供了文献记录。

本城赟所作序言称三岛中洲稿本"朱绿烂然，纸无余白"。读者翻阅

---

① 高文汉：《日本近代汉文学史》，第 18 页。
② 本城赟：《文章轨范评注序》，三岛中洲评注《文章轨范评注》卷首，第 2 页，日本国立国会图书馆网站公开明治 44 年东京宝文馆排印本。
③ 久保轾：《例言》，三岛中洲评注《文章轨范评注》卷首。

此书，首先可以注意到密集而多样的圈点符号。《文章轨范》并无宋本存世，目前尚可见元本数部，刻本所据底本刊刻年代较早且最为流行的是嘉永六年（1853）江户昌平坂学问所的官版复刻《叠山先生批点文章轨范》。在这一版本的《文章轨范》中可以清晰地看到文字之间详细的圈点符号。例如，卷一韩愈《后十九日复上宰相书》一篇，"蹈水火者，求免于人也，不惟其父兄子弟之慈爱，然后呼而望之也；将有介于其侧者，虽其所憎怨，苟不至乎欲其死者，则将大其声疾呼，而望其仁之也"一句，字旁以斜点"、"或短竖线"丨"逐字标示。① 李建军先生考察了楼昉《崇古文诀》的各种圈点符号，指出一字一目标短竖线"丨"标示的是"文中重要或形象的字词句"，字旁斜点"、""多用于标示生动形象之字词句"。② 韩愈此句在全文开篇假设一个人们生活中的突发场景，借此提出一个一般人可以达成共识的结论，生动形象而能引起读者共鸣，因而以斜点"、"或短竖线"丨"逐字标示，这一点与《崇古文诀》是一致的。后文"彼介于其侧者""愈之强学立行""尚得自举判官无闻于已仕未仕者"右侧加长竖线，结合上下文可以看出这些都是前后存在转折关系的语句。李建军先生总结称，在《崇古文诀》中字旁长竖线用于"标示文中起承转合的重要句子"，《文章轨范》中长竖线的用法与此基本吻合。又如"与今岂异时哉"一句，"时"字外加"〇"标示文章眼目，这与《崇古文诀》的标示方式也是相同的。其他符号，如卷一韩愈《后廿九日复上宰相书》中，"当是时，天下之贤才皆已举用，奸邪谗佞欺负之徒皆已除去，四海皆已无虞，九夷八蛮之在荒服之外者皆已宾贡，天灾时变、昆虫草木之妖皆已销息，天下之所谓礼乐刑政教化之具皆已修理，风俗皆已敦厚，动植之物、风雨霜露之所沾被者皆已得宜，休徵嘉瑞、麟凤龟龙之属皆已备至"，连用九个"皆已"，以重复取姿，在行文间贯注了一种一泻千里的气势，值得读者玩味学习。因而《文章轨范》在"皆

---

① （宋）谢枋得编《叠山先生批点文章轨范》卷一，日本国立公文书馆网站公开嘉永六年昌平坂学问所官版复刻，第 9a~10b 页。
② 李建军：《宋人古文选评之楷范——〈崇古文诀〉选评特色及价值考述》，载王水照、侯体健主编《中国古代文章学的衍化与异形——中国古代文章学二集》，第 465~481 页。

已"二字右侧均以小圆圈"。"标示，也与《崇古文诀》用法类似。① 李建军先生还考察了吕祖谦《古文关键》所用圈点符号，总结称：

> 《古文关键》的圈点符号只有三种：一是抹，有长抹，有短抹，即在文字右侧加上长线或短线，标示文中精神命脉；二是点，形状是"、"，施于文字右侧，标示用字得力处；三是界画，或用"－"，用于所标文字之下，或用"∟"，用于所标文字左下角，标示段落所在。②

《古文关键》与《崇古文诀》相比圈点符号种类较少，但用法大同小异。

宋人另一部流传较广的古文选本即真德秀编的《文章正宗》，中国台湾"中央图书馆"藏有宋末元初建本《西山先生真文忠公文章正宗》，卷首有"用丹铅法"说明此书圈点用例，铅法用于标示正误，暂且不论。丹法分点、抹、撇、截四种。点有三种，"·"标示句读；"、"为菁华旁点，标示"言之藻丽、字之新奇者"；"○"标示文章纲领。抹为长旁线，标示"主意，要语"。撇为短旁线，标示转换。截为横线，标示节断。③《文章正宗》与《古文关键》及《崇古文诀》的圈点方式也多有相似之处。由此可见，宋代古文家对圈点符号的使用方式虽然并非完全一致，但也具备较高的相似性，因而大致可以认为随着宋代古文选本批点发展的文章圈点符号用例具备一定程度的统一性与可继承性。

了解了宋人圈点符号的一般用例之后，再对三岛中洲《文章轨范评注》所用圈点符号加以考察。以卷一韩文《代张籍与李浙东书》④ 为例，此篇首批云："言眼虽盲，心未盲，故吐出心中知识供采用。'盲'字一

---

① （宋）谢枋得编《叠山先生批点文章轨范》卷一，第3a~5b页。
② 李建军：《宋人古文选评之楷范——〈崇古文诀〉选评特色及价值考述》，载王水照、侯体健主编《中国古代文章学的衍化与异形——中国古代文章学二集》，第470页。
③ 〔日〕高津孝：《科举与诗艺：宋代文学与士人社会》，潘世圣译，上海古籍出版社，2013，第69~94页。
④ 三岛中洲评注《文章轨范评注》卷一，第11~15页。

篇眼目"，指出了文章眼目。文中凡遇"盲"字，右侧均以双圆圈"◎"标示眼目。这一符号应该就是从字外所加的"〇"演化而来。后文引述张籍目盲后的"自奋"之语："有所能人，虽盲当废于俗辈，不当废于行古人之道者。"此句字旁以小圆圈"。"来标示用得好的字句。又如，卷六韩愈《柳子厚墓志铭》中，"今夫平居里巷相慕悦，酒食游戏相征逐，诩诩强笑语以相取下，握手出肺肝相示，指天日涕泣，誓生死不相背负，真若可信。一旦临小利害，仅如毛发比，反眼若不相识，落陷穽不一引手救，反挤之又下石焉者，皆是也"，卷七苏轼《三槐堂铭》中，"松柏之生于山林，其始也，困于蓬蒿，厄于牛羊；而其终也，贯四时，阅千岁而不改者，其天定也"，右侧以"、"标示生动形象的文字，或为《文章正宗》中所谓"言之藻丽、字之新奇者"。① 此外，《古文关键》中使用的两种界画在《文章轨范评注》中也得到了继承。例如，卷一韩愈《与于襄阳书》中，"士之能享大名、显当世者，莫不有先达之士负天下之望者为之前焉；士之能垂休光照后世者，亦莫不有后进之士负天下之望者为之后焉。莫为之前，虽美而不彰；莫为之后，虽盛而不传。是二人者，未始不相须也"，"为之前焉""为之后焉"之下均施以"−"。三岛中洲又分别在两个"−"处批云："第一节，暗写于公，此为双关一扇。""第二节，暗写己，此为双关一扇。""未始不相须也"下则施以"∟"，三岛中洲在"∟"下批云："第三节，合论先达后进，关锁上双扇，是谓双关法。以上第二小段，论先达后进二人相须之殷。"② 可知"−"为分节界画，"∟"为分段界画，也与《古文关键》中的圈点方式一致。

　　需要说明的是，由于个人阅读习惯与批评眼光的不同，加之文章表达本身可能存在各种差异，在圈点过程中实际使用的符号也未必有十分严格的用例，一些词句是菁华还是要语，不同读者未必就有同样的理解，所以同一篇文章在上述列举的各种宋代古文选本中的圈点也难以一致。《文章轨范评注》对这些圈点符号的使用也可能存在并不特别准确或体例并非

---

① 三岛中洲评注《文章轨范评注》卷六，第 10~17 页；三岛中洲评注《文章轨范评注》卷七，第 6~11 页。

② 三岛中洲评注《文章轨范评注》卷一，第 1~5 页。

完全统一的情况，但此书使用的圈点符号及其用例多数仍可以从宋代古文选本中找到来源。当然，无法排除日本人通过元、明、清时期的古文评点本间接继承了宋人圈点符号这种可能，但不能否认其根本上仍是宋人的创造；而且，因为宋代古文选本在日本江户与明治时代流行，这些圈点符号更有可能就是直接借鉴了各种宋代古文选本，随后再吸收元、明、清三代及本国文章评点中新发展的一些圈点符号，对宋人的创造加以适当改造，形成了其与宋人所编古文选本大同小异的圈点方式。

除了圈点方式，《文章轨范评注》中更重要的部分是评论与注释性质的文字。此书正文上方的首书又分为上下两部分，中间以横线隔开，上半部分为注释，下半部分为评论；除了首书下半部分，正文前的首批、文章字句间的夹批与文后尾批也均为评论。尾批一般是引用前人评论，首批与夹批则多出于己意。久保轺撰写的《例言》称："《轨范》原本有每集名目小序及诸评，先生一切芟除，独存益初学者。"① 可知谢氏原书所载评论几乎均被删去，此书所载基本是三岛中洲个人的评注，将此书与上文提到的官版复刻《文章轨范》对照，也可以发现《例言》所言属实。因此，通过此书或许更能排除前人的干扰，更清晰地考察三岛中洲本人的文章批评观念。

上文已经分析过斋藤拙堂《拙堂文话》受到宋人影响，体现出"以意为主"的文章观念。此种观念在吕祖谦《古文关键》这一目前可以确认的最早的评点本中即已存在。《古文关键》卷首《看古文要法》提出"第一看大概、主张"，张智华先生考察了《古文关键》中的评论，也得出"吕氏注重论述命意与语句的关系而不再斤斤于文道关系"的结论。② 《文章轨范评注序》称："其分段节、示字眼、明照应、通脉理，莫非因其固然，以能抉摘主旨所在，使听者犁然得用意之妙，而文之诸法详明备悉，无复遗漏矣。"③ 表明三岛中洲讲授古文所关注的并非传统的文道关系，而是文章的主旨命意与篇章字句的组织方式，这与《古文关键》等

---

① 久保轺：《例言》，三岛中洲评注《文章规范评注》卷首。
② 张智华：《南宋的诗文选本研究》，北京师范大学出版社，2002，第117~118页。
③ 本城賫：《文章轨范评注序》，三岛中洲评注《文章轨范评注》卷首，第1页。

宋人古文选本是一致的。因此，其文章批评的角度、方式与实际使用的术语也多有承袭宋人之处。

　　吕祖谦称"看论须先看主意，然后看过接处"①，陈傅良亦称"凡论以立意为先"②。宋人这种高度关注文章立意的阅读方式在三岛中洲这里也被延续下来。日本常见的昌平坂学问所官版复刻《文章轨范》首批很少，《文章轨范评注》则在每篇文章题目处与作者之后、正文之前均补充了首批，加粗标示"主意"二字，并通过批语揭示文章主旨立意。例如，卷一韩愈《与于襄阳书》首批云："主意：言于公既先达，当用己为后进，相济以成功名。"③ 卷一韩愈《后廿九日复上宰相书》首批云："主意：言己有忧天下之心，不能独善，故进周公说，望今宰相用己如周公。"④ 在正文之前就先揭示出文章主旨大意以帮助读者理解，类似于今人所作提要或摘要性质的文字。《文章轨范评注》不仅在阅读过程中先揭示立意，这里使用"主意"一词，在表述上与吕祖谦提出的"论文先看主意"所使用的评论术语也是完全一致的。又如，卷一韩愈《原毁》首句"古之君子，其责己也重以周"，三岛中洲夹批云："第一节、一纲领。"⑤ 后文从"闻古之人有舜者"到"是不亦责于身者重以周乎"，夹批云："是一条目。"⑥ 朱熹作《资治通鉴纲目》，以"纲"为提要，以"目"为叙事，但较早有意识地在古文批评领域使用这一术语的则是吕祖谦。吕氏《古文关键》卷首《看古文要法》"总论看文字法"第三点即"看纲目、关键"。⑦ 三岛中洲以纲目论文，应该是受到吕氏的影响。在评点中使用宋人文章批评术语的例子还有，卷三苏轼《王者不治夷狄论》开篇写道："夷狄不可以中国之治治也，譬若禽兽然，求其大治必至于大乱。先王知其然，是故不治治之。治之以不治者，乃所以深治之也。"

---

① （宋）魏天应编选《论学绳尺》，林子长笺解，载王水照编《历代文话》（第 1 册），第 1077 页。
② （宋）魏天应编选《论学绳尺》，林子长笺解，载王水照编《历代文话》（第 1 册），第 1082 页。
③ 三岛中洲评注《文章轨范评注》卷一，第 1 页。
④ 三岛中洲评注《文章轨范评注》卷一，第 6 页。
⑤ 三岛中洲评注《文章轨范评注》卷一，第 46 页。
⑥ 三岛中洲评注《文章轨范评注》卷一，第 46~47 页。
⑦ （宋）吕祖谦编《古文关键》，黄灵庚、吴战垒主编《吕祖谦全集》（第 40 册），第 1 页。

此书首书评曰："'不治夷狄'是冒头。"后文又有夹批评"夫天下之至严、而用法之至详者，莫若春秋"一句"是大段中虚冒"。① 昌平坂学问所官版复刻的此篇正文前批曰："此是东坡应制科程文六论中之一。有冒头，有原题，有讲题，有结尾。当熟读，当暗记，始知其巧。"② 指出此文为苏轼为参加制科考试所作的应试文字。③《文章轨范评注》此篇首批删去了这段话，但仍沿用了宋代对这一文体的批评术语来讲解文章。

除了在文章讲解与评论中使用宋人的批评术语，三岛中洲也直接引用宋人评论。例如，卷二柳宗元《晋文公问守原议》中，"以土则大，以力则强，以义则天子之册也。诚畏之矣，乌能得其心服哉"，首书引吕祖谦评论："吕东莱云：'以土则大'几句，见得有力，回护好处。"④ 又如，卷三苏轼《范增论》中，"陈涉之得民也，以项燕扶苏。项氏之兴也，以立楚怀王孙心。而诸侯叛之也，以弑义帝"，首批："吕东莱曰：若无'陈涉之得民'六句，便接'羽杀卿子冠军'一段，则文字直了无曲折，'且义帝之立'一段亦直了。惟有此二段，然后见曲折妙法。"⑤ 直接引用吕祖谦的评论并标明作者。再如，卷五韩愈《师说》中，"人非生而知之者，孰能无惑。惑而不从师，其为惑也，终不解矣"，从反面说明从师问学的重要性，《文章轨范评注》首书也引用了吕祖谦语，评曰："吕东莱云：起首大意，逆说。"⑥ 三岛中洲采用宋人观点也并非完全依照原样载录并标明来源，有时是将多人观点融合起来，借以评论文章。例如，卷二欧阳修《朋党论》辩明小人之朋的真伪，并解释"小人无朋，惟君子有之"的原因云："小人所好者，利禄也；所贪者，货财也。当其同利之时，暂相党引，以为朋者，伪也。及其见利，则争先，或利尽，则交疏，

---

① 三岛中洲评注《文章轨范评注》卷三，第39页。
② （宋）谢枋得编《叠山先生批点文章轨范》卷三，第18a页。
③ 北宋制科分为三个步骤，第一步是向朝廷提交五十篇"贤良进卷"；第二步是以古代典籍或其注疏为题完成六篇命题作文，即"秘阁六论"；第三步是就朝廷当前政治问题"御试对策"。《王者不治夷狄论》即苏轼应制科考试第二步所作"秘阁六论"之一。关于北宋的制科考试，参见朱刚《北宋贤良进卷考论》，《中华文史论丛》2009年第1期。
④ 三岛中洲评注《文章轨范评注》卷二，第23页。
⑤ 三岛中洲评注《文章轨范评注》卷三，第20~21页。
⑥ 三岛中洲评注《文章轨范评注》卷五，第1页。

甚者，反相贼害，虽其兄弟亲戚，不能相保。故臣谓小人无朋，其暂为朋者，伪也。"《文章轨范评注》首书评此数句："真伪论出意表，妙，是欧文纡徐曲折处。"① 吕氏《古文关键》此篇首批云："议论出人意表。大凡作文妙处，须出意外。"② 朱熹比较欧阳修、曾巩二家古文之异同云："曾所不及欧处，是纡徐曲折处。"③ 可知此处首书评论虽未标明来源，将吕祖谦与朱熹二人对此篇文章与欧文的看法融合，但其中几乎没有其个人见解的发挥，仍采用了宋人观点及相应的批评话语，可以看到三岛中洲所受宋代文章学的影响，其对宋代文章学的接受又并非简单的摘引宋人评论，而是在吸收各家观点基础上将其再度加工，融会并内化为个人的批评方式。④

通过上述例子，可以发现三岛中洲的很多文章观念和文章批评话语都可以追溯到吕祖谦的相关评论。有鉴于《文章轨范评注》多次出现"吕东莱曰某某"的表述，且相较于其对宋代其他古文家评论的引述，数量明显更多，据此可以推测三岛中洲直接受到吕氏的影响，而且其影响程度较宋代其他古文家更深。

三　宋代古文选本影响下的文章读本编选

除了宋人所编古文选本的日本评点本，江户后期至明治时期还出现了一批在不同程度上受到宋代古文选本影响或者就是仿照宋代古文选本编纂的文章读本。其中不仅包括中国文章读本，也包括日本汉文读本，甚至还包括英文读本；其仿照的对象中最具代表性的仍是上文讨论过的这一时代日本特别流行的《文章轨范》。

---

① 三岛中洲评注《文章轨范评注》卷二，第 25 页。
② （宋）吕祖谦编《古文关键》，黄灵庚、吴战垒主编《吕祖谦全集》（第 40 册），第 33 页。
③ （宋）朱熹：《朱子语类·论文上》，载王水照《历代文话》（第 1 册），第 220 页。
④ 虽然不能完全排除这类评论直接原样引用自其他文献的可能性，但依据现存文献无法证实这一点，而且此书直接引用前人语句一般标明原作者。出于这两点原因，暂且认为此条评论为三岛中洲所作。

　　首先以江户后期著名学者赖山阳的《谢选拾遗》①为例，对这一时期仿照《文章轨范》编纂的中国文章读本略做考察。所谓"谢选"即南宋谢枋得《文章轨范》，《谢选拾遗》卷首牧轵所作序叙述此书成书经过，云：

　　　　谢叠山《文章轨范》论选公平，最称简且要，宜乎世之学文章者奉为金科玉条，以至于今。先师赖翁亦喜读之，其说文章必先示法于此。然其选元为举子设，专主程序，且便装贵，故有不遑编搜者。王叙②所谓"古文之奥，不止于是"，不其然乎？今坊间所合刻续编者，题为邹东廓选，务求世所艳称者以投俗好……先师尝惜谢选之精，而其观易止；而叹续编之芜杂不足以补其遗漏。以谓秦汉以来古文之可学者固多，而其体至于韩、柳、欧、苏而备焉。其篇章字句之法、开合顿挫之节，正变互见，丰约合度，可以准于万世矣。谢氏原选，虽取当居多，而犹不无遗珠；遂就各家集中，拾其最可法者若干篇，分为七卷，名曰《谢选拾遗》。③

　　赖山阳很推崇《文章轨范》，同时也认为此书仍有可以补充的空间；他对题名明人邹守益的《续文章轨范》则完全予以否定，认为其所选篇目"芜杂"，并对此书的真实编者提出怀疑。赖氏特别推崇唐宋古文，他将韩愈、柳宗元、欧阳修、苏洵、苏轼、苏辙这六家作为秦汉以来古文创作的最高典范，编选《谢选拾遗》缩小选文范围，专选此六家，也正是因为他认为古文一体发展至此六家达到完备，且其遣词造句、布局谋篇之法可以作为后世学习的准则。

　　此书所选各家文章数量，依篇目多寡依次为：苏轼十五篇，欧阳修十

---

　　①　赖山阳为补充南宋谢枋得《文章轨范》选文遗漏而编成《谢选拾遗》，选韩愈、柳宗元、欧阳修、苏洵、苏轼、苏辙六家古文共计五十八篇，分为七卷。
　　②　即王守仁的《重刊文章轨范序》。——引者注
　　③　牧轵：《刻谢选拾遗叙》，赖山阳编《谢选拾遗》卷首，日本国立公文书馆网站公开弘化三年（1846）皇都书林菱屋孙兵卫刊本。

二篇，韩愈、柳宗元、苏辙各九篇，苏洵四篇。选苏轼文章最多，苏辙入选篇数与韩、柳相埒，且宋文的数量占到全书的将近百分之七十。《文章轨范》于此六家选韩文三十一篇，数量超过了全书的一半，苏轼文十二篇，柳宗元、欧阳修文各五篇，苏洵文四篇，不收苏辙之文。参比二书，可见《谢选拾遗》于唐宋二代古文又特别偏向宋文，可作为《文章轨范》的补充；赖山阳所拾之遗，可以说主要就是其认为欧、苏二家创作的那些具有典范意义的古文。

从赖山阳对所选文章的评论也可以看出其对宋文的偏爱，如卷一苏洵《送石昌言为北使引》，赖氏评此篇曰：

> 宋人送序当推此篇为第一，虽昌黎恐无此奇杰处，盖善学迁者也。①

紧接着的下一篇，欧阳修《送田画秀才宁亲万州序》，赖氏又评曰：

> 古今称昌黎送序，如此等亦昌黎所无。②

韩愈在送序这一古文题材方面的成就历来为人所称道，堪称首屈一指的大家。赖山阳《谢选拾遗》在韩愈《送廖道士序》和柳宗元《送僧浩初序》后选入苏洵和欧阳修的这两篇序言，在同一题材之下将各家作品加以比较，并提出苏洵和欧阳修的这两篇送序为韩愈所不能及这样一个对人们的一般认识具有一定颠覆性的观点。由此可以看出，在文章审美偏好方面，赖山阳并非将唐宋文完全作为一个整体笼统地看待，而是注意宋文相较于唐文在布局谋篇尤其是议论展开方式方面的发展，并特别倾心于宋文。

《谢选拾遗》分为"小技于道未为尊"七卷，从编纂方式上来看也是模仿《文章轨范》将选文分为"王侯将相有种乎"七卷的分类模式。牧

---

① 赖山阳编《谢选拾遗》卷一，第 2b~3a 页。
② 赖山阳编《谢选拾遗》卷一，第 4a 页。

辄所作序中提到，赖山阳"以谓秦汉以来古文之可学者固多，而其体至于韩、柳、欧、苏而备焉。其篇章字句之法、开合顿挫之节，正变互见，丰约合度，可以准于万世矣"，表明此书在编选宗旨上与《文章轨范》也具备一定程度的一致性；虽然在是否"为举子设"这一点上存在差异，但二者作为古文研习教材的总体定位是相同的。二者的侧重点也都在于古文的遣词造句、布局谋篇方面，或者说在于"技"的方面，而并非意在借助所选文章来承载其所要表现的"道"。如全书首篇韩愈《送廖道士序》中，"郴之为州，在岭之上，测其高下，得三之二焉，中州清淑之气，于是焉穷。气之所穷，盛而不过，必蜿蟺扶舆磅礴而郁积。衡山之神既灵，而郴之为州，又当中州清淑之气，蜿蟺扶舆磅礴而郁积"，"郴之为州""中州清淑之气""必蜿蟺扶舆磅礴而郁积"重复出现。赖氏评曰："先秦文字皆以重复取姿，昌黎窥之也。后来明人效颦，乃觉其丑。"[1] 主要是从字句之法的角度来评论文章。

虽然《谢选拾遗》是为了拾谢选之遗而模仿《文章轨范》编纂的，但其本身也产生了较大影响并在后世趋于经典化，明治15年（1882）木泽成肃辑评的《谢选拾遗评林》问世，明治16年（1883）又排印了行德玉江纂评、行德敬二郎集注的《集注纂评谢选拾遗》，即可说明这一点。

不限于中国文章读本，这一时期产生的一系列仿照宋代古文选本编纂的日本汉文读本也很值得关注，石川鸿斋的《日本文章轨范》就是其中较有代表性的一部。此书由何如璋、黄遵宪、沈文荧作序，沈文荧、黄遵宪又对所选文章加以评论，可见它是当时一部颇具影响力的日本汉文选本。

《日本文章轨范》收录文章六十九篇，与《文章轨范》收录数量一致。全书以记、序、传、说、书、论、碑七种文体分为七卷，各卷体量并不均衡，收录文章最多的记类有十九篇，最少的传类和说类则都只有五篇，这很可能也是为了与《文章轨范》的分卷方式保持一致。石川鸿斋所撰《凡例》称：

---

① 赖山阳编《谢选拾遗》卷一，第 1a~1b 页。

弘仁、延喜之际……元和建橐之后，奎运循环，作者辈出。于是罗山、徂徕、鸠巢、东厓诸子，提笔鼓吻，操一时文柄。然绮靡剽窃，动辄陷于李王之窟，有未厌人意者。识者云瑕瑜不相掩，欲撰其纯粹者，不甚易也。此编取宽政三博士以来撰之，犹枋得氏撰《轨范》多取唐宋。①

石川鸿斋简要回顾了日本平安时代以来的文章发展脉络，尤其是对江户前期和中期文坛崇尚李攀龙、王世贞等人倡导的复古文学思潮，陷于"绮靡剽窃"的状况表示不满。因此，他编选此书专选宽政三博士②以来的文章。这一时期，唐宋古文特别是宋文的典范地位在日本文坛得以确立。在石川鸿斋的观念中，宽政以来的文章就是日本的唐宋文，《日本文章轨范》也就是《文章轨范》在日本的"翻版"。但石川鸿斋并没有将宽政以来的文章作为古文学习的最高典范，《凡例》称：

邦人作文，宜以邦文佳者为阶梯，而后取清取明，以溯宋唐，不亦晚也。今之修文者，动辄曰班马、曰韩柳，皆不造其堂、不嚌其胾者也。夫以汉文谓邦事，酷难于熟语，先喆往往不免有此病。斯编虽粗枝大叶之文，集易读易解且句法严正者。初学熟此等之文，下笔及数千言，可以无滞碍矣。③

石川鸿斋提出将宽政以来优秀的日本古文作为初学者晋级的阶梯，而非终极目标，读者学习了这些文章之后仍可以上溯明清，进而至于唐宋，唐宋古文仍然具有最高的典范意义。此书倡导初学者从本邦文章入手的另外一点原因就是，本邦文章有时虽难免"粗枝大叶"，但利于表达本邦特有的熟语与事物，而且易读易解，这与宋代古文家倡导的文从字顺的平易

---

① 石川鸿斋：《凡例》，石川鸿斋批撰《日本文章轨范》第一册卷首，1879 年排印本。
② 宽政三博士有两种说法，一为柴野栗山、尾藤二洲、冈田寒泉，一为柴野栗山、尾藤二洲、古贺精里，石川鸿斋持后一种说法，但有争议的冈田寒泉与古贺精里均相继得到林家主导的昌平黉的任用。
③ 石川鸿斋：《凡例》，石川鸿斋批撰《日本文章轨范》第一册卷首。

文风也有着一致的内在逻辑。《凡例》另一则称：

> 此书所以名《轨范》，不特效枋得氏，又为世之轨范者多矣。故不论文之巧拙，苟有益乎世教者，复收之。叶水心所谓"文章不关世教，虽工无益也"，余所本即在乎此。

石川鸿斋自称此书的命名不单单是效仿谢枋得，也本于叶适提出的关乎世教的文章观，有意强调文章超出文学本身更为深刻的世教方面的轨范意义。从这一方面也可以理解石川鸿斋编纂此书，引导初学者从本邦文章入手的原因。龟谷行所撰《后序》列举《文章正宗》《古文关键》《崇古文诀》《文章轨范》这四部宋人所编文章选本，称"《文章轨范》尤行于时"，进而将《日本文章轨范》与之比较，指出谢枋得选录的《严先生祠堂记》《岳阳楼记》"未脱骈俪"，石川鸿斋此书则不然，"其辞则奔驰错落，其理则正谊明道；请托干求之书不收也，骈俪绮靡之文不载也。故以文则未若谢选，以理则此编为优，此岂愧于彼哉"。① 强调此书重在理和道，而不重在文。这与石川鸿斋在《凡例》中对叶适提出"文章不关世教，虽工无益"之说的遵从正可彼此印证，也契合上文讨论过的宋人以意为主而不过分追求字句之工的总体文章观。可以认为，此书虽然以日本本邦文章为选录对象，但其编选原则中仍然隐隐透露出宋代文章学的底色。

此书首书部分也多有石川鸿斋本人所作评论，如全书首篇选柴野栗山《林崎文库记》，石川鸿斋评曰："富瞻该博，议论关涉世教，应与李觏《袁州州学记》匹偶。"② 在评论中再次强调文章关乎世教的观点，可见深受叶适文章观念的影响；将柴野栗山此文与宋人李觏《袁州州学记》对比，也显示出宋文在其心目中作为文章参照标准的意义。文末，石川鸿斋又评曰：

---

① 龟谷行：《后序》，石川鸿斋批撰《日本文章轨范》第三册卷末。
② 石川鸿斋批撰《日本文章轨范》卷一，第1a~1b页。

　　彦辅氏学殖富瞻，真为旷世伟人。最详经义，傍能诗文。标格严正，不务浮华。一洗李王之习，专宗三苏。精里、二洲相继而兴，以为宽政三博士。天下文章于是也一变矣。[①]

　　石川鸿斋指出，柴野栗山以经义为本，余事为文，且其文"标格严正，不务浮华"，这种文章观与其朱子学学者的身份相契；继而石川鸿斋又称柴野栗山"一洗李王之习"，并称宽政三博士，文章至此一变。从其表述也带有否定江户中前期崇尚明七子的文坛风尚，赞赏宽政三博士扫除文弊，引领古文写作范式转向唐宋的变革意义，可以看出，石川鸿斋编纂此书也隐含着倡导文坛风气，引导学者趋向唐宋古文的用心。

　　通过《谢选拾遗》《日本文章轨范》这类模仿谢氏原书编纂而成的文章读本，可以从另一个层面发现《文章轨范》在江户后期至明治时期汉文选本编纂过程中发挥的重要影响。某种程度上可以认为，《文章轨范》确立了一个文章读本的范式，其编选原则被认同，日本学者在其基础上进行补充，并模仿它以类似的模式或名目形成其他文章读本，且不乏知名学者参与其中，成书后也得到了较好的反响。这种情况在中国本土几乎只能找到《文选》这一个例子，这也表明《文章轨范》这一宋代古文选本在日本文章学领域享有的崇高地位。

结　语

　　通过对文话、评点、选本这三方面材料的考察，可以比较明显地看出江户后期至明治时期的文章学深受宋代文章学的影响。笔者认为，这种影响最终又可以归结为两个主要层面：一是文从字顺、平易畅达的文章风貌；二是尚理明道、关涉世教的文章精神。

　　由江户后期向上追溯一段时间，江户时代中期的日本儒林中，以荻生徂徕为首的萱园学派占据着学术中心，与之相应的，这一学派此时也掌控

---

① 石川鸿斋批撰《日本文章轨范》卷一，第 3a 页。

着文坛的发展方向。萱园学派又称"古文辞学派"，从名称即可看出，这一派学者尊崇明代李攀龙、王世贞等人所标举的"文必秦汉"的文章观念，所谓"入于彼必出于此"，接受了明代复古派的这种文章观念也就意味着与宋人的文章观念及写作风格拉开了距离。荻生徂徕本人就对欧、苏古文颇为反感，以至于屡屡贬抑。① 如其《与松霞沼》云：

> 唐唯韩柳，明唯王李。自此以外，虽欧苏诸名家，亦所不屑为。②

《四家隽例六则》又称：

> 唐称韩柳，宋称欧苏。而今所以不取欧苏者，以宋调也。③

在《复安澹泊》一文中又将欧阳修文作为宋文的典型予以批判，称：

> 且文章尚体。记者，记其事也……而漫然议论亭所以名，敷衍以为记者，宋文之弊也。故永叔之《昼锦堂记》非记也……皆论也。论而妄命之曰记若赋碑，是谓之不识体。是又不佞平日所黜不取者也。④

从荻生徂徕的论述大致可以看出，他所认为的"宋文之弊"在于议论过多。宋人在写作中往往不受文体的约束，在记述之中杂以议论感慨。这的确是宋文整体的一方面特征，但也不能截然以此判定其优劣，荻生徂徕以此贬斥宋文，体现出的实际上是不同文章观念之间的分歧。徂徕一派认同明代复

① 下文三则材料，东英寿先生论述徂徕学派对宋文的排斥时亦曾提及，对笔者相关论述具有启发意义，特此注明。参见〔日〕东英寿《复古与创新：欧阳修散文与古文复兴》，第 221~222 页。

② 〔日〕荻生徂徕：《徂徕集》卷二十七，王焱编《日本汉文学百家集》（第 117 册），北京燕山出版社，2019，第 503 页。

③ 〔日〕荻生徂徕：《徂徕集》卷十九，王焱编《日本汉文学百家集》（第 117 册），第 168 页。

④ 〔日〕荻生徂徕：《徂徕集》卷二十八，王焱编《日本汉文学百家集》（第 117 册），第 554~555 页。

古派的文章观，尊崇秦汉散文与唐代韩愈、柳宗元的散文，对于宋代散文相较于唐代散文在写作风格方面的新变，尤其是增强议论性方面特别反感，认为议论性的增强是对文体本身的破坏。萱园学派后学所论几乎也没有超出荻生徂徕的范围，基本可以认为这种尊崇李王古文辞而排斥宋文的观念是江户中期文坛的主流。在这样的背景下，江户后期兴起，延及明治时期对宋文与宋代文章学的积极接受，其中也明显带有纠正江户中期因追求辞古体正而带来的"绮靡剽窃"等诸多文坛弊病的意图。宋人那种文从字顺、平易畅达的文章风貌及与之联结的文章写作和批评方面的理论总结在此时自然而然地成了日本人写作汉文和编撰文章学著作时最佳的参考范例，为数众多的文话、文章评点表达出的对江户中期文风的反省和对宋文及宋代文章学的推尊就是对革除李王文弊、在借鉴宋人成果基础上建立新文风的真切呼唤。

根据文话中的相关论述与文章选本及其附带评语，可以发现在江户后期至明治时期学者眼中，宽政时期是一个文风转折的关键节点，宽政三博士就是这个节点上的代表人物。而宽政时期也是幕府独尊朱子学、禁止异学施行的时期，宽政三博士也是这一政策施行中的官方代表。因此，宽政以来文坛风气向崇尚宋代的转折虽不能截然排除文学自然发展的因素，但官方政令是更为直接而强大的推动力。从这一点来讲，这一时期文风的转变在源头上就与政治教化紧密地联结在一起。

从文体性质的角度来看，相较于诗歌和骈文，古文也本就不是一种可供读者完全以审美眼光欣赏的文体，"载道"几乎可以被认为是古文应该具备的基本属性。所以这一点即便在日本也并非宽政以后的发明，自从日本人运用古文这一文体进行写作之时就已经有了明道说理的意识。这一点也不限于朱子学学者，江户前期的阳明学学者熊泽蕃山称："非中夏之文字，无以明道。"江户前期的古义学学者伊藤仁斋也称："诗以言志，文以明道，其用不同。诗作之固可，不作亦无害。若文，必不可不作。非言无以述志，非文无以传道。学而无文，犹有口而不能言……叶水心曰：'作文不关世教，虽工无益。'此作文之律，亦看文之绳尺也。"① 二人也

---

① 伊藤仁斋：《童子问》（下），日本国立公文书馆网站公开宝永四年刊本，第 31b~32a 页。

都很明确地提出文以明道的观点，并以此论证古文"不可不作"的正当地位。江户中期，萱园学派的学者们也不否认这一点，但其确立的文章观念与古文明道的功能存在龃龉。上文即已述及荻生徂徕反对宋文的理由就在于议论说理成分较重。他在《答屈景山》中提出自己的文章观念并批评以欧、苏为代表的宋文：

> 夫六经皆辞也，而法具在焉……宋欧、苏……其文以理胜，不必法，而其绌辞者自若。夫文以道意，岂患无理？西汉以上深矣，俾人思而得之。宋人乃欲了然乎目下，是以浅矣。蹊径皆露，其所长议论耳……明李王二公倡古文辞，亦取法于古，其谓之古文辞者，尚辞也。主叙事，不喜议论，亦矫宋弊也。①

荻生徂徕秉持的是一种重辞轻理的文章观，他反对在文章中以议论的形式表述道，其心目中对道理想的表述状态应该是很含混的，宋文那种明晰畅达的议论在他看来反而流于浅薄与直露。② 萱园学派的这种文章观显然会对作者说理明道造成阻碍，也不利于读者通过古文了解作者所要表达的思想。不论其是否否认古文的明道功能，其主张都背离了古文的基本属性。因而，幕末明治时代的学者反拨李、王古文辞，强调文章具备的理与用，正是尚理明道、关涉世教的古文精神的回归。从"尊王攘夷"到维新开化，大变革时代也促使各地志士将他们对政治、军事、经济、社会、文化等国家各个方面的实际问题以文章形式表达出来，这也推动着文风由重辞转向重理，古文的实用性、教化性等功能也得以凸显。

在上述背景下，宋文及宋代文章学作为古文辞的对立面得到接受与推崇；当时的学者也在接受中基本扬弃了宋代文章学中因"为举子设"而

---

① 〔日〕荻生徂徕：《徂徕集》卷二十七，王焱编《日本汉文学百家集》（第 117 册），第 526~528 页。
② 关于荻生徂徕的文章观念参见〔日〕副岛一郎《文章复古论的分歧——围绕荻生徂徕的"古文辞"之争》，载王水照、侯体健主编《中国古代文章学的形态与体系——中国古代文章学四集》，复旦大学出版社，2020，第 381~401 页。

拘泥于场屋程序的部分，主要吸收宋人文从字顺、平易畅达的文章风貌与尚理明道、关涉世教的文章精神，并在此基础上继续发展，日本本邦古文的典范价值也在这一过程中随之确立而成为人们研习的对象。

（审校：熊淑娥）

20世纪80年代中日"妇女学/性别研究"本土化的比较考察[*]

——以李小江与上野千鹤子的理论实践为线索

陈　晨[**]

内容提要： 在当下重新探讨妇女学科本土化问题有着特定的历史背景和时代任务，即如何在全球化所带来的新的历史语境及历史条件下表述及确立一种具有独特民族精神、坚定文化自信的在地经验。真正的文化自信始终应该是立足于在地的问题，建构本土的学术真问题。基于此，本文以20世纪后半期中国和日本围绕妇女学/性别研究各自所开展的本土化实践为考察背景，聚焦上野千鹤子和李小江两位代表性学者，尝试从文化相对主义视角分析并提出二人思考性别问题时在理论与实践上的分歧和共识。中国和日本作为西方女性主义理论的接受方，在既有中西或日美比较视域下所呈现的"差异"恰恰成为中日跨境对话时的重要话语资源。本文在中日比较框架下重新审视差异，并试图针对思考妇女学/性别研究本土化问题提出一种东亚新视角。

关 键 词： 性别研究　本土化　马克思主义女性主义　上野千鹤子李小江

---

　*　本文为国家社会科学基金重大项目"近代以来至二战结束期间日本涉华宣传史料的整理与研究"（编号：20&ZD237）的阶段性成果。
　**　陈晨，文学博士，上海师范大学外国语学院讲师，主要研究方向为日本当代文学、性别批评。

一　比较视域下文化相对主义视点的导入

在当下重新探讨妇女学科本土化问题有着特定的历史背景和时代任务，即如何在全球化所带来的新的历史语境以及历史条件下表述及确立一种具有独特民族精神、坚定文化自信的在地经验。因为我们知道，无论是"女权运动"还是"性别研究"，都是来自西方理论的外来概念。在西方，"Feminism"作为思考妇女问题时重要的理论话语，对以父权为中心的性别规范及其社会文化意识形态提出质疑，重新挖掘及诠释迄今为止从未被正视的女性文化，由此诞生了"妇女学"（Women Studies）以及"性别研究"（Gender Studies）等多样学科。近几十年来，妇女学/性别研究逐渐渗透进各个学科，作为一门跨学科的专业，已经走过寻求合法性的时期，进入了以学术争学科地位的阶段。

从性别研究理论思潮的译介角度来看，中国和日本都经历过西方理论接受方的角色。从历史进程来看，中日妇女学/性别研究的兴起与发展不约而同地集中出现在 20 世纪 80 年代前后。需要注意的是，如果说"Feminism"属于西方固有的文化历史背景下的思想产物，那么被译介为中文的"女性主义"或日语的"フェミニズム"绝不能被单纯视作西方舶来品，因为它们已结合在中国或日本固有的文化背景及社会状况而构成了一种本土概念。何为"本土"？换言之，面对在地经验，我们应该用什么语言来表述一种外来概念的存在？可以说，不管是早在 19 世纪末到 20 世纪初近代化进程中"女性主义"的中日概念译介，还是始于 20 世纪 70、80 年代"性别研究"的学科化发展，关于"本土化"（在地化）问题的讨论一直都是中日学者共同关心的切要命题。日本女性学/性别研究学科建设拓荒人上野千鹤子在不同场合以及文章中都阐述过对日本女性学本土化的理解，提出过一种"文化相对主义"的视角。

女性主义绝非单纯的西方舶来品。正是如此，日本女性主义也绝非借来之物，它是在日本固有的社会环境下产生的。当然，日本的女性学发展在很大程度上深受北美女性主义思潮影响。然而，那种影响更多地反映在问题的共通性和同时代性上，20 世纪 80 年代日本女性学运动的兴起有它本身的内发性。正因如此，和美国相比，日本女性学的发展过程及发展形态都不相同。日本女性学学者关注更多的是日本本土的女性问题和女性生存现状，并非一味迎合美国女性主义的主张和口号。通过对日美女性主义的比较考察，我得到的是一种文化相对的视点，这个视点不仅使我认识到本国女性主义发展的可能性和特征，而且让我了解到它的局限性和问题。①

不难发现，尽管"介于二战后日本与美国之间形成的特殊文化政治背景，20 世纪 80 年代女性主义在日本的发展比起亚洲其他国家显得更彻底与忠实"②，我们仍旧可以从上野的上述论述里察觉到一股强烈的主体意识和主位意识，即一种"日本意识"。事实上，"文化相对主义"的视角源于上野参加 1984 年 6 月 24 日到 28 日在美国新泽西州立罗格斯大学召开的第 6 届全美女性学年会时发表的一次学术报告，主题为"关于对女性主义之本土性的考察：以日本为例"（Understanding Indigenous Feminism：The Case of Japan）。作为年会史上首次由日本女性学学者所做的发言，该报告的主旨呈现出"基于日本社会固有文化背景下的'日本型'女性主义"，同时辩证地反观北美地区女性主义理论自身的"文化固有性"。③ 这一以对抗北美/西方中心主义理论认知与话语的"文化相对主义"视点放在思考中国妇女学/性别研究的发展进程上也是有效的，或者说是熟悉的。20 世纪 80 年代，在应对改革开放中出现的诸多妇女问题时，中国女性知识分子的"妇女研究运动"几乎不存在无条件拥抱或者迎合西方理论的状况。

---

① 上野千鶴子「日本型フェミニズムの可能性」、上野千鶴子『女という快楽』、勁草書房、2006、114 頁。
② 上野千鶴子「日本型フェミニズムの可能性」、上野千鶴子『女という快楽』、113 頁。
③ 上野千鶴子「日本型フェミニズムの可能性」、上野千鶴子『女という快楽』、128 頁。

　　1981～1989 年，中国的妇女理论研究空前活跃，成果丰硕。① 围绕这一问题，近年来畅引婷、宋少鹏、杜芳琴等学者从全球化语境下历史叙事的民族本土立场回顾以及重新审视中国妇女学/性别研究本土化的研究特别值得借鉴，学者们从不同角度阐述并论证了中国的妇女学发展并不是完全从西方植入的这一切要命题。宋少鹏通过梳理、比较中国改革开放后最早投入妇女学/性别研究的三位拓荒人——杜芳琴、高小贤、李小江——对"本土化"问题的思索及实践，从"差异政治取代平等政治""承认政治替代阶级政治""个人主义取代集体主义""文化批判取代经济批判"四个维度勾勒了"中国妇女学"主体性的社会建构方式及思想渊源。② 她指出，在女性主义等西方理论进入中国学术话语之前，围绕 20 世纪 80 年代中期改革开放进程中所产生的妇女问题，中国国内已经形成了一股妇女研究的热潮。这是中国性别研究的一个重要特点。③ 她还特别提到李小江的妇女学运动，并评价称："她（李小江）可能是最早向国内学者介绍 gender 理论的人之一，早于我们一般认为的中国学者接触到 gender 的 1992 年哈佛会议与 1993 年的天津会议。"④

　　可以肯定的是，中国和日本的妇女学/性别研究本土化构建不约而同地出现在 20 世纪 80 年代前后，并且其契机都是基于一种对抗西方中心主义的本土意识。这一跨国现象印证了宋少鹏曾经对"本土化"做出的解释："'本土'是在'全球'里的本土，并非自我隔离孤立，它彰显了与世界分享在地经验以及本土文化自信的一种学术理想。"⑤ 因此，打破既有以中西/日美为主流的比较视域，横向考察 20 世纪 80 年代中日两国妇

---

① 参见北京妇女问题理论研究会编《中国妇女理论研究十年（1981～1990）》，中国妇女出版社，1992，第 2～3 页。
② 宋少鹏：《资本主义、社会主义和妇女：为什么中国需要重建马克思主义女权主义批判》，《开放时代》2012 年第 12 期，第 105～106 页。
③ 宋少鹏：《立足问题，无关中西：在历史的内在脉络中建构的学科》，《妇女研究论丛》2018 年第 5 期，第 34～36 页。
④ 宋少鹏：《立足问题，无关中西：在历史的内在脉络中建构的学科》，《妇女研究论丛》2018 年第 5 期，第 37 页。
⑤ 宋少鹏：《立足问题，无关中西：在历史的内在脉络中建构的学科》，《妇女研究论丛》2018 年第 5 期，第 35 页。

女学/性别研究本土化的思想史进程是极有必要且颇具意义的。

基于此,本文将分三个小节进行论述。其一,回顾 20 世纪 80 年代日本女性主义的发展状况,梳理上野千鹤子在 80 年代初期对马克思主义女性主义理论的阐述以及她对 "'日本型'女性主义" 特征的分析。其二,聚焦李小江的妇女学理论思想及实践,重新梳理 "本质" 与 "本质主义" 等关键概念,继而探讨妇女学/性别研究本土化的认知视域。其三,基于前两节的论述尝试提出并分析上野千鹤子与李小江思考性别问题时在理论与实践上的分歧和共识。本文选择在 20 世纪 80 年代中日诸多女性学者里聚焦李小江和上野千鹤子,不仅仅是因为二人具有里程碑式的影响力。值得一提的是,上野千鹤子在 20 世纪 80 年代所发表的代表性论著《家父长制与资本制:马克思主义女性主义的地平线》在《思想的科学》杂志上开始连载的前一年,李小江已经在《马克思主义研究》(1983 年第 2期)上发表了《人类进步与妇女解放》,二者在实践路径与理论思路上都受马克思主义理论影响,有一定的共鸣基础。不仅如此,就女性主义理论的译介与接受来看,中西(中国和西方)之间与日美(日本与北美)之间的差异往往容易被理解为一种 "不足" 与 "差距"。例如,李小江的妇女学理论所附带的 "本质主义嫌疑" 或者 "词语错层";而在同时期的日本,对上野千鹤子的批判则集中体现在她对女性 "生育" 经验的 "本质主义" 理解与分析框架的 "教条性" 上。但这些批判实质上都是一种典型的来自西方女性主义理论视域下的批判话语。本文旨在在中日比较框架下重新审视批判,并试图针对妇女学/性别研究本土化问题提出一种东亚对话新视角。

二 "唯物派" 还是 "文化派":20世纪80年代 女性主义在日本

日本的女性学运动以及性别研究的兴起与发展深受欧美女性主义思潮的影响,可以说是第二波女性解放运动(Women's Liberation)的直接产物。从时间来看,日本稍早于中国,始于 20 世纪 70 年代中后期;从影响力上看，日本的女性学以及性别研究的学科化构建、一大批女性主义学者的出现与活跃主要还是发生在 20 世纪 80 年代之后。①

（一）日本女性主义的特点："集团主义母性化"

20 世纪 80 年代的日本女性主义理论构建的核心任务是清算激进女性主义妇女运动后的遗留问题。兴起于 20 世纪 60、70 年代的激进女性主义的最大功绩，正如它为人所知晓的口号"个人的即政治的"，可以概括为将个人日常生活中的性别歧视问题放大至社会公共空间并力求通过社会运动改变既有不公正的性别规范制度。而它在思想性上的最大局限体现于针对性别歧视问题过度强调男女二元对立的斗争关系。在激进女性主义者的主张里，男性是与女性不同的富于攻击性的"邪恶"的人，因此摧毁男性对女性的统治机制是妇女解放的根本。② 这种偏激的性别主张（彻底排斥男性，创立女性共同体）在一定程度上成功达成了告发与指正性别歧视的运动目标，但从理论以及实践层面而言，都没有彻底解决或改变女性易处于从属弱者地位的社会性别不公正。围绕如何清算激进女性主义的遗留问题，就理论立场而言有主导并参与 20 世纪 70 年代末女性运动的激进女性主义（田中美津），有以人权思想为基本理论支持的自由女性主义（江原由美子），还有吸收马克思主义妇女解放理论而派生出的马克思主义女性主义（上野千鹤子）。其中以江原由美子为代表的自由女性主义者与以上野千鹤子为代表的马克思主义女性主义者在理论立场上呈现出"文化派"与"唯物派"的明显对立。即家父长制或性别支配的原因，到底是源自社会文化语境下的性别秩序（江原），还是来自物质基础所决定的性别角色分工（上野），由此掀起了一场"文化对物质"的论争。与上述出于西方理论流派的争论相比，1983 年青木弥生的《女性主义的宇宙》及其基于生态女性主义所提倡的"女性原理"概念则更能体现出基于日本经验的一种本土特色。③ 这种本土特色可以如下阐述：与个人主义色彩

---

① 江原由美子編『フェミニズム論争―70年代から80年代へ―』、勁草書房、1990、2-46 頁。
② 李银河：《女性主义》，上海文化出版社，2018，第 83 页。
③ 杨力：《当"生态女性主义"遇到日本》，《读书》2020 年第 10 期，第 97~104 页。

浓厚的北美型女性主义相比，日本的女性主义则更体现出其 "母性化"。青木从生态女性主义的立场揭示和批判来自男性的性别压迫与自然支配同源性关系，指出女性与生俱来的孕育特质在天性上更接近自然，其核心概念 "女性原理" 正是指女性身体的孕育功能，即母性属性。她认为，重视女性的母性属性，恢复男女和谐统一的自然观与身体观，才是变革男权压迫现状的有效路径。

值得注意的是，关于 "母性" 的讨论总是能够成为日本女性主义内部争论的焦点，可追溯到 20 世纪初的日本第一波女性解放运动兴盛之际，发生在妇女组织 "青踏派"① 的创立者，日本著名思想家、妇女运动家平冢雷鸟（平塚らいてう）和著名女诗人与谢野晶子之间的 "母性保护论争"（母性保護論争）。平冢雷鸟指出，"为母性提供帮助与社会生活的安宁幸福和国家的文明进步有着重大的关系"②，她倡导国家通过国库援助母亲，优化母亲和儿童的福利待遇才是女性解放的第一步。与谢野毫不留情地批判了所谓 "母性保护主义" 实则是基于 "依赖主义" 与 "奴隶道德" 的妥协③，只要母亲经济独立就可以获得相应的人权自由，因此倡导女性就业权的扩大和收入的公平性才是 "母性保护" 的根本之要。在 20 世纪 70 年代受西方第二波女性主义运动所影响而兴起的日本女性解放运动中，"女权" 与 "母权" 的对立演变为 "家庭批判" 与 "家庭维护" 的对立。与同时期欧美地区发生的妇女解放运动相比，日本的女性解放运动对于包括生育、哺育等 "母性" 角色的批判从来都是有所保留的。比如，当时影响比较大的女性解放核心组织 "东京育儿团"（東京こむうぬ）和 "斗争女子组合"（ぐるーぷ・闘うおんな）的成员主力都是十几岁到四十几岁的母亲。它们对所谓 "sister-hood" 的定义及立场并非极端的男女对立，比如从一直提倡集体育儿理念的 "东京育儿团" 提出的口号 "女人，儿童，男同胞" 就可以看出，家庭、母子等连带关系并没有

---

① "青踏派" 诞生于 1911 年，是以平冢雷鸟为代表的 "新女性" 作家团体。她们主张女性解放，反对封建旧制度。其机关杂志《青踏》发表了很多新时代女性的心声。1916 年世界大战前夕，"青踏派" 解散。

② 平塚らいてう『現代と婦人の生活』、日月社、1914、89 頁。

③ 与謝野晶子『人及び女として』、天弦堂書房、1917、92 頁。

被排除，反而成为表明其运动立场的重要参考概念。上野千鹤子在其
1986 年出版的《女性的快乐》第 8 章 "日本型女性主义的可能性" 中指
出，日本的女性主义在本土化过程中深受本国 "集团主义" 式民族性格
的影响，所以整体呈现出一种 "集团主义母性化" 的特征。"母性无疑是
传统家父长制意识形态的一部分⋯⋯然而母性主义仅因它区别于个人主义
这一点又成为一种对抗近代化（西方化）的意识形态。因为终极理念内
包蕴着扎根于一种共同体主义下的社会理想。"① 这也就意味着，日本女
性主义之 "集团主义母性化" 特征并非 "后进式"，而是基于日本社会实
际情况出现的地域性发展状态，是一种本土化特征。

（二）上野千鹤子 "马克思主义女性主义" 的理论尝试②

日本女性主义有其自身独特的内在特征，存在无法套用西方激进女性
主义理论进行解释的本土性质。围绕这一问题，上野千鹤子作为同时代倾
心于马克思主义女性主义的少数学者中的领头人提出，日本的女性主义既
不能单纯放在北美女性主义脉络中，又不能放在马克思主义妇女解放论
里，她提倡结合女性主义和马克思主义思想精华的 "马克思主义女性主
义"（Marxist Feminism）。在谈及为何成为女性学研究者的动机时，她曾
多次提到动机来自其在 20 世纪 60 年代参加学生运动时所体验到的挫败感
和性别歧视。③ 上野在其代表作《家父长制与资本制——马克思主义女性
主义的地平线》的上部（理论篇）的序章里明确表明了自己的理论立场。
首先，女性解放运动一定需要理论的支撑。缺乏理论的运动只会停滞在一

---

① 上野千鹤子「日本型フェミニズムの可能性」、上野千鹤子『女という快楽』、118 頁。
② 陆薇薇的《父权制、资本制、民族国家与日本女性——上野千鹤子的女性学理论建构》
（《开放时代》2021 年第 4 期）对上野千鹤子的女性学理论建构进行了详尽的阐述，颇有参
考价值。本文更侧重从思想史的角度，结合同时期日本其他流派，从文化相对主义的比较视
域对上野千鹤子的马克思主义女性主义理论进行考察与分析，不是一种单方向的凝视或观
察，而是尝试寻找一种跨越界限的对话可能性以及经验共享的契机。
③ 比如，她在 2004 年和李小江之间有一次学术对话，这次会议的内容记录于「上野千鹤子、
李小江对談—国家の中から国家を越えて—」（『現代思想』2004 年第 6 号、28~47 頁）。在
回答李小江提出的 "为什么对女性主义感兴趣" 时，上野谈道："我投身女性主义是因为我
对这些男人（左翼运动的男性革命者）非常失望。"这篇对谈收录于李小江等著《女人：跨
文化对话》（江苏人民出版社，2006）。

种启蒙解放或运动论的层面上。其次，压迫女性的性别支配关系必定有其物质基础。换言之，性别支配并非某种意识形态或文化习俗，它有着稳固的物质基础，从而形成了在社会、经济层面的支配关系。最后，避免"统一理论"。"统一理论"指传统马克思主义妇女解放论中认为性别问题从属于阶级问题的"阶级一边倒"。上野反复强调，家父长制绝不仅仅是上层建筑，而是独立于资本制、有独立经济基础的一种剥削关系，实质上就是将性别歧视问题解释为在生产-再生产相互作用下的社会关系里，将妇女受压迫问题归结为妇女在社会生产和再生产中的特殊地位和作用。她认为："女性解放的问题到目前为止仍然无法从马克思主义阶级解放理论中抽离。因为马克思主义阶级解放理论至今为止仍然是解释压迫和剥削的唯一理论。"[①]

可以从三个角度来分析她在《家父长制与资本制——马克思主义女性主义的地平线》里所展开的理论梳理与论述逻辑。其一，辩证地回顾、阐述马克思主义女性主义的功与过。上野主要借鉴了索科洛夫·纳塔莉（Sokoloff Natalie）[②] 的理论，指出马克思主义女性主义来源于传统马克思主义妇女解放论，但是在分析女性解放问题上立场发生了变化。传统理论中，妇女的解放与自由基本隶属于阶级解放的范畴；而马克思主义女性主义主张将妇女问题抽离阶级范畴，力求建立一个独立的理论分析框架。在这个过程中，前期马克思主义女性主义和后期马克思主义女性主义的分歧点主要出现在家父长制是依附于资本制还是独立于资本制。前期的马克思主义女性主义认为家父长制是依附于资本制的意识形态，所以只要在思想上消除家父长制，女性问题就会得到解决。后期的主张则认为，家父长制是独立于资本制的另外一种压迫关系，有其物质基础，所以消除家父长制不仅是思想上的观念问题，也需要在经济基础和生产关系上进行纠正。上野在理论立场上是支持后期马克思主义女性主义的。

---

① 上野千鶴子『家父長制と資本制—マルクス主義フェミニズムの地平—』、岩波書店、2009、4 頁。

② Sokoloff Natalie, *Between Money and Love：The Dialectics of Women's Home and Market Work*, Praeger Publishers, 1978.

其二，如何解释家父长制独立于资本制以及拥有自身独立的支配机制？上野借鉴莉迪亚·萨根特（Lydia Sargent）① 以及克劳德·列维-斯特劳斯（Claude Levi-Strauss）的文化人类学观点对家父长制的概念内涵进行了界定："所谓家父长制是指男性之间的阶级关系，拥有物质基础，能够构成并实现（男性）对女性进行支配的强制性异性恋性质的利益集团。"② 这在近代化家庭关系内尤为突出。她还借鉴索科洛夫的"男性长老支配"指出，在家父长制中处于被支配位置的除了女性，还有少数单身男性，即便如此，处在被支配位置的女性比起同阶层的男性仍旧面临制度上的压榨与歧视。因此，超越阶级的"女性连带"是改变此现状的有效方案。值得注意的是，这里所强调的"女性解放"不是女性个人意义上的解放，而是克里斯廷·德尔菲（Christine Delphy）意义上的"女性阶层"（Women Class）的解放，即群体的解放。

围绕如何阐明家父长制实则独立于资本制这一命题，上野借鉴法国人类学家克劳德·梅拉苏（Claude Meillassoux）在"社会再生产理论"中提出的"阶级—再生产"观点展开了论述，指出"阶级关系是一种生产关系，更是一种再生产关系"，并试图将对再生产关系的思考从传统的"生产—再生产"关系中独立出来，从而构建再生产关系的主体性。上野指出，女性之所以会受到双重压迫，是因为女性在生产关系中不仅是生产者，还是再生产者。再生产绝不是单纯特指生育，它涵盖了从生育孩子到抚养、教育孩子直至其成人的全过程。在这个过程中，父亲在劳动市场获得的财物被看作经济基础，而母亲在抚养过程中付出的劳动、时间、功夫、情感等则被视为上层建筑，是依附于经济基础的、不具有生产性的。这正是家父长制使女性隶属于男性并受其支配的根本原因。③ 上野认为，母亲在再生产过程中付出的"情感劳动"也是一种经济基础，只有纠正了两性之间围绕再生产劳动中经济基础的分配关系，才能够从根本上解决

① Lydia Sargent, ed., *Women and Revolution: A Discussion of the Unhappy Marriage of Marxism and Feminism*, South End Press, 1981.
② 上野千鶴子『家父長制と資本制—マルクス主義フェミニズムの地平—』、73 頁。
③ 上野千鶴子『家父長制と資本制—マルクス主義フェミニズムの地平—』、93 頁。

女性在家父长制下所处的被支配地位。①

其三，上野在对上述命题进行了论证后，把关注焦点转移到思考日本家庭制度和日本的资本制与家父长制的关系上。她在强调资本制和家父长制是互相独立的支配关系后，指出：

> 日本的资本制对家父长制——换言之日本型家庭制度——的支持主要体现在"兼职主妇"政策上，我把它看作一种体现再生产的品质管理（Quality Control，QC）思想的结果。在日本的家庭制度里，女性作为妻子的性别角色所占分量不大，而女性的"无私奉献的母性"即母亲角色是这个制度的核心概念。尤其是20世纪80年代末期开始出现的小家庭及晚婚少子化使社会对女性的"母亲"角色期待值遽增。传统意义上的女性的再生产活动得到前所未有的提倡，这就是家父长制支配女性的典型手法。②

上野认为在解决女性"双重负担"的问题上，日本不太可能和北美国家一样，即为了追求"个人"解放而彻底放弃再生产。在日本社会，比起个人的解放，"群体"的解放总是优先成为追求目标，所以和北美国家资本制提倡的"职业妇女"相比，日本更愿意提倡"兼职主妇"。③ 上野认为，这其实是作为家父长制意识形态的"母性"与日本资本制共存的结果。④ 这也与日本女性主义的"集团主义母性化"特征相呼应，可以说是一种基于日本经验的在地特征。

三　反思与继承：重读李小江的"本质主义"

如前所述，本文之所以选择在20世纪80年代日本诸多女性学学者里

---

① 上野千鶴子『家父長制と資本制—マルクス主義フェミニズムの地平—』、115頁。
② 上野千鶴子『家父長制と資本制—マルクス主義フェミニズムの地平—』、197頁。
③ 上野千鶴子「日本型フェミニズムの可能性」、上野千鶴子『女という快楽』、125頁。
④ 上野千鶴子『家父長制と資本制—マルクス主義フェミニズムの地平—』、197頁。

聚焦上野千鹤子，并不单单是因为她具有里程碑式的影响力。从中日比较视域来看，上野千鹤子与李小江的女性解放理论都受马克思主义理论的影响，存在理论共鸣基础。此外，二者在提出独创的理论概念——"性沟"（李小江）以及"集团主义母性化"（上野千鹤子）——时，相似地遭遇了来自西方中心主义女性主义理论的批判与指正。而且，二人面对这一系列批判与指正的态度又是那么一致，即力图把对批判与指正的回应放到体现日本或者中国本土经验的语境解释。论及李小江在 20 世纪 80 年代的理论探索，仍旧要结合同时期的历史脉络以及知识生产格局。如果说 20 世纪 80 年代日本女性学研究的产生与兴起要追溯至 20 世纪 60~70 年代在欧美等发达国家发生的学生运动/新左翼运动，是与男性知识分子一起参加革命的女性知识分子的"挫败与反思"①，那么这个时期中国的"妇女学运动"则从根本上体现了新时期中国社会转型对"人"主体认知维度的更新与变迁。② 李小江曾经说过："20 世纪 80 年代，我用很多时间寻找女人，在女人的故事中追问'我是谁'。"③ 可以说，将"女性"从阶级、国家与民族等宏大维度中抽离出来，从个人经验以及知识范畴上探寻妇女的主体内涵是李小江在 20 世纪 80 年代进行理论探索的核心问题意识。也是在此问题意识上，围绕妇女解放问题，李小江开拓性地提出了"性沟""有性的人"等概念。在理论阐释的过程中，她的主要精力仍旧放在一种基于中国经验的话语建构上。"中国的妇女解放是特定的历史范畴中特殊的意识形态产物……中国妇女解放和西方女权运动出自完全不同的两种根系"④，这是其理论探索的原动力。

正因如此，我们常能观察到来自西方女性主义理论立场的批判，其中"本质主义"的批判最具有代表性。例如，留美华裔学者王政曾经对李小

① Lydia Sargent, ed., *Women and Revolution*; *A Discussion of the Unhappy Marriage of Marxism and Feminism*, South End Press, 1981. 本文参考的是其日文版，参见 L·サージェント『マルクス主義とフェミニズムの不幸な結婚』、田中かず子訳、勁草書房、1991、3 頁。
② 董丽敏：《历史转折中的人文知识重构——以新时期中国女性文学研究的发生为中心》，《开放时代》2021 年第 4 期，第 104~105 页。
③ 李小江：《女性乌托邦——中国女性/性别研究二十讲》，社会科学文献出版社，2016，第 5 页。
④ 李小江：《告别昨天：新时期妇女运动回顾》，河南人民出版社，1995，第 3、4 页。

江在分析妇女问题时所参考的理论话语提出过质疑，认为李小江在论述性别问题时常常强调女性的身体和生理机能如 "月经" "分娩" 等经验，并把这些经验作为女性区别于男性的固有的、最本质的性别特征。关于这一点，王政提出："这种把生理机能作为区别男女的本质性标准的认知来自19 世纪末期的精神分析论。这种精神分析论早已经被批驳，在理论上已经被解体。把女性的生理机能作为其区别于男人的本质性别这一论述在认识论上已失去了批判力，它忽视了女性群体之间的个差。"① 结合同时期，也就是 20 世纪 80 年代欧美尤其是北美地区的女性主义思潮发展来看，对女性主体 "铁板一块" 的 "本质主义" 认知已经开始激化来自不同种族、阶级、国家女性之间的矛盾并造成分裂。最具有代表性的就是黑人法律学者金伯勒·克伦肖（Kimberle Grenshaw）在她于 1989 年发表的论文中首先提到 "交叉性"（intersectionality），将有色人种女性所直面的多重及共时的压迫比喻为 "交叉口"，进而批判白人女性主义话语的霸权。② 当然，这种对 "既存" 知识理念的某种辩证性批判与克服的理论态度，与同时期的后现代主义、后结构主义话语密切相连。正因如此，在王政看来，李小江在理论叙述中经常提到的 "女性意识"、"性沟" 以及 "性别意识" 等概念在认识论上呈现出严重错层和混乱，尤其关于女性生育等身体特征和生理机能的理解，仍然停滞在 19 世纪的认知，带有强烈的 "本质主义" 嫌疑。关于这一点，汤尼·白露的阐述颇有意味："依我看来，李小江不太像是 '本质先于存在论' 的理论家，而成了 '用性解释各种现象的性学论者'，与爱伦凯、高括、贺川丰彦、岛村民藏等 '异性恋理论家' 的理论立场是一致的。"③ 这样分析的意图也是清晰的。这就意味着，李小江对性别主体（女人/男人）的思考是有其历史脉络的，

---

① 王政「女性意識と社会性別意識—現代中国フェミニズム思想の一分析—」、小浜正子·秋山洋子編『現代中国のジェンダー·ポリティクス』、勉誠出版、2016、111 頁。

② K. Crenshaw，"Demarginalizing the Intersection of Race and Sex：A Black Feminist Critique of Antidiscrimination Doctrine，Feminist Theory and Antiracist Politics"，University of Chicago Legal Forum，1989，pp. 140-149.

③〔美〕汤尼·白露：《中国女性主义思想史中的妇女问题》，沈齐齐、李小江译，上海人民出版社，2012，第 382 页。

来源于一种早在晚清民国时期就已经形成且仍旧没有失去时效的本质论探索。

在这里，有必要重新对"本质"与"本质主义"做理论梳理。参考文艺学家的阐释，"本质主义"是基于一种对"本质"的僵化认知。"本质论"则是对"本质"的探究。① 无论对任何事物之本质进行探讨，"如何是"与"是什么"都为两个不可或缺的思考维度。后现代女性主义话语的普遍特征偏向"如何是"。例如，朱迪斯·巴特勒的操演理论就认为，人的生理性别不是自然事实而是"文化操演"的结果，实质上就是在讨论"如何是"。那么，过度偏向"如何是"会带来什么新问题呢？如童庆炳所言："走向极端的反本质主义必然导致不可知论和虚无主义。"② 法国哲学家列维纳斯曾有过专门的阐述，他指出，"是"既是连词又是动词，它不仅意味着同义反复，还意味着"是其所是"。③ 从这个角度来看，探讨事物"是什么"的"本质论"不仅是一个结果，也可以看作"是其所是"的过程。这或许能成为理解李小江为什么要"坚守'质'的前置性和客观性原则"④ 的关键。在这个基础上，我们再次回到李小江本人的阐述，在近年发表的一篇论文《谈谈"女性/性别研究"的基础理论问题——对"女性本质主义"批判的批判》里，李小江时隔 20 年再次回应了"本质主义"批判：

　　落实在人世间，那个"属人的自然界"究竟是什么？

　　透视社会属性，那个"男女之间的关系"究竟应落实在哪里？

　　数十年持续探索，我的回答是：所谓"属人的自然界"，落实在人世间，具体而实在，无不是人们赖以生存的"一方水土"，即地

---

① 王嘉军：《超逾本质主义与反本质主义：文学伦理学与为他者的人道主义》，《中国比较文学》2021 年第 4 期，第 31 页。

② 童庆炳：《反本质主义与当代文学理论建设》，《文艺争鸣》2009 年第 7 期，第 8 页。

③ 〔法〕埃马纽埃尔·列维纳斯：《从存在到存在者》，吴蕙仪译，江苏教育出版社，2006，第 72 页。

④ 李小江：《谈谈"女性/性别研究"的基础理论问题——对"女性本质主义"批判的批判》，《山西师大学报》（社会科学版）2020 年第 4 期，第 2 页。

缘/物候和地域/国家；所谓 "男女之间的关系"，在地球上的任何地方，无不体现在 "风土人情" 上，即一方水土教养生成的性别制度。①

可以看出，李小江思考妇女与性别的问题意识集中体现在 "是什么"，是一种 "本质论" 的探讨。而王政的批判并不是针对 "本质论" 本身，而更像基于一种对 "本质" 的僵化认知，一种缺乏伦理维度甚至暗含 "暴力性" 的专断定论。然而，正如李小江本人所强调的："在认识层面上，我们既不可以对任何人类（男人或女人）做终极性的理论抽象，也不可以对两性关系做本体论的单一归属：无论女性还是男性，在社会科学的范畴内都不能自成科学；只有在双重属性的'关系'中认识性别，才可能为人类在'属人的自然界'中找到可持续发展的方向。"② 借由前述列维纳斯对本质的思考来看，这里的 "终极性的理论抽象"（＝ "本质"）已经不再是某种恒定的实体或特性，而是事物 "是其所是" 的过程。因此，我们可以说，李小江对 "是什么" 的探索其实包含了对 "如何是" 的阐述。

不难发现，20 世纪 80 年代，在面对西方女性主义理论时，李小江的理论探索呈现出自身严密的论述逻辑以及 "毫不妥协" 的学术坚守："中国的妇女研究，在社会苦难中觉醒，它出现在'十年浩劫'之后——这与西方国家妇女研究高度文明的社会条件不同，中国妇女研究的萌生，是以男女平等的社会生活为起点的，这又与西方女权主义的产床不同。"③ 在 20 世纪 80 年代的历史场域中，在性别批评等理论还没有正式渗透人文知识结构的 "荒原" 时代，这种接地气的论述气质与 "本质" 摸索有其不可忽视的历史意义。正如董丽敏所指出的，"这很可能意味着她比其他

① 李小江：《谈谈 "女性/性别研究" 的基础理论问题——对 "女性本质主义" 批判的批判》，《山西师大学报》（社会科学版）2020 年第 4 期，第 5 页。
② 李小江：《谈谈 "女性/性别研究" 的基础理论问题——对 "女性本质主义" 批判的批判》，《山西师大学报》（社会科学版）2020 年第 4 期，第 5 页。
③ 李小江：《妇女研究在中国》，载杜芳琴、王向贤主编《妇女与社会性别研究在中国（1987～2003）》，天津人民出版社，2003，第 7 页。

局限于知识内循环的学院派女性研究者更为深入地把握住了历史转折时期妇女研究的根基所在"。①

四　对话差异：李小江与上野千鹤子的对比思考

综上所述，我们可以再次肯定的是，中国和日本的妇女学/性别研究的本土化构建不约而同地出现在 20 世纪 80 年代前后，并且其契机都基于一种对抗西方中心主义的本土意识。这也是笔者将中日两位学者进行比较想呈现的核心观点。

上野千鹤子虽然在立场上比李小江更靠近西方女性主义，但同样从与西方主流女性主义话语的"差异"出发，即通过论述日本女性主义中的"集团主义母性化"与其说是后进性的体现，不如说是"女性主义化的日本集团主义的变种"②，力图在一种更能体现日本本土性的语境中分析、解释"差异"。而且，在分析女性受性别压迫的问题上，上野也并未完全否定"母性"。她在论述女性的再生产劳动时，恰恰聚焦于女性特有的"生育"活动。耐人寻味的是，这也使她被扣上过"本质主义"的帽子。江原由美子就明确指出，上野千鹤子关于女性再生产的论述是"本质主义"的残骸，她所依据的分析框架有很强的"教条性"。③ 女性文学研究者水田珠枝也曾质疑："读上野的论文总让我觉得其视点游离，立场不明确。尤其是她对于女性主义的立场。"④ 我们发现，这些来自女性学学者内部的分歧与批判无不是基于日美（日本与北美）的"差异"所展开的。

再如，在探寻妇女学/性别研究的理论资源上，上野千鹤子与李小江的妇女解放理论都受到马克思主义的深刻影响。李小江在《人类进步与

---

① 董丽敏：《历史转折中的人文知识重构——以新时期中国女性文学研究的发生为中心》，《开放时代》2021 年第 4 期，第 118 页。
② 原文：「母性主義的な日本のフェミニズムは、日本的集団主義の、これまたフェミニスト版と映る」，参见上野千鹤子「日本型フェミニズムの可能性」、上野千鹤子『女という快楽』、123 頁。
③ 江原由美子『装置としての性支配』、岩波書店、1995、8 頁。
④ 水田珠枝「ラディカル・フェミニズムはマルクス主義フェミニズムを乗り越えるか」、『情況』1991 年 11 月号、116 頁。

妇女解放》一文的开篇就明确将马克思主义妇女学说作为理论起点:"我从事妇女研究的起点并不是西方女权主义经典理论,而是马克思主义经典著作中有关妇女、婚姻、家庭的论述。"① 由此可见,二人在实践路径与理论思路上都受马克思主义理论影响,但方向和落脚点有所不同。

首先,也是最大的一点不同,体现在对国家与个人的关系的阐述上。李小江通过构建"有性人"犀利且激进地指出"人类解放取决于妇女的进化发展"。这意味着,女性获取自身主体性以及实现妇女解放不是为了"个人",而是为了重建真正意义上的进步国家乃至整个人类文明。在这里,个人(女性)与国家、民族从来都是一个共同体。这鲜明地体现了中国妇女学/性别研究与国家、民族之间密切联系的特征。而在 20 世纪 80 年代上野千鹤子的理论思想里,"国家"和"民族"可以说是被忽略的问题。《家父长制与资本制:马克思主义女性主义的地平线》一书中关于家父长制对女性的支配和压迫,主要焦点集中在对近代社会女性的性别角色的批判以及对生产—再生产关系的阐述上。作为其理论的场域仍旧局限在成熟的近代市民社会,讨论民主与自由的"个人"问题。上野对这一点是有自觉性的。她在第 10 章"家父长制与资本制 第三期",针对"双重负担"问题就指出:"20 世纪 80 年代的日本女性主义学潮是发生在产业资本发展程度高度成熟的社会下,与第三世界的女性问题有重合之处,但前后二者的社会背景及内在原因都大有不同。"② 至于对国家、民族与女性的讨论,则是她在 20 世纪 90 年代以慰安妇问题为切入口所展开的主要工作。

其次,对二人的批判和争论主要集中于其对女性身体的认识,尤其是以"生育"为代表的女性生理体验上,这也是二人被批判为"本质主义"的"同病相怜"处。在上野千鹤子和李小江于 20 世纪 80 年代提出的妇女理论里,女性的生育机能这一"属性"是支撑其理论阐述的重要前提。这不仅体现在李小江确立女性主体性的阐述里,也体现在上野千鹤子分析

---

① 李小江:《家国女人》,南京师范大学出版社,2012,第 15 页。
② 上野千鹤子『家父長制と資本制—マルクス主義フェミニズムの地平—』、247 頁。

生产—再生产关系的论述里。不过，对于女性的生理属性的理解，二人又有不同。在再生产论述里，上野千鹤子基本上未加批判地接受了关于女性的再生产＝生育，她对女性生育体验的认知其实来自激进女性主义，是二元对立且异性恋式的。而李小江对女性身体及生理体验的认知并非来自对激进女性主义的认知。正如李小江自己所叙述的那样："将'自然'的性差异和'历史'的性别分野看作'性沟'生成的两个客观因素：前者不容回避，后者不可更改。我在自然性差异的基础上揭露'男女都一样'的骗局，以性别分野的历史存在为前提与西方女权主义保持距离。"① 可见，她对西方女性主义理论始终保持着一种"他者"的观点，就像西方女性主义学者不断解构李小江一样，李小江的理论也通过一种本土化的逻辑或者说更类似于一种修辞去解构西方女性主义。李小江在《对话白露：关于 1980 年代妇女研究运动》中谈道：

> 与西蒙娜·德·波伏娃比较——白露在书中一再提到我们在理论上的相似性——我认为，我和她之间最重要的分歧就在对待"自然"和"历史"的不同态度。波伏娃那句名言（"女人不是天生的，是生成的。"），我只能认同一半。在我看，女人（women）的确是后天生成的，女性（female）却是天生的。我不认为女人成为"第二性"（the second sex）全然是男性意志主导的结果，而宁可看它是人类社会进化过程中一个必然的历史阶段。在我这里，"天生"和"生成"不是二元对立关系。我认为，只有在尊重自然的基础上客观地认识历史，女人（男人也一样）才可能在有限的选择中有效地把握自己的生命和人生。②

通过这段论述可以了解到，李小江对女性的身体（"天生"）和性别体验（"生成"）的论述并非放在男女二元对立的分析框架中，这种超越"对立"、更接近中性的性别认识更像老子提出的"玄牝"概念。"玄牝"

---

① 李小江：《性沟》，生活·读书·新知三联书店，1989，第 6 页。
② 李小江《对话白露：关于 1980 年代妇女研究运动——由〈中国女性主义思想史中的妇女问题〉说开去》，《山西师大学报》（社会科学版）2012 年第 6 期，第 7 页。

是老子从 "弱者道之用" 出发提倡以阴柔为主导的思想，即不主张阴柔对立或阳胜为常道。而这也是体现李小江理论话语在地经验化的重要根据，呈现了其建立在东方古典与现代文化融合概念之上的 "本质论" 探索。

结　语

白露在分析中国的妇女问题及其思想时曾借鉴的 "地域特有的近代性"（vernacular modernity）颇有意味。"地域特有的近代性" 的核心思想体现为一方面拒斥 "以西方为全球标准" 的理论，另一方面排除 "特殊性的偏狭主义"，基于一种跨文化差异来检视及重建在地经验的知识论与方法论。① 正如白露在《中国女性主义思想史中的妇女问题》里所强调的，女性问题是具有普遍性的，但思考和论述女性问题的思考框架则是多样的、地域性的。通过横向考察中国和日本的妇女学/性别研究，我们可以获得一种东亚视域下的在地经验，更新对本土化的认知视域。但这并不意味着在地经验的特权化或永恒化。作为讨论妇女/性别问题时非常重要的理论参数，"是什么" 和 "如何是" 两个维度都有其各自的场域与意义。它们并不互相抵触，而是一体两面的关系。需要再次强调的是，"本质主义" 是基于一种对 "本质" 的僵化认知，"本质论" 则是对 "本质" 的探究。我们说的 "反本质主义" 不是反的后者，而是前者。事实上，"反本质主义" 本身也是一种 "本质论"。从海德格尔存在论的视角出发，"本质" 已经不再是某种恒定的实体或特性，而是事物 "是其所是" 的过程。从这个意义来讲，在 20 世纪 80 年代的历史场域里，无论是上野千鹤子的 "日本型女性主义" 的建构，还是李小江的 "性差" 认知，都是一种 "是其所是" 的 "本质论" 探索，或可为我们应对时代问题提供启示，值得继续反思与开拓。

（审校：吴限）

---

① 萩原弘子「『ヴァナキュラー』とはなにか—イリッチのジェンダー論批判序説—」、『女子大文学・外国文学篇』第 37 号、1985、17-19 頁。

新时期日本供给侧改革的
内容、特点及启示[*]

叶 浩[**]

内容提要： 日本政府长期推行有利于生产者的供给侧政策，相关措施在二战后日本经济发展的不同阶段起了不同的作用。安倍晋三第二次上台执政后，以提高全要素生产率为核心，密集出台供给侧改革措施。这一时期的时代主题、政策要点与历史上日本的历次供给侧改革有所不同，是其供给侧改革的新时期。从理念来看，新时期日本供给侧改革不再迷信新自由主义，不再一味地对传统的日本式经营进行全盘否定，也不再笃信政府不干预经济的理念，而是注重生产要素领域的改革、提高全要素生产率；从内容来看，主要包括劳动要素改革、技术要素改革、制度要素改革、推动企业国际化四个方面。新时期日本供给侧改革更加注重技术创新以顺应发展潮流，注重制度创新以凝聚发展共识，提供公共资源以降低社会成本。这是日本政府对内外部压力做出的积极回应，但由于其结构性矛盾积重难返，加之改革措施没有与短期需求扩张政策相配合，政策效果大打折扣。

关 键 词： 日本 供给侧改革 全要素生产率 生产要素改革 结构性矛盾

---

[*] 本文为中央高校基本科研业务费项目"全要素生产率视角下的战后日本供给侧改革研究"（编号：SISZZ202006）的阶段性成果。

[**] 叶浩，经济学博士，四川大学国际关系学院助理研究员，主要研究方向为现代日本经济。

二战后，日本为完成对欧美国家的追赶、实现明治开国以来促进工业化与贸易立国的目标，选择了通过实施产业政策促进技术进步、发展重点产业、推动产业结构升级、改变在国际分工中不利地位的发展路径。[①] 由于经济发展的约束条件不是需求不足而是供给不足，日本没有像欧美国家那样实行凯恩斯主义政策，而是选择诸如产业政策等供给侧改革的相关政策。"日本工业化的动力机制包含显著的政策因素……主要作用于供给侧。"[②] 日本政府长期推行有利于生产者的供给侧政策，相关措施在战后日本经济发展过程的不同阶段起了不同的作用。回顾日本供给侧改革的历史过程，分析其供给侧政策的实施重点及作用机理，总结利弊得失，或可对中国的供给侧改革事业有所借鉴和启示。

一　战后日本的供给侧改革传统

供给侧政策贯穿战后日本经济的发展过程，由于不同时期面临的国内、国际形势各异，每个时期日本供给侧改革的理念及政策措施也不尽相同。目前中国研究日本供给侧问题的主流观点认为，历史上日本实施供给侧改革比较显著地体现在两个时期，即 20 世纪 70 年代中后期的经济增速换挡时期以及 21 世纪初日本为应对"泡沫经济"崩溃所实施的一系列改革。[③]

（一）20世纪70年代中后期经济增速换挡时期的供给侧改革

20 世纪 70 年代，受两次石油危机冲击，日本经济发展进入换挡期，增速下降。关于这一时期日本的供给侧改革，国内外都有长期的研究积淀，学界对其认识比较深刻且少有分歧，认为日本在这一时期的供给侧政

---

① 平力群：《创新激励、创新效率与经济绩效——对弗里曼的日本国家创新系统的分析补充》，《现代日本经济》2016 年第 1 期，第 1 页。

② 莽景石：《成功是失败之母：日本缘何陷入"供给侧政策陷阱"？》，《现代日本经济》2020 年第 4 期，第 1、5 页。

③ 崔健：《日本供给侧结构性改革的时机、措施与效果研究》，《日本学刊》2019 年第 3 期，第 87 页。

策主要有两类，即"产业政策"与"经济计划"。

首先，产业政策方面，小宫隆太郎、奥野正宽等编写的《日本的产业政策》讨论了日本的产业扶植政策、产业调整援助政策以及产业组织政策，伊藤元重则分析了日本实施产业政策对国内外经济所产生的影响。[①] 中国学界对日本产业政策的研究侧重于具体的实施效果与其发挥的作用，并注重对日本产业政策历史变迁的研究。比如，莽景石分析了日本产业政策发挥作用的内在原理，指出日本产业政策通过指导各个产业的投资额度来决定生产要素在各产业部门之间的配置，进而调整了日本经济的供给结构，是一项促进经济发展的长期政策。金仁淑则认为，产业政策促进了日本的产业升级，推动了日本的产业结构由低级向高级发展。[②]

其次，经济计划方面，经过战后初期的一系列改革调整，日本完成了由统制经济向市场经济转型，但是经济计划以更加多样化的形式表现出来，如中央政府的综合性经济计划、产业行业和专项事业计划、地区发展计划、企业运营计划等。[③] 经济计划贯穿于日本经济发展的各个阶段，为其经济增长做出了重要贡献。需要注意的是，日本的经济计划属于指导性经济计划，是在充分利用市场价格机制的基础上发挥作用的，而且在经济运行机制中占有重要的地位。[④] 小峰隆夫指出，经济计划可以引导市场预期的形成，明确政府的承诺，有利于促进经济的发展。[⑤] 日本实施的指导性经济计划之所以成功，其中一个重要原因就是当时日本官产协调的计划体制已经比较成熟。[⑥] 日本经济计划的制订和实施经过了政府、民间企业

① 参见小宫隆太郎・奥野正寛・鈴村興太郎『日本の産業政策』、東京大学出版会、1984；伊藤元重・清野一治・奥野正寛・鈴村興太郎『産業政策の経済分析』、東京大学出版会、1988。

② 参见莽景石《论战后日本产业政策的调节对象及调节机制》，《日本研究》1988年第3期，第26页；金仁淑《后危机时代日本产业政策再思考：基于日本"新增长战略"》，《现代日本经济》2011年第1期，第7页。

③ 张舒英：《市场经济中的计划：对日本经济计划的再探讨》，《日本学刊》1993年第3期，第92页。

④ 刘红：《日本的市场经济与经济计划》，《现代日本经济》2000年第5期，第14页。

⑤ 小峰隆夫『戦後日本の経済改革』、東京大学出版会、1993。

⑥ 白成琦：《日本经济计划四十年》，《世界经济》1997年第10期，第59页。

之间的反复沟通与协调，与传统意义上的计划经济不同，其向产业界人士发布政府意向的信息功能大于资源配置功能。

（二）21世纪初日本应对"泡沫经济"崩溃的供给侧改革

"泡沫经济"崩溃后，日本经济陷入"失去的二十年"。这一时期，比较著名的供给侧改革有桥本龙太郎改革及小泉纯一郎改革。1996 年桥本龙太郎改革的政策措施主要包括：完善市场经济制度，推动经济结构改革；修改规章制度，实施规制缓和，促进劳动、资本等经营资源合理配置等。① 21 世纪初，小泉纯一郎上台执政，以新自由主义为指导，开始实施经济的"结构性改革"，主要包括金融系统改革、邮政民营化改革、劳动力市场改革等。② 处理不良债权和治理僵尸企业是日本 21 世纪初期供给侧改革的重点，中国国内研究集中于不良债权对日本经济的影响以及日本政府对不良债权的处理两个方面。张季风等认为，不良债权的存在影响了银行的经营效益，增加了企业的融资成本，日本成立了专门机构以促进不良债权的冲销。③ 刘昌黎则指出日本政府处理不良债权的措施不力，导致不良债权问题日益严重，影响了日本金融体系的稳定。④ 针对僵尸企业及其危害，日本经济学家有较为深刻的认识，比如翁百合就分析了产业再生机构所发挥的经济作用，认为产业再生机构凭借其政府背景极大地推动了不良债权问题的解决。⑤

学界虽然认识到日本为应对"泡沫经济"崩溃而进行供给侧改革的重要性，对相关改革举措的梳理也较为明晰，但往往认为小泉的"结构

① 田正、李鑫：《供给侧结构性改革与宏观经济政策协调》，《广西师范大学学报》（哲学社会科学版）2020 年第 9 期，第 77 页。
② 田正、武鹏：《供给侧结构性改革的路径：日本的经验与启示》，《日本学刊》2019 年第 3 期，第 123 页。
③ 张季风、田正：《日本"泡沫经济"崩溃后僵尸企业处理探究——以产业再生机构为中心》，《东北亚论坛》2017 年第 3 期，第 53 页。
④ 刘昌黎：《不良债权对日本经济的不良影响与日本政府的新举措》，《日本问题研究》2003 年第 1 期，第 8 页。
⑤ 翁百合「産業再生機構の活動と日本の金融の正常化について」、『ファイナンシャル・レビュー』2006 年第 10 号。

性改革"与第二届安倍晋三政府的供给侧结构性改革区别不大，因此未做细致区分。[①] 笔者则认为这两者在改革理念、改革思路等方面的差异性较为明显，应当分为不同时期。

（三）第二届安倍晋三政府的供给侧改革具有鲜明的时代特征

"泡沫经济"崩溃后，日本经历了"失去的二十年"，经济低迷，产业竞争力下降，就业不稳定。日本经济从高速增长到长期低迷的骤变促使日本各界开始反思，甚至将传统的日本式经营看作经济发展的桎梏。同时，受到西方新自由主义思潮的影响，这一时期的日本供给侧改革主要关注如何打破传统的日本式经营。日本式经营缘起于二战后日本国内资本所有权与经营权的分离[②]，在经济高速增长过程中逐步形成和完善[③]。日本式经营涵盖的内容较为丰富，如间接融资体制、终身雇佣制、年功序列工资制等。"泡沫经济"崩溃之后，历届日本政府都对传统的日本式经营进行了改革，最重要的是桥本龙太郎"六大改革"方案及小泉纯一郎推动的"结构性改革"。桥本及小泉的供给侧改革以新自由主义为指导思想，主张政府减少对经济的干预，从大政府向小政府转变；金融领域的改革取向是从以间接融资为主向以直接融资为主转变；公司治理改革方面，主张破除内部人控制的传统日本式公司治理结构，强化股东作为公司所有者的角色地位；劳动力改革则是抛弃传统的终身雇佣制、年功序列工资制等。可以认为，这一时期的日本供给侧改革是全盘西化的改革。

笔者将 2012 年底自民党再次执政、安倍晋三第二次成为日本首相以及菅义伟短暂执政、岸田文雄内阁成立的这段时间称为日本供给侧改革的新时期，理由有三。其一，改革面临的社会环境不同。经过桥本、小泉等历届政府的努力，针对传统日本式经营的改革已经完成，日本打破了间接融资体制，终结了以终身雇佣及年功序列工资为特征的雇佣体制，强化了

---

① 崔健：《日本供给侧结构性改革的时机、措施与效果研究》，《日本学刊》2019 年第 3 期，第 87 页。

② 工藤剛治「戦後日本の階級構造と日本的経営」、『経済学研究』2009 年 3 月号、13 頁。

③ 西成田豊「日本的経営とその今後」、『一橋論叢』2000 年 6 月号、875 頁。

以提高股东地位为目标的公司治理改革，完成了较大范围的规制缓和。不过，即便采取了这些激进的改革措施，日本经济也没有出现大的起色，反而造成就业不稳定、贫富分化加剧等一系列负面后果。2008 年的国际金融危机更使日本社会动摇了对欧美体制神话般的信仰。安倍晋三虽然自称小泉纯一郎的"衣钵传人"，但是其面临的社会环境已然不同。其二，改革理念有所不同。安倍时期没有延续小泉时代的新自由主义改革思路，也没有进行全盘西化的改革，而是注重保留传统日本式经营的某些优势。比如，在公司治理改革中，不再一味强调股东的作用，而是更加注重调动经营管理层的积极性；在劳动力改革过程中，更加强调保护劳动者权益；在行政改革过程中，更加注重发挥政府职能，提供各种公共产品。其三，改革着眼点有所不同。小泉时代的改革以破除日本式经营为目标，在全日本推广西方式经营模式。安倍时期的改革则注重保留日本式经营中的优秀成分，以生产要素改革为重点，旨在提高日本的全要素生产率。

二 新时期日本供给侧改革历程

2012 年底，安倍晋三重新上台执政，结束了日本政坛的动荡，并逐步形成了稳定政局。这一时期，改革政策密集出台，是观察分析日本供给侧改革的好时期。

（一）政治强人安倍晋三的改革历程

2012 年 12 月，安倍晋三第二次成为日本首相，提出以"大胆的金融政策""灵活的财政政策""促进民间投资的增长战略"这三项政策为主的"安倍经济学"，其中也包含了诸如"紧急结构改革计划""雇佣制度改革"等供给侧改革相关措施。受到这一系列政策的刺激，日本经济有所改善，但经济结构方面的问题没有解决，日本经济增长依然维持低位运行态势。随着安倍晋三获得长期执政地位，决心继续推动改革事业。2013 年以后，日本政府几乎每年都出台相关经济政策，且政策重点大多是供给侧改革。

　　2013 年出台的《日本振兴计划》的核心内容有三点，即"产业振兴"、"战略市场创造"以及"开拓海外市场"。"产业振兴"及"开拓海外市场"很容易理解，"战略市场创造"则指延长国民预期寿命、保障清洁能源供应、建造下一代基础设施等。本轮振兴计划主要立足于经济的供给侧改革，需求侧的扩大则主要寄希望于海外市场，并未提及刺激本国需求。① 2014 年，日本政府对《日本振兴计划》进行修订，其副标题是"应对未来的挑战"，提出要"创造一流的环境，让员工和企业发挥潜能"，"创造新产业，打造经济新引擎"，"关注农村地区和中小企业"。② 2015 年，日本政府再次对《日本振兴计划》进行修订，设定了"投资与生产力革命"的主题，提出要"提高日本潜在经济增长率""建设未来社会""实施规制缓和"。③ 2016 年对《日本振兴计划》的修订将主题定为"积极应对第四次工业革命"，提出要"实现生产力革命，激活创新机制""以名义 GDP 为目标扩张市场""扩大人力资源投资""占领海外市场"等。④

　　2017 年，日本政府公布了新的战略《未来投资战略——实现社会 5.0》，首次提出了"社会 5.0"这一概念。该战略的核心包含"延长国民预期寿命""移动互联网革命""打造下一代供应链体系""更新城市基础设施""发展金融科技"等。⑤ 2018 年，日本内阁制定《提高生产率特别措施法》，稳步推进"效率革命"。此外，为了适应第四次工业革命和技术革新，2018 年 6 月 15 日又推出了以"社会 5.0"以及"数字驱动型社会"变革为目标的《未来投资战略 2018》。⑥ 2019 年《增长战略》的核

①　日本経済再生本部「これまでの成長戦略について」、首相官邸ホームページ、2013 年 6 月 14 日、https：//www. kantei. go. jp/jp/singi/keizaisaisei/pdf/en_ saikou_ jpn_ hon. pdf。

②　『「日本再興戦略」改訂 2014』、首相官邸ホームページ、2014 年 6 月 24 日、https：//www. kantei. go. jp/jp/singi/keizaisaisei/pdf/honbun2JP. pdf。

③　『「日本再興戦略」改訂 2015』、首相官邸ホームページ、2015 年 6 月 30 日、httphttps：//www. kantei. go. jp/jp/singi/keizaisaisei/pdf/dai1jp. pdf。

④　『日本再興戦略 2016』、首相官邸ホームページ、2016 年 6 月 2 日、https：//www. kantei. go. jp/jp/singi/keizaisaisei/pdf/2016_ zentaihombun. pdf。

⑤　『未来投資戦略 2017 — Society 5. 0の実現に向けた改革—』、首相官邸ホームページ、2017 年 6 月 9 日、https：//www. kantei. go. jp/jp/singi/keizaisaisei/pdf/miraitousi2017_ t. pdf。

⑥　『未来投資戦略 2018』、首相官邸ホームページ、2018 年 6 月 15 日、https：//www. kantei. go. jp/jp/singi/keizaisaisei/pdf/miraitousi2018_ zentai. pdf。

心是"全面实现社会 5.0""改革社保体系""在人口减少的背景下实现区域振兴"。① 2020 年新版《增长战略》的核心则进一步细化为提倡新工作方式、强化金融基础设施、提高中小企业竞争力、促进开放创新、应对新冠肺炎疫情等。②

综合而言，2013 年《日本振兴计划》的绝大部分内容涉及供给侧改革，只有鼓励企业开拓海外市场以扩大需求为目的，这也是日本内需长期不振状况下的无奈之举。2017 年《未来投资战略——实现社会 5.0》的核心是"社会 5.0"和"数字驱动型社会"，其本质则是提高日本整体的创新能力和技术水平，降低企业的运营成本，提高日本经济的全要素生产率。2019 年《增长战略》的核心是《未来投资战略 2018》的延续和补充。《未来投资战略 2018》集中体现了 2013 年以后的日本经济政策取向，是安倍晋三第二次执政以后最重要的发展战略，集中反映了安倍政府的执政经验和政治智慧。其主要内容包含两部分：一是全面实现"社会 5.0"构想，二是推动经济结构变革。其中"社会 5.0"构想主要是建设智能化、以人为中心的社会，运用物联网、人工智能技术及大数据来模拟现实社会，通过数字化技术提高人们的生活质量。可以说《未来投资战略 2018》是新时期日本供给侧改革的政策集大成之作，是研究这一时期日本供给侧改革的政策样本。

（二）菅义伟政府的供给侧改革

菅义伟政府标榜为"为国民工作的内阁"，提出要"实行改革，创造新时代"。③ 在其一系列政策集中，关于供给侧改革的措施不在少数，主要可以归纳为"构建绿色社会""全方位数字化改革""推动解决创新等长期课题"。

---

① 『成長戦略フォローアップ』、首相官邸ホームページ、2019 年 6 月、https：//www.kantei.go.jp/jp/singi/keizaisaisei/pdf/fu2019_gaiyou.pdf。
② 『成長戦略実行計画』、首相官邸ホームページ、2020 年 7 月 11 日、https：//www.kantei.go.jp/jp/singi/keizaisaisei/pdf/ap2020.pdf。
③ 「菅内閣政策集」、首相官邸ホームページ、http：//www.kantei.go.jp/jp/headline/tokushu.html。

1. 构建绿色社会①

菅政府认为，环境对策已经不仅仅是经济问题，更转变为社会经济发展方式、提高生产效率、促进产业结构升级和经济增长的关键。为此，菅内阁设定了 2050 年实现"碳中和"的战略目标，并制定了相应对策，包括鼓励企业创新、新能源政策、绿色发展战略、提倡低碳生活方式等方面。

为鼓励企业创新，政府将加大对新一代太阳能发电技术、低成本蓄电池等创新型企业的支持力度，通过政府产业发展基金、税收减免等方式对相关企业进行扶持，加快先进技术的开发和利用。在新能源政策方面，主要涉及大力发展氢能源、海上风力发电等可再生能源，通过数字技术提高水力发电的效率，在确保安全的前提下发展核电等。在绿色发展战略方面，政府将选定若干绿色产业给予重点扶持，具体政策措施包括政府资金投入、税收优惠、放松管制、开展国际合作等。在提倡低碳生活方式方面，主要是在市民中大力提倡低碳生活方式，鼓励企业提供符合低碳生活理念的商品和服务，通过全社会的努力减少日本社会整体的碳排放，早日实现"碳中和"的战略目标。

2. 全方位数字化改革

菅义伟政府提出要实现全方位的数字化改革②，并制定了具体的应对策略，从政府和民间两个方向推进。

从政府层面来看，通过设立数字厅、行政服务数字化改革、设置专门的公务员职位等措施，提高政府提供数字化服务的能力和水平。2021 年 9 月，日本政府创立数字厅，摆脱以往数字化工作条块分割的不利局面，统一推进全社会的数字化进程；计划统一和规范地方政府管理系统，在全国范围内提供行政"云服务"，全面推动行政服务数字化；在公务员招录过程中，设立专门的数字化职位。

民间层面的数字化改革举措则主要涉及个人信息数字化、发展远程教

---

① 「菅内閣政策集」、首相官邸ホームページ、http：//www.kantei.go.jp/jp/headline/tokushu/green.html。

② 「菅内閣政策集」、首相官邸ホームページ、http：//www.kantei.go.jp/jp/headline/tokushu/digital.html。

育、鼓励远程办公等。提高个人信息数字化水平，普及个人信息数字卡，进一步扩大应用场景；实行以信息和通信技术（ICT）环境整备为主的政策措施，提高政府工作效率。

3. 推动解决创新等长期课题

菅内阁发布的政策集①表明，其选择以支持创新为优先事项，同时兼顾受疫情影响的中小企业及供应链安全。

首先，鼓励加大科技创新投入。日本政府计划设立 10 万亿日元的大学基金，支持建设世界一流研究基地；未来五年（2021～2025 年），计划投入研发预算 30 万亿日元，日本全社会研发总经费将达到 120 万亿日元。其次，受疫情影响，中小企业面临经营困难，政府计划提供资金支持，并继续鼓励科技型中小企业向海外发展。不仅如此，全球疫情还暴露了日本的供应链隐患，为此政府鼓励企业将生产基地设在日本，并积极推动生产基地多元化布局。

菅义伟政府上台时间不长且面临新冠肺炎疫情的挑战，虽然其意识到供给侧改革对于日本的重要性，但是政策研究及出台都较为有限。此外，菅内阁脱胎于上届安倍政府，大部分阁僚来自上届政府的班底，菅义伟本人亦长期担任安倍政府的内阁官房长官，其内阁中缺少新人及新思维。在供给侧结构改革方面，菅义伟政府并没有跳脱安倍政府大的思维框架。

岸田文雄就任首相后不久就对内阁进行改组，但新内阁依旧是自民党派系妥协的产物，缺乏新鲜血液。新内阁成员年龄结构偏大，缺少新人及新思维。另外，2022 年 7 月后又受到"统一教会"等丑闻困扰，岸田文雄内阁并没有出台重大的改革措施。因此，本文对新时期日本供给侧改革研究的重点是第二届安倍内阁时期的政策。

三 新时期日本供给侧改革的主要内容

从理念来看，新时期的日本供给侧改革不再迷信新自由主义，不再一

---

① 「菅内閣政策集」、首相官邸ホームページ、http：//www.kantei.go.jp/jp/headline/tokushu.html。

味地对传统的日本式经营进行全盘否定，也不再笃信政府不干预经济的理念，而是注重生产要素领域的改革，提高日本全要素生产率；从内容来看，主要包括劳动要素改革、技术要素改革、制度要素改革、推动企业国际化四个方面。

（一）劳动要素改革

20 世纪 90 年代以来，日本社会已经形成人口老龄化、少子化趋势。一方面，1990~2000 年，65 岁及以上的老龄人口在日本人口中所占比重从 12.1%上升到 17.4%，2010 年进一步上升到 23%，2020 年超过 28%。据国立社会保障和人口问题研究所预测，2065 年，日本的老龄化率将达到 38%。另一方面，2005 年，日本总和生育率为 1.26，之后一直保持持平或微增的趋势，2017 年也只维持在 1.43 的较低水平。另外，日本大龄未婚人士所占比重大幅度提高，据日本厚生劳动省预测，到 2040 年，日本 50 岁未婚男性的占比将达到 29%，女性也将达到 19%左右。[①]

劳动力是最重要的经济要素之一，而日本的劳动力市场长期面临供应不足的问题。为了应对这一问题，日本政府采取了一系列措施，如扩大女性和老年人就业、保障劳动者权益、促进灵活就业等方式，以提高劳动参与度；同时，积极为劳动者提供就业培训，提高劳动者就业能力，进而提高劳动力供给的质量。

1. 扩大正式就业

在长期的经济萧条时期，日本社会的就业受到非常大的冲击。"泡沫经济"崩溃后，日本历届政府都将传统的终身雇佣制、年功序列工资制作为改革对象，就业不稳定问题突出，尤其是老年人、女性、残疾人等受到的影响更大。新时期的日本供给侧改革提出采取综合措施来扩大就业，尤其注重扩大女性、老年人和残疾人就业。为了扩大女性就业，日本政府督促上市公司披露女性董事任职、女性高级职员培训等方面的信息，以在

---

① 厚生労働省『厚生労働白書　平成 30 年版』、厚生労働省ホームページ、2018 年 3 月 30 日、https：//www.mhlw.go.jp/wp/hakusyo/kousei/18/dl/all.pdf。

全社会形成示范效应，助力女性职业发展；积极推行"安心育儿计划"，促进保育事业发展，发展儿童课后托管服务；采取措施杜绝职场性骚扰，确保女性职工依法享受育儿假等法定假期等，解决女性职业发展的后顾之忧。针对老年人和残疾人就业，日本政府也出台了相应政策。例如，给予雇用 65 岁及以上员工的企业多项政策支持，积极发挥"银发人才中心"的人才中介作用，推广灵活的就业方式、探索提高退休返聘待遇的方案；鼓励企业增加残疾人工作岗位、营造友好的工作环境、制定个性化的救助方案，并利用互联网等技术手段构建有利于残疾人的工作模式。

在保障劳动者权益方面，日本政府要求企业控制加班时间、设定加班时间上限，制定中小企业人力资源支持方案，加强医疗卫生领域从业人员的权益保障，落实《劳动派遣法》及相关配套措施，保障灵活就业人员的权益等。

2. 促进灵活就业

"泡沫经济"崩溃之后，日本社会的就业稳定性下降，许多劳动者被迫接受灵活就业的方式。新时期的日本供给侧改革将促进灵活就业作为一项政策坚持下来。比如，实施"与年龄无关的再就业"计划，增加多样化的就业机会；组建政府主导的就业稳定中心，管制企业的恶意裁员行为，保障自由职业者或劳务派遣员工的权益；支持政府及企业向自由职业者采购服务，规范相关工作流程，防止出现优势地位滥用等问题，确保企业与自由职业者之间的公平交易。

3. 完善劳动力市场基础设施

在新时期的日本供给侧改革中，政府更加注重完善劳动力市场的基础设施。例如，创立在线劳动力市场，并提供职业能力在线测试工具；密切关注企业人力资源动向，并出台有针对性的支持方案；推广新兴行业的职业资格认证，培育新的职业机会；鼓励企业引入"长期教育培训休假制度"，并给予相关企业补助金；设立专门机构，帮助因生育等情况中断职业生涯的女性重回职场；改革失业救济金制度，在法律层面和操作层面出台必要的政策措施。

（二）技术要素改革

从二战后的经济恢复期到经济高速增长期，日本坚持的产业发展思路是：在维持一定质量的同时，尽可能降低成本，利用成本优势提高产业竞争力。其间，日本主要依靠引进欧美先进技术并逐步国产化，在日本国内实现进口替代，最终实现出口导向。这一时期的日本主要依靠技术引进，自主创新的意识不强。

"泡沫经济"崩溃以后，日本经济陷入了前所未有的危机，其产业的国际竞争力显著下滑。日本政府及有识之士均意识到，原有的引进—消化—吸收技术发展模式已经无法持续，自主创新才能实现日本经济的再生。为此，日本做了相当多的努力，例如出台政策鼓励培养具有创造力的优秀人才、促进产学合作，强化针对大学、中小企业、初创公司和农业部门的知识产权战略，加快数字化转型并促进人工智能的普及等。新时期的日本社会进一步达成了共识，认为未来技术发展的重点在数字及人工智能领域，日本政府也提出了"社会 5.0"战略，积极推动整个社会向数字化转型。在技术要素领域，日本新时期的供给侧改革主要从两方面着手，一是完善数字基础设施，二是建立适应人工智能时代的人才体系。

1. 完善数字基础设施

安倍政府认定数字化是未来发展的潮流，可以提高日本的全要素生产率，因此十分重视数字基础设施建设，提出了完善数字基础设施的若干对策，涉及数据共享、网络安全以及新技术和新商务模式的推广等。

在数据共享方面，主要关注数据的有效、规范利用以及企业的数字化转型，相关政策措施包括：基于《提高生产力特别措施法》，促进企业灵活使用数据；修订《反不正当竞争法》，使其更好地适应数字经济时代；出台《人工智能数据使用权指南》，指导大数据信息的有效规范使用；出台有利于个人信息跨国使用的政策措施；针对不同行业的不同特点，有针对性地推动数字化转型；支持提供跨境数字服务的企业；支持新一代计算技术的发展（诸如人工智能芯片、量子技术等）。

在网络安全方面，2015 年日本内阁出台了《网络安全战略措施》，支持中央政府各省厅、地方政府、网络运营商、主要基础设施运营商、教育科研机构等共建"官民共享的信息管理体系",完善风险处置的响应机制;对现有的网络安全体系进行综合评估和改进,提高企业管理层的网络安全意识,培育网络安全领域的人才并满足企业相应的人才需求。

为了推广新技术、新商务模式,日本政府开始在行政审批及公共服务领域引进区块链技术,实现行政服务电子化;以政府服务采购为手段,促进区块链技术在行政领域的应用;出台"共享经济推进计划",支持并鼓励共享经济的健康发展;积极推广远程会议、远程办公等新的办公模式;加强物联网技术的基础研究、应用普及。

2.建立适应人工智能时代的人才培养体系

"社会5.0"战略要求全社会实现数字化转型,这就需要大量的人工智能领域相关人才。改革原有的人才培养体系以使之与人工智能时代相适应势在必行。所谓"建立适应人工智能时代的人才培养体系",主要包含三部分内容,即教育领域的人工智能改革,产业界的人工智能人才培养与雇用,以及产、学、官联合的教育改革。

第一,教育领域的人工智能改革主要涉及大学人工智能教育以及初等、中等学校的人工智能教育。在大学人工智能教育方面,在大学入学考试阶段,对"信息Ⅰ"考纲以及计算机等级考试(CBT)进行改革;在大学学习阶段,在大学公共教育领域普及信息科学课程;积极推动人工智能专业的学生到企业实习及到海外留学;鼓励日本大学生到海外顶级的人工智能研究机构学习交流;鼓励产业界为数学、物理、信息经济学等人工智能领域的基础型人才提供研究资金和研究项目。在推进初等、中等学校的人工智能教育方面,鼓励企业提高对人工智能教育的投入;鼓励更多女生选择理工科;对具备理工科优秀素质的青少年给予奖励,支持其进一步深造;为在信息奥林匹克竞赛中取得优秀成绩的高中生提供进修机会;充分利用网络教育资源,提高人工智能教材质量和教员水平;提高专业教师的英语指导能力,提高学生的英语水平,培养国际化人才。

第二,在产业界的人工智能人才培养与雇用方面的具体措施包括:鼓励企业在人工智能领域的商业创新,增加对人工智能人才的雇用;在企业、大学、研究机构普及基于业绩的年薪制，提高日本对高级人工智能人才的吸引力；改革人事制度和薪酬制度，提高日本国立研究机构、大学吸引世界顶尖人才的能力；鼓励研究机构、大学大量增加与人工智能相关的项目课题，设立人工智能首席研究专家岗位，在人工智能领域发掘和培养卓越的人才；深入开展 "InnoUvators" 项目①，发掘人工智能领域具有颠覆性创新的技术课题并提供研究资助。

第三，实施产、学、官联合的教育改革，建立由产业界、大学等科研机构及政府组成的联合体，开展应用型课题研究。推进产业界与科研机构的深度合作，扩大产业界对人工智能人才的需求；鼓励高等学校提供面向社会的短期培训课程、在线课程；将大学的 "职业实践能力培养计划" 和专科学校的 "职业实践专业课程" 与政府主导、面向市民的 "第四次工业革命技能学习认证制度" 整合起来；实施 "网络安全管理人才培训计划"，以国家行政机关、地方政府、主要基础设施经营者等为对象，实施实用型网络安全培训。

（三）制度要素改革

制度是一个社会博弈的规制，是一些人为设计的形塑人们互动关系的约束。② 制度对于经济增长的作用不容置疑。从政企关系看，日本政府属于关系依存型政府，三权分立程度低，特别是立法与行政高度统一，司法过程有效性低；各省厅管辖范围严格区分，各省厅与其所管辖的民间企业和事业单位形成了长期关系。③ 部门间的监督和制衡关系排除了政治上的专断，但是也在一定程度上增加了跨部门的协调成本。

新时期的日本供给侧改革在制度要素方面主要体现为加强市场主体之

---

① "InnoUvators" 项目指欢迎 "从无到有" 的创造者，不受先入之见的束缚，形成并实施原创的想法，旨在公开招募颠覆性创新的课题并提供支持，对具有里程碑意义的 "失败" 给予高度评价，鼓励挑战技术难题，通过匹配企业的需求促进技术进步。
② 〔美〕道格拉斯·C. 诺斯：《制度、制度变迁与经济绩效》，杭行译，格致出版社，2014，第3页。
③ 〔日〕青木昌彦·奥野正宽：《经济体制的比较制度分析》，魏加宁译，中国发展出版社，2005，第 243 页。

间的合作、降低市场主体的交易成本和沟通成本。改革的取向是进一步明确各个市场主体的权力和相应的职责、鼓励市场主体之间的合作，具体而言涉及科研机构改革、风险投资领域改革、金融领域改革、政府规制及公司治理改革等。

1. 科研机构改革

科研机构是技术创新的重要环节，破除僵化的科研管理体制对日本实施供给侧政策具有重要意义。依照《国立大学法人法修正案》，救助运营存在困难的大学、提高大学办学质量。通过顶层设计及制度安排，鼓励大学之间的合作及错位发展。允许国立研究机构等法人使用自己的知识产权和研究成果与私人企业开展合作，扩大科研资金来源。完善科研人员评价机制，推行工资年薪制改革，提高人才流动性。鼓励国际协作和共同开发，加强对交叉学科关键项目的资金支持，加快交叉学科领域的发展。实施"青年科研人员经费支援计划"，助力青年研究人员成长。搭建共享研究平台，促进先进研究设备设施共享。鼓励产、学、官合作进行共同研究。制定科研机构与外国企业合作的指导方针，推动开放创新型科研机构建设。实施"卓越研究生院计划"，加快地方大学特色化发展。鼓励科研机构加强与企业和海外顶尖大学的合作，培养博士等高级人才。鼓励本土学生到海外留学，支持日本的大学及科研机构积极接收外国留学生及访问学者等。

2. 风险投资领域改革

风险投资被认为是激活创新的重要因素。新时期日本供给侧改革十分重视风险投资的作用，出台了大量政策措施，旨在提高风险投资服务创新的能力，更好地服务经济社会发展及日本企业的跨国发展。具体而言包括三个方面。

一是帮助风险投资企业拓展国际市场。从政府层面积极拓展与多个国家的国际商务合作；创立以外国企业家为对象的在留资格制度，积极吸收外国人才；推进"J-Startup"项目①，培养全球经营的初创企业。由

---

① "J-Startup"项目由日本经济产业省推进，由日本新能源产业的技术综合开发机构（NEDO）、日本贸易振兴机构（JETRO）、日本经济产业省事务局共同承办，目的是为符合条件的初创企业提供快速有效的支持。"J-Startup"项目的愿景是帮助日本初创企业在全球范围内获得成功。

顶级风险投资家、风险投资基金管理者、大企业的创新部门负责人推荐"J-Startup"候选企业，外部审查委员会对候选企业进行审查。通过严格审查选出的创业企业被选为"J-Startup"企业，可以得到多维度的支持，实现迅速成长。

二是加强日本企业与美国硅谷之间的联系。鼓励日本的中小企业、核心技术企业和风险投资企业加强与美国硅谷等科技创新前沿地区企业的交流；选派创新型企业、大企业内从事新业务开发的人才、风险投资领域的专业人才到硅谷交流。提高风险投资企业员工的专业技能，协助企业寻找合作伙伴；举办日本初创企业、风险投资企业与全球大企业、风险投资企业的交流会和研讨会，促进双方的事业合作及共同研究。

三是构建日本特色的风险投资生态系统。政府采取措施加强初创企业与风险投资基金的联系，积极促成双方合作；构建科研攻关支持机制，鼓励大企业、大学等科研机构与风险投资企业合作；在风险投资专家指导下，实施应用型研究经费支持计划；实行风险投资审批"一站式"服务，简化行政审批手续；为初创企业参与政府采购提供良好的政策环境；支持科技型中小企业发展壮大；支持大企业对初创企业的投资与并购；鼓励大学的基金进入风险投资领域，给予其新股优先认购权；鼓励政策性银行向风险投资基金注资；构建有利于天才型人才及知识产权所有者的营商环境；出台支持信息和通信技术领域初创企业的政策，鼓励企业跟踪研究相关前沿技术，加快孵化及商业化；强化对初创企业在专利、知识产权方面的支持。

3. 金融领域改革

首先，落实"以顾客为中心"的金融业经营原则。相关政策措施包括：提高金融机构的便利性，鼓励其开发适合老龄化社会的金融产品和服务；完善被监护人的财产保护机制，确保金融机构面向老年人提供的金融产品的适当性；面向中小企业提供简易型企业年金服务。

其次，加快推进东京作为国际金融中心的建设。具体而言，政府部门提高金融业务审查的效率及透明度；简化拥有海外经验公司的上市手续；

积极参与独立审计监管机构国际论坛（IFIAR）①，提高日本的审计国际化水平；修订涉及政府出资的产业投资基金的管理规定，强化日本政策性投资银行的作用；推动股票、公司债券交易机制改革等。

4. 政府规制及公司治理改革

新时期日本政府规制改革与小泉时代的新自由主义改革不同，更加强调政府的积极作为，为企业发展提供公正、自由、透明的营商环境。比如，调整相关政策法规，放松对新技术应用的限制；积极推行监管"沙箱制度"（sandbox）②，更好地应对平台型商务模式的兴起；建立新技术应用的快速审查机制等。

在公司治理改革方面，规范公司 CEO 选举及罢免的程序，确保董事会成员来源的多样性，强化企业年金管理方作为股东的功能，鼓励各类股东在公司治理中发挥作用；提高信息披露的质量，鼓励公司管理层与投资者开展建设性对话；进一步普及国际会计准则（IFRS），将适用范围扩大到所有日本企业；提高第三方审计机构的审计质量；推动日本企业的公司治理水平与国际接轨。

（四）推动企业国际化

1985 年"广场协议"签署之后，乘着日元升值的东风，日本企业开始进行大规模对外直接投资。日本政府始终关心支持企业的海外发展，通商产业省更明确表示将通过对外经济合作政策来改善日本企业的投资环境。③"泡沫经济"崩溃之后，日本国内经济长期低迷，大量日本企业进行海外经营。新时期日本供给侧结构改革非常重视支持日本企业的国际化发展，不断完善对企业国际化经营的支持系统、推动知识产权保护及标准国际化等。

---

① 该论坛于 2006 年由英国等 18 个国家发起，目的是分享各国审计市场监管知识和实践经验。该论坛也将促进国家间的监管合作，同时为监管机构之间的交流搭建网络平台。
② 监管"沙箱制度"，即政府给予某些金融创新机构特许权，使其在监管机构可以控制的小范围内测试其新产品、新服务等的一种机制，以保护消费者，支持真正的金融创新。
③ 〔日〕阿部武司：《通商和贸易政策（1980～2000）》，安钊译，中信出版社，2021，第646 页。

1.完善对企业国际化经营的支持系统

一是完善基础支持系统。主要措施包括：充实公共金融体系①，强化为基础设施建设及经营者提供的公共金融服务，完善日元贷款制度等；支持骨干中小企业在海外发展，培养企业海外事业骨干人才，推出符合当地市场需求的跨境电子商务服务；在中央有关省厅、国际协力机构（JICA）、日本贸易振兴机构等机构的支持下，通过政府开发援助的形式帮助日本中小企业在海外获取商机；以日本贸易振兴机构海外办事处为中心，积极宣传日本企业对当地的贡献，改善日企形象，协助企业提高获取当地商业信息的能力；推动日本政府驻外机构为中小企业提供法务、劳务、税务等方面的咨询服务，协助企业解决在当地经营中遇到的问题和困难；对在海外经营的企业实施安全方面的教育，应对可能出现的恐怖主义威胁。

二是积极推动建立基于规则的自由、公正的国际经济秩序。例如，加快推进《全面与进步跨太平洋伙伴关系协定》（CPTPP）谈判；积极推进日本与欧盟"经济伙伴关系协定"（EPA）的执行；快速推动《区域全面经济伙伴关系协定》（RCEP）、中日韩FTA等经济合作协议的磋商进程等。作为自由贸易的旗手，日本力争成为全面、平衡、高水平世界贸易规则的引领者；推动基于"数据自由流动和有效利用"的国际共识和规则的形成，构建数据流通的国际合作框架，反对数字保护主义、形成自由和公平的数字市场；推动国际社会共同实施有关保障网络安全、保护个人信息等提高网络可靠性的措施。

2.知识产权保护及标准国际化

为了实现经济增长的中长期目标、稳固知识产权体系的社会地位，日本政府于2018年出台了《知识产权战略愿景》，每年制定并实施"知识产权推进计划"，其重点涉及稳步加强专利保护、强化中小企业知识产权战略、推动技术标准国际化等方面。

---

① "公共金融"指各类金融机构在政府的支持下，为实现公共利益，遵循保本经营原则而进行的资金融通行为。公益性和保本性相结合是公共金融的本质特征。

首先，加强专利保护。物联网、人工智能、大数据等新技术已经带来深刻的社会变革，需要构建适应数字化时代的知识产权体系；引入投资者估值及金融机构评估等方式，重塑知识产权价值评估体系。其次，强化中小企业知识产权战略。政府为中小企业提供综合支持服务，鼓励中小企业进行知识产权商业化；改革中小企业知识产权标准化工作的管理规定；鼓励中小企业通过开拓海外市场来推进专利技术的标准化及商业化。再次，推动技术标准国际化。政府设立标准化办公室（Chief Standardization Officer），"官民一体"推进技术标准国际化工作；加强政府管理部门与标准制定机构之间的合作，共同推进尖端技术标准的国际化；积极推动有关国际标准认证的基础研究，定期举行标准国际化会议讨论应对策略；加强与中韩等亚洲国家的合作，共同推进标准国际化工作。

四 新时期日本供给侧改革的主要特点

在"泡沫经济"崩溃之后，日本经济经历长期低迷。在"失去的二十年"中，日本政府在经济调控方面并非无所作为，而是长期实行低利率、零利率甚至负利率的货币政策以及量化质化宽松等非常规货币政策，但是这些凯恩斯式刺激政策并没有使日本经济实现复苏。桥本龙太郎、小泉纯一郎等多届政府以新自由主义为样板，不同程度地推行供给侧结构改革，但政策效果不尽如人意。第二届安倍晋三政府上台后，逐步转变供给侧改革的思路，即不再实行全盘西化的改革，更加注重生产要素领域的改革、提高日本的全要素生产率。新时期日本供给侧改革呈现出如下一些特点。

（一）注重技术创新，顺应发展潮流

随着信息和通信技术在全球的爆发性普及，人工智能、大数据（Big Data）、物联网（IoT）等应用逐渐普及，"数字革命"成为世界潮流。在数字时代，价值的源泉是"数据"和"人才"，这些生产要素在国际上引起了激烈的竞争。日本企业的技术水平较高，大学等科研机构的研究开发能力较强，高等教育积极致力于培养相关领域的人才。与此同时，日本也面临

人口减少、老龄化、少子化、能源环境制约等各种课题。日本是全球少数几个面临人口减少的国家之一，推广人工智能等替代人工的技术不容易引起广泛的失业等社会问题，这是日本在推广人工智能和机器人等"革新技术"时所具备的社会优势。大规模推广人工智能和机器人等"革新技术"，既可以解决日本的社会问题，又可以催生新产业、创造新价值。

新时期日本的供给侧改革着重推进人工智能等科技前沿领域的创新和商业化。这些高新技术在日本大规模应用，顺应了世界科技发展潮流，提高了日本企业的国际竞争力。日本政府与企业携手，提前谋划产业布局，帮助日本在未来国际竞争中占据有利位置，为日本长期经济增长奠定良好基础。

（二）注重制度创新，凝聚发展共识

许多日本学者将战后日本的经济发展奇迹归功于其特殊的制度协调惯例，认为日本政府不是替代民间协调过程，而是扮演了补充角色，促进经济形成了倾向于某种类型组织协调过程的制度环境。[①] 因此，通过制度创新促进经济发展和结构改革在日本成为一种社会需求。为此，在新时期的供给侧改革过程中，日本政府积极推行教育改革以培养人工智能人才，开展科研机构改革以激发科研人员的积极性，实施风险投资改革以加大对初创企业的资金支持力度，推动金融改革以提高员工个人及公司整体的金融服务能力，促进政府及公司治理改革以提高政府及企业的运转效率。在改革过程中，日本政府注重多方协调、凝聚共识。比如，在推进科研领域改革的过程中，非常重视产、官、学相结合的教育改革；在风险投资改革方面，日本政府推出"J-Starup"项目，由政府或其派出机构亲自组织；在提供各种基础设施的过程中，中央及地方政府也发挥了重要作用。

（三）提供公共资源，降低社会成本

日本政府在经济发展过程中扮演了关系依存型政府的角色，政府与企

---

① 〔日〕青木昌彦等主编《政府在东亚经济发展中的作用——比较制度分析》，赵辰宁等译，中国经济出版社，1988，第 10~36 页。

业的关系是长期的。日本政府机构既不是社会的强权计划者，也不是其所辖领域的民间代理人，而是二者的要素兼而有之。①日本政府从来都不是经济发展的旁观者，在供给侧改革过程中表现为主动提供公共基础设施等市场无法提供的公共产品，以便企业等经济主体迅速了解市场需求和科技创新的方向，更容易找到创新人才、资本等各类资源。日本政府采取的诸如完善数字基础设施、创建日本版在线劳动力市场、推动科研设备共享、推动知识产权及技术标准国际化等措施，也使市场主体可以用较低的成本获取公共服务，以有效降低其研发成本和运营成本。这些举措完善了经济活动的底层基础，提高了全社会的福利水平。

整体而言，日本的供给侧结构改革始终存在于其战后经济发展的不同阶段，对日本经济发展起了巨大的推动作用。新时期的日本供给侧改革涉及技术创新、制度改革、劳动改革等多方面，相关政策措施有力促进了日本的科技创新与产业升级，有利于提高日本经济的全要素生产率，对其长期经济发展形成利好。值得注意的是，"泡沫经济"崩溃之后，日本的经济发展环境与高速增长时期已经有很大不同，单纯依靠供给侧结构改革无法解决日本经济面临的问题。一方面，企业相继破产，僵尸企业增多，就业不稳定及失业增加，劳动者收入增长缓慢甚至有所下降。另一方面，日本社会长期被老龄化、少子化问题困扰，内需长期不振。在凯恩斯主义货币政策刺激长期无效的情况下，开展供给侧改革是应有之举；但是，新时期日本的经济政策没有处理好短期经济增长与供给侧改革的关系，缺乏扩大总需求的政策，尤其是对扩大国内需求不够重视。经济的持续低迷也不利于供给侧改革措施的推行，影响了其政策效果。

结　语

2013年以后，日本持续推出新一轮供给侧改革措施，主要涉及劳动改革、技术创新、制度改革、企业国际化等内容。这是日本政府对内外部

---

① 〔日〕青木昌彦、奥野正宽：《经济体制的比较制度分析》，第244页。

压力做出的积极回应。虽然日本找到了其经济问题的症结所在，但由于经济结构性矛盾积重难返，加之改革措施没有与短期需求扩张政策相配合，使得政策效果大打折扣。

一方面，在供给侧结构改革的过程中，日本政府尤为重视劳动要素改革、技术要素改革、制度要素改革，旨在提高经济的全要素生产率、挖掘日本的长期经济增长潜力。科研机构改革是新时期日本供给侧结构改革的重点领域之一，其核心要义有两点：一是提高科研机构和科研人员的积极性，二是强调产、官、学协作。为此，日本政府出台并落实了一系列改革措施，提高科研人员待遇水平，拓展科研资金来源；出面组织协调产、官、学联合攻关，集中人力、物力、财力，加快高技术产业化；鼓励民间企业发挥主力军作用；鼓励企业加大研究开发投资力度，引导企业运用新技术改造传统产业。

另一方面，在开展供给侧结构改革的大背景下，短期需求管理依然重要，而新时期日本在供给侧结构改革的过程中没有做好适度扩大总需求的工作。虽然日本政府意识到需求不足是"泡沫经济"崩溃之后日本面临的长期课题，但是除了提出鼓励企业到海外拓展业务、扩大外部需求之外，没有太多扩大内需的政策手段，而且日本还面临老龄化、少子化等不利于总需求的长期因素。可以说，日本新时期供给侧改革没有获得有利的宏观经济环境，改革的难度加大。

（审校：叶琳）

日本战后主体性理论的高峰

——梅本克己哲学研究综述

杨南龙[*]

内容提要： 梅本克己是战后日本著名的马克思主义学者、哲学家。基于战后日本特定的历史情境，梅本克己横跨经济学、政治学、伦理学等多个学科领域，糅合日本宗教思想、"京都学派"哲学、存在主义、马克思主义等东西方诸多理论资源，率先在哲学领域提出了主体性问题，并引起日本思想史上有名的主体性论争，对日本学界产生了广泛而深远的影响。可以说，梅本克己的哲学思想代表着日本战后主体性理论的高峰，然而中国学者对梅本克己知之甚少，遑论深入研究其主体性思想。本文通过介绍梅本克己的生平、著作及其主体性理论，归纳总结中国、日本和其他国外学者的相关研究成果，全面系统展现其重点研究问题，以为后续深化梅本克己哲学思想研究提供一些有益参考。

关 键 词： 梅本克己　主体性　主体性论争　主体唯物论　日本马克思主义

作为日本著名的马克思主义学者、哲学家，梅本克己（1912~1974年）的主体性理论对日本学界产生了广泛而深远的影响。梅本基于战后日本战争责任反思和民主化改革等特定历史情境，糅合亲鸾的宗教

* 杨南龙，中国社会科学院大学马克思主义学院马克思主义哲学专业博士研究生，主要研究方向为日本马克思主义哲学。

思想、西田几多郎的"无"的思想、田边元的"种"的逻辑、和辻哲郎的"人间"伦理学以及西方存在主义哲学等古今内外诸多理论资源，从主体性视角对马克思主义做出了创造性的理论阐发与解读，引起了日本思想史上有名的主体性论争。可以说，梅本克己的哲学思想代表着日本战后主体性理论的高峰。但是，作为可与丸山真男、大冢久雄、宇野弘藏相提并论的战后日本重要思想家，特别是就日本马克思主义研究在中国学界形成重要的理论热点而言，目前国内学者对梅本克己仍知之甚少，遑论深入研究其哲学思想。本文力图通过对国内外已有的相关研究成果进行梳理归纳，为后续深化梅本哲学研究提供一定的借鉴参照。

一 梅本克己的哲学人生及其影响

1912 年 3 月，梅本克己出生于日本栃木县下都贺郡，两岁时母亲因肺结核去世，父亲鹤吉次年再婚，生下了两男两女，梅本成为家中的长子。父亲鹤吉是区法院判事，因工作频繁变换任地，小学时期的梅本也跟着多次转校，这在很大程度上影响了梅本的学习成绩。梅本参加小学和初中升学考试时两次都落榜，由此产生了很大挫败感，常常自嘲为"劣等生"。梅本在高中期间沉迷于阅读宗教、哲学等方面的图书，高中毕业前夕父亲去世，梅本作为长子不得不承担起家庭的责任。梅本一生都非常尊敬他的父亲，努力不辜负父亲对他寄予的期望。

1934 年 3 月，梅本克己考入东京帝国大学文学部，学习伦理学专业，师从著名伦理学家和辻哲郎。当时和辻哲郎刚到东京帝国大学任教，教授"伦理学概论""日本伦理思想史"等课程，并出版了《作为人间之学的伦理学》（1933 年）、《风土》（1934 年）、《续日本精神史研究》（1934 年）、《伦理学》（1936 年）等一系列重要著作。梅本认真学习和辻哲郎的伦理学课程，受其影响阅读了西田几多郎、田边元等"京都学派"学者的著作，奠定了他从"京都学派"哲学的视角解读马克思思想的基础。1938 年 3 月，梅本完成毕业论文《亲鸾的自然法尔思想的逻辑》①，得到了和辻哲郎很高的评价。梅本大学毕业后进入文部省教育局企划部思想处工作，当时的教育局是日本战争时期"思想统治或者说思想生产的参谋本部"②，梅本很不喜欢也不适应这里的工作，1939 年转到国际文化振兴会工作，以"不可思议的热情"埋头于"日语的调查"③ 这项新的工作，由此也阅读了很多语言学相关图书。其间，梅本认识了桐越千代子，不久便结婚，婚后两人相处很融洽。1942 年，梅本担任水户高等学校的教授，讲授"日本精神"等课程，深受学生欢迎。但是，梅本持教养派自由主义观点，因此受到新任校长安井章一的打击，一度被禁止登台授课、闭门思过。

1945 年 8 月，日本战败投降，很多高校学生为追究日本政府的战争责任发起罢课运动并取得胜利，梅本成为水户高等学校学生运动的精神支柱。梅本第一次见证了被压迫者取得自我解放斗争的胜利，这种体验成了梅本以后哲学思想转向马克思主义的契机。当时的日本共产党因坚持反对侵略战争而身陷囹圄，但仍拒绝"转向"，这种"强大的精神力量"感染了很多日本年轻人和知识分子，马克思主义成为一股重要的社会思潮。④在这一时期，梅本开始研究马克思主义，1947 年发表了第一篇该领域的研究论文《人的自由的界限》，成为哲学领域主体性论争的导火索。后来，梅本又连续发表了《唯物论与人》《无的逻辑性与党派性》《唯物辩证法与无的辩证》等 10 多篇论文，一跃成为日本主体性论争的旗手。

梅本克己提出，马克思主义作为"洞察人的解放的物质条件的科学真理"⑤，一方面认为历史发展有其必然性，另一方面又以追求人的自由和解放为宗旨，那么，"人的自由的可能性背后"⑥ 的根据是什么？梅本由此发现了马克思主义存在人的"空隙"，如果马克思主义不去填补这个

① 梅本克己关于亲鸾研究的文章还有两篇：《亲鸾研究》（未定稿，写于 1929~1932 年）和《关于亲鸾》（刊发于《知与行》1947 年 8 月号）。
② 梅本克己「或る回想」、『梅本克己著作集』（第 9 卷）、三一书房、1973、512 页。
③ 梅本克己「或る回想」、『梅本克己著作集』（第 9 卷）、517 页。
④ 〔日〕小熊英二：《民主与爱国：战后日本的民族主义与公共性》，黄大慧等译，社会科学文献出版社，2020，第 154~159 页。
⑤ 梅本克己「人間的自由の限界」、『梅本克己著作集』（第 1 卷）、21 页。
⑥ 梅本克己「唯物論と人間」、『梅本克己著作集』（第 1 卷）、34 页。

"空隙"的话，就会有其他理论（比如新康德主义）去填补，从而不断产生对马克思主义的修正或者把唯物论从马克思主义中分离出去。① 因此，梅本提出，以"无的哲学"为媒介，把主体性补充进马克思主义的唯物史观，从而形成了"主体唯物论"。梅本的这一观点受到以松村一人为代表的"正统派"马克思主义者的激烈批判，之后梅本与松村展开了多次论战，越来越多的知识分子也加入了这场主体性论争。这时的梅本已经加入了日本共产党，不仅积极参加学校和地方组织的各类活动，甚至公开了自己的日本共产党党员身份，这导致他在 1950 年美国占领军的"清共"运动中失去教职。主体性论争结束后，梅本更加专心深入研究马克思主义，研究主题转移到组织论和其他实践领域，对主体性问题展开了新的理论探索。

1954 年梅本克己被立命馆大学聘为教授，不久因病辞职休养，直到 1959 年出院后才陆续发表了一系列马克思主义研究著作，同丸山真男、宇野弘藏等人多次展开辩论对话，重新整理和反省之前的主体性理论，希望找到连接不同社会科学领域的结合点，以从对象性上把握主体性问题，重新建构"主体唯物论"。② 1974 年 1 月，62 岁的梅本在茨城县水户市去世，葬于小田原市大乘寺。

梅本克己为日本学界留下了大量宝贵的著述，主要有《唯物史观与道德》（1949 年）、《过渡期的意识》（1959 年）、《唯物论与主体性》（1961 年）、《现代思想入门》（1963 年）、《马克思主义里的思想与科学》（1964 年）、《革命的思想及其实践》（1966 年）、《唯物史观与现代》（1967 年）、《马克思主义中的人的问题》（1969 年）、《唯物论入门》（1969 年）、《唯物史观与经济学》（1971 年）等。1977 年，《梅本克己著作集》10 卷本出版，基本收录了梅本的全部著述，忠实反映了梅本哲学的全貌，是日本战后 30 年浓缩的思想史。

纵观梅本克己的一生，对马克思主义中的主体性以及人的自由等问题

---

① 梅本克己「唯物論と人間」、『梅本克己著作集』（第 1 卷）、34-35 頁。
② 田辺典信「解説」、『梅本克己著作集』（第 2 卷）、478 頁。

的思考贯穿了他的学术生涯。梅本不是只坐在书斋里抽象谈论主体性的学者，而是一位敢于把理论付诸实践的行动派哲学家。星野高史称赞梅本是一位马克思主义实践者，是真正的马克思主义思想家，梅本关于唯物论中人的自由问题的探讨，是其主体性理论的普遍性品格之所在。[①] 来栖宗孝把梅本克己比喻为现代哲学中的河上肇，是"密涅瓦的猫头鹰"。[②] 竹内良知则认为，梅本克己是战后日本为数不多的思想家之一，在哲学领域中提出了主体性的根本问题，即人的主体的自由问题，具有重要的思想史意义。[③]

梅本克己的主体性理论不仅引发了日本马克思主义内部的论争，也在非马克思主义的日本知识分子中掀起热烈讨论，极大地促进了日本战后民主主义社会思潮的发展。战后日本知识分子面临的问题不仅是战争责任问题，还包括如何重建日本社会、日本要往什么方向发展等一系列问题。这些问题的主要思想基础是马克思主义与近代主义，而梅本的主体性理论就处于马克思主义与近代主义[④]的思想谱系内，在一定程度上影响了日本战后的社会重建。围绕梅本的主体性理论，大致可以划分为几个思想阵营：①高桑纯夫、真下信一等人同梅本一样，主张"主体唯物论"；②甘粕石介、小松摄郎等人与松村一人一样，站在"正统派"马克思主义的立场，批评梅本的主体性理论为哲学上的修正主义；③非马克思主义者清水几太郎、宫城音弥主张主体性概念的对象化，并从科学主义的立场赋予这一概念科学的基础；④丸山真男、大冢久雄承认梅本提出主体性概念的积极意义，从自身的方法论和世界观重新解释主体性；⑤近代文学派的平野谦、荒正人、本多秋五等作家和评论家肯定个人主义与实感，围绕文学主体性

---

① 星野高史「梅本主体性論の今日的意義」、『現代の理論』1976 年第 3 号。
② 来栖宗孝「梅本克己との対話—マルクス主義への精進—」、『変革のアソシエ』第 20 号、2015 年 4 月。
③ 竹内良知「人間の主体的自由を追求—」、『朝日ジャーナル』1977 年 7 月 1 日。
④ "主体性论"是日本共产党对重视人的内心精神改革思想的总称。大冢久雄、丸山真男的著作，《近代文学》以及由此形成的"近代文学派"的论调，以及试图将存在主义哲学导入马克思主义的哲学家梅本克己的观点等，被统称为"主体性论"。这些思想各有千秋，但都含有重新评价"近代"的论调，因而也被称为"近代主义"。参见〔日〕小熊英二《民主与爱国：战后日本的民族主义与公共性》，第 187 页。

展开论述。

　　可以说，梅本克己的主体性理论为战后日本各领域知识分子提供了开放性的意见交换空间，通过重新探讨如何实现"个体的解放"、"近代自我的确立"和"形成推动民主革命的主体"等问题，开启了马克思主义哲学与日本哲学之间具有生产性和学术性的对话，是日本学界研究解决日本社会现实问题的实践性方案，具有重要的历史意义和时代价值。第一，战后的日本不仅面临"超国家主义"体制的解体，也面临明治维新以来日本传统价值体系的崩溃，梅本的主体性理论及其围绕主体性的论争要求确立民主主义革命的主体，重新思考个体的存在价值，这有助于人们摆脱战后虚无主义的精神状态，重新塑造日本国民的主体意识。第二，在日本战后民主话语中，"主体性"指拥有责任意识且不附庸权威的精神，"天皇制"是权威的代名词，战争责任问题意味着唤起责任意识。战后日本思想界主张确立"主体性"和废除"天皇制"，同时还要求追究战争责任。事实上，这三种主张是一体的。① 梅本的主体性理论站在民主主义革命的立场，从马克思主义的视角出发为人们指明了战后日本社会建设的方向，通过反思战争责任，为清除军国主义流毒和绝对主义的天皇制，建立自由、民主与和平的现代社会提供了哲学基础。第三，马克思主义在日本战后初期具有很大的影响力，但是当时日本共产党受苏联影响，"正统派"马克思主义带有浓厚的教条主义色彩，基本上遵循斯大林的辩证唯物主义和历史唯物主义。梅本的主体性理论把人的主体性作为普遍性问题提出来，打破了日本共产党僵化的马克思主义解释，从哲学上深化了人的价值、人的自由等问题研究，构建了富有东方哲学特色的思想体系，是推进马克思主义本土化、时代化的一次有益尝试。

　　主体性问题一直是西方哲学研究的重点内容，主体性理论在马克思主义思想发展历程中也占据着重要的位置，成为理解马克思主义唯物史观的

---

① 〔日〕小熊英二：《民主与爱国：战后日本的民族主义与公共性》，第 92 页。

重要线索之一。[①] 20 世纪 80、90 年代，中国的主体性观念变革发轫于人道主义与异化问题的争论，极大地推动了中国马克思主义研究的发展。但在现当代哲学中，对于主体性的批判、反思与解构之声不绝于耳，"主体性的终结""主体性的黄昏"等成为颇有影响的理论话语。因此，在日本特殊语境中研究梅本克己哲学思想的意义在于，它不仅可以为我们重新阐释主体性理论提供新的视角和方向，还可以丰富中国学界的马克思主义研究路径，对于我们推进马克思主义中国化具有重要的启发和借鉴价值。

二　梅本克己主体性理论的研究概况

笔者梳理归纳了日本、中国和其他国家学者关于梅本克己主体性理论研究的成果，从不同维度对梅本的哲学思想予以把握和理解，以期对将来的中国马克思主义研究有所启示。

（一）日本的研究概况

日本学界形成了较为丰富的梅本克己主体性理论研究成果。日本学者通过解读梅本不同时期的论著，梳理其思想发展轨迹，比较其思想在不同阶段的变化特征，展现出梅本主体性理论研究的多元视角。日本学界研究梅本克己主体性理论的重点主要包括以下几个方面。

1. 梅本克己主体性理论的阶段研究

田边典信认为，梅本克己终生的哲学主题是马克思主义中的人的问题，以 1960 年"安保斗争"为界限，将梅本克己的理论活动划分为两个时期。第一个时期是从观念论转向唯物论的"过渡期的意识"时期。日本战败后，梅本在哲学领域首次提出主体性理论，致力于探讨历史中个人存在的意义之类的"伦理的主体性"问题。第二个时期的理论活动主题更加多元、丰富，比如同宇野弘藏讨论经济学、与丸山真男讨论政治学等，但是始终离不开探讨作为变革主体的人的问题，试图构建"人

---

① 　杨南龙：《马克思主体性思想演变的历史逻辑》，《北方论丛》2022 年第 2 期。

之伦理学"。①

　　伊藤一美则更为细致地把梅本的主体性理论研究划分为四个阶段，即序章时期（1946~1947 年）、问题提出时期（1948 年 1 月至 1948 年 4 月）、以"正统派"马克思主义的批判为媒介整理论点时期（1948 年 5 月至 1948 年 9 月）以及梅本论点展开时期（1948 年 10 月至 1948 年 12 月），分别对应梅本不同时期的文本。伊藤一美还讨论了梅本想要解决的问题，即马克思主义被称为科学，强调历史的必然性，那么，在历史中个人或自由被赋予什么位置？梅本试图展开"主体唯物论"来解决这个问题，但是最终失败了，原因在于他没有把历史和个人结合在一起，在其所思考的历史中，个人被排除了，个人只是游离于历史之外的先天的个人。②

　　饭田桃以 20 世纪思想史的总体考察为背景，描述了日本昭和思想中的"主体"内容，紧扣梅本的个人成长史和时代风云，从梅本主体性理论的学问谱系、战后主体性论争的初衷、"正统派"马克思主义的"空隙"与战后主体性论、劳动者主体问题、梅本与宇野的主体性论争五个时期，比较完整地呈现了梅本主体性理论的发展过程及其全貌。③

　　2. 梅本克己主体性理论的具体研究

　　竹内成明论述了梅本主体性理论中所提出的全体与个体的背反关系。梅本根据历史转换期把全体划分为"新的全体性"与"旧的全体性"，个体同"旧的全体性"相背反。换言之，个体与"旧的全体性"（资本主义社会）不相容，通过无产阶级的同化进而达到本身自觉、投入"新的全体性"（社会主义社会）。竹内认为，梅本重新阐释了西田几多郎"绝对矛盾自我同一"的逻辑，改变了个体与"旧的全体性"的背反，形成了个体与"新的全体性"的相容，实现了从存在主体到历史主体的转换过程。梅本的目的在于使自己与世界对象化，把认识的科学主体与源于价值

---

① 田辺典信「マルクス主義と人間―梅本克己さんの思想―」、『現代の理論』第 11 号、1974 年 3 月。

② 伊藤一美「梅本主体性論の検討」、『幾徳工業大学研究報告 A　人文社会科学編』第 2 巻、1978 年 3 月。

③ いいだもも『21 世紀の「いま・ここ」―梅本克己の生涯と思想的遺産―』、こぶし書房、2003。

认知的存在主体辩证地统一起来，但是 1956 年发生苏共二十大批判斯大林事件后，重新出现了存在主体与科学主体的裂缝，梅本不得不重建马克思主义的唯物观。①

田边典信把梅本克己哲学命名为"梅本人道主义"，认为历史中人的自由和主体的根据是梅本思想的原点和主体性理论展开的出发点，梅本的"主体"概念是伦理意义上的，"唯物论中伦理的主体性"自身也包含根本性的矛盾，主体性以自由意志论为前提，但是马克思主义的唯物史观拒绝任何观念论的立场，因此，"梅本人道主义"最终没有克服自由意志缺陷，也没有真正站在唯物论的立场上。②

永野基纲把文学领域的主体性论争和战后对西田几多郎、田边元哲学的批判问题作为阐述梅本克己主体性理论的前提，详细分析了梅本第一篇论文《人的自由的界限》到第十篇论文《唯物论与自觉的问题》中的主要观点，指出：梅本主体性理论虽然含有"唯物论的客观主义的倾向"，但是作为战后思想史的出发点，在日本思想史上占有一席之地，可以说是"先驱问题的提出者"。③

小林敏明介绍称，梅本克己主体性理论是对当时占支配地位的"反映论"和"模范说"的挑战，提出了马克思主义哲学中人的自由及其背后的可能性问题，主张把个人的创造自由因素，即人的"主体性"置于历史的动力中来理解，自由的背后的根据就是作为"理性自身的绝对否定"的"无"，这种带有宗教色彩的结论正是来源于"京都学派"哲学。小林认为，对于梅本来说，个体和全体的分裂是人的宿命的规定，在历史的转换期，这个分裂以阶级对立的形式变得更加尖锐，为了寻求新的统一，要求个体根除利己心，不求回报地献身于阶级的解放，最后实现个体的复活。在这里，梅本的"向全体性的献身"不知不觉成了日本马克思

---

① 竹内成明「梅本克己論—『全体に背反する個』をめぐって—」、『日本の将来』1971 年 5 月号。

② 田辺典信「梅本克己論—倫理的主体性の問題を中心に—」、『現代の理論』第 9 号、1972 年 3 月。

③ 永野基綱「戦後主体性論ノート—三木清論・補論の五—」、『山梨県立女子短期大学紀要』第 16 巻、1983 年 3 月。

主义同宗教的连接点。①

3. 把梅本克己置于战后主体性论争中进行考察

市川浩提出梅本克己是从主体性的角度来把握历史中"人的目的"和"个人的生存"之间的内在关系，探究了规定人的终极价值及其根据是什么的问题。经历过主体性论争阶段后，梅本剔除了"主体性""必然性""偶然性"等用语的模糊性，明确了"主体性"概念在自然科学和人文科学之间的不同含义，厘清了认识论、存在论、伦理学等领域中主体性的同一性和差别性及其本质关系，但是梅本的"个体""全体""自我否定的献身"等用语还停留在比较抽象的层面，需要进一步明确其具体内容。②

古田光介绍了日本战后主体性论争的背景与意义，回顾了文学领域"近代文学派"和日本共产党系无产阶级作家"新日本文学会"之间围绕"文学与政治"的论争，详细分析了梅本克己与松村一人之间关于马克思主义的唯物史观是否存在"空隙"的论争。古田光指出，梅本克己从主体自觉的视角来批判当时日本共产党僵化的马克思主义解释，松村一人则认为所谓的"空隙"是梅本哲学自身的"空隙"，严厉批判了梅本的小资产阶级的立场。古田光还论述了主体性论争的展开情况，包括清水几太郎和宫城音弥站在科学主义的立场批判主体性论，以及武谷三男的技术论、梯明秀的物质主体性论、赤岩荣的宗教主体性论，强调主体性论争扎根于日本战后的社会现实，具有强烈的现实性和实践性。③

北村实指出，"近代文学派"的主体性论与哲学领域的主体性论虽然不直接相关，但有共同的问题意识，就是自觉地把实现知识分子的自我确立和自我决定作为时代课题。梅本克己的主体性理论鲜明地体现了哲学领域主体性论争的伦理主义特征，区别于文学领域主体性论争的个人主义的

---

① 小林敏明『〈主体〉のゆくえ—日本近代思想史への一視角—』、講談社、2010。
② 市川浩・宮美川透・中村二雄・古田光編『近代日本思想論争』、青木書店、1963。
③ 参见古田光「主体性論争 上」、『現代と思想』第 13 号、1973 年 9 月；古田光「主体性論争 中」、『現代と思想』第 14 号、1973 年 12 月；古田光「主体性論争 下」、『現代と思想』第 15 号、1974 年 3 月。

显著倾向。梅本受西田、田边哲学的影响接近马克思主义，把主体性称为"存在的支柱"，追求与"科学的真理"不相容的"无"，提倡"主体地把握"马克思主义的唯物史观。①

岩佐茂阐述了参与主体性论争学者的代表观点，认为松村一人和小松摄郎分别站在阶级立场和存在主义立场上指出梅本哲学是"伦理主义的修正主义"，高桑纯夫从"社会主体"与个人主体的相互关系补充来支持梅本的观点，甘粕石介、山田坂仁从科学主义的立场批判梅本的观点，真下信一、船山信一和武市健人提出"主体地把握唯物论"的方向、批判对唯物论的客观主义的阐释，田中吉六提出"主体唯物论"思想与梅本主体性理论形成呼应，梯明秀从自然史思想和实践直观的立场出发重新阐释"物质的主体"思想，黑田宽一继承梯明秀的"主体即客观的辩证法"理论形成了自己的主体性思想，这些讨论最终使主体性论争朝着不同方向发展深化。②

平子友长认为主体性论争在日本马克思主义思想发展中占据着特殊的位置，不仅涉及各领域知识分子，还形成了日本马克思主义哲学内部"主体唯物论"派和"正统派"马克思主义的对立。梅本作为"主体唯物论"一方，以"马克思式实践"的立场把人类道德人格的可能性问题作为自身思考这个课题的依据，其思考的特殊性在于用"无的哲学"来填补内藏于马克思主义理论的"空隙"的论点，开启了马克思主义与"京都学派"哲学对话的可能性。主体性论争在战后日本民主化过程中，面对"推动民主主义革命的主体如何形成"等极具实践性的问题，通过梅本等人质疑知识分子的自立性和伦理自由的根据，让其问题不再局限于历史中人的主体性，从而提升到普遍性的高度。③

---

① 北村実「主体性論争の回顧」、『社会科学討究』1983 年第 2 号。
② 参见岩佐茂「主体性論争の批判的検討」、『一橋大学研究年報　人文科学研究』第 28 巻、1990 年 1 月；岩佐茂「主体性論争で問われたこと」、岩佐茂・島崎隆・渡辺憲正・東京唯物論研究会編著『戦後マルクス主義の思想—論争史と現代的意義—』、社会評論社、2013。
③ 平子友長「日本におけるマルクス主義受容の特殊性と主体性論争の意义」、『日本の哲学　特集：ドイツ哲学と日本の哲学』第 16 巻、2015 年 12 月。

4. 梅本克己同其他人主体性思想的比较研究

田中理史分析比较了丸山真男、梅本克己和荒正人的"民主主体性"概念话语。丸山真男认为日本战后的民主课题是构建能承担民主国家建设、具有自由独立精神的主体人格，"正统派"马克思主义因始终囿于分析意识形态斗争而无力解决这一课题。丸山提出，为了重建战后新规范，每个人必须形成依照现实情况行使价值判断的"自我决定"的意识。梅本则把构建统一的世界观作为战后民主的课题，而这一世界观是革命主体的基础。梅本批判了"正统派"马克思主义基于反映论式的科学主义而轻视这一主体维度，指出具有"自我否定"意识的个人是构建民主主体性的条件。对于荒正人来说，战后日本民主主义的课题是克服日本传统社会的"纵向联系"，最终使"横向联系"扎根于日本社会。"横向联系"是指以个人主义为出发点的新人道主义，这是根据"自我肯定"的意识、通过"追求幸福的意志"而形成的。[①]

町口哲生把梅本克己定位为自由主义知识分子，认为梅本始终思考的是人的自由可能性的问题。田中吉六则从"实践主体"的角度出发，批判梅本没有认真研究《1844年经济学哲学手稿》就轻率得出马克思主义存在"空隙"的结论，一方面表现为梅本对马克思主义研究方法和文献的轻视，另一方面表现出梅本的逻辑没有完全摆脱田边哲学的影响。田中吉六认为，所谓的主体性是"劳动者的主体性"，是"受苦的主体性"，这源于资本主义社会强制的劳动，自然和人之间的物质代谢陷入了异化状态，为了恢复人的本质，必须采取变革的态度。梅本克己和田中吉六的共同之处在于都反对日益教条化的"正统派"马克思主义，把人的解放作为新的实践理论。[②]

山田秀敏讨论了三木清与梅本克己主体性思想的差异。这里的"主体性"不是指同西方列强国家相对立的主体性，也不是指相对于西方哲

---

① 田中理史「戦後思想における『主体性論』の再考―『民主的主体性』の概念を理解する―」、『総合政策研究』2009年3月号。

② 町口哲生「戦後主体性論争を読む―梅本克己と田中吉六の間で―」、『近畿大学国際人文科学研究所紀要』2013年第6号。

学的日本思想的主体性，而是指相对于社会的个人的主体性。三木清在《人学的马克思主义形态》中建构了"基础经验""人类学""意识形态"三重结构，其主体性是指每个人从自己日常生活中的"无产者的基础经验"出发，产生了人本主义观点，形成了向马克思主义的意识形态收敛的主体，这样的主体不仅具有私人性，还具有社会性和历史性。而梅本的主体实质上指本真意义上的自我，包含了"背反"和"献身"的特点，是个体与全体的矛盾的统一，实质上是马克思主义与人本主义或者存在主义的统一。在三木清的问题域中，人本主义优先于马克思主义；而在梅本那里，人本主义则是优先于马克思主义的"存在的支柱"。与此同时，三木清和梅本都认为，主体性具有追求人的自由的积极意义，高度评价了马克思主义作为时代哲学的意义，同时也隐含了把某种主体作为马克思主义"真理"代言人的可能性。①

（二）其他国家的研究概况

其他国家关于梅本克己哲学的研究成果比较少，一般是研究日本思想史的学者在讨论日本马克思主义发展史或者战后日本思想史时会涉及梅本克己哲学思想，但具体展开论述的不多。韩国学者崔相龙介绍了梅本克己《人的自由的界限》和《唯物论与人》的观点，认为梅本试图摆脱和超越西田哲学和存在主义的影响，以向马克思主义过渡的体验为基础，直观地把握主体自由的本质。② 美国学者维克托·科希曼认为，梅本想要从主体之外来寻求主体的意义，从而使其从根底里包含了丧失主体性本身的危险。梅本从超历史的视角出发来批判现存社会或者行动，其困难之处在于如何把超历史的立场同唯物史观连接起来。③ 维克托·科希曼还探讨了日本战后民主主义革命同日本主体性论争之间的关系，指出日本战后知识分子认为要完成日本民主主义革命，必须确立起能够承担这一使命的行为主

---

① 山田秀敏「主体あるいは主体性について—三木清と梅本克己の場合—」、『中京学院大学研究紀要』第 22 号、2015 年 3 月。

② 〔韩〕崔相龙：《战后日本关于主体性的论战》，《国外社会科学》1991 年第 7 期。

③ J. Victor Koschmann, *Revolution and Subjectivity in Postwar Japan*, Chicago, I. L.：University of Chicago Press, 1996.

体。梅本从唯物史观的视角分析了社会结构同行为主体之间的关系，并把具有决断能力的行为主体还原为个人，主张个人只有通过"自我否定"才能成为真正的主体，从而实现"个体和全体的绝对的统一"。① 美国学者慕唯仁围绕梅本关于亲鸾的讨论及其道德论与自由论，重新阐述了其历史性内容，认为梅本的道德论是以克服资本主义的缺陷为理论基础展开的，需要进一步追问梅本的观点如何才能同资本主义的逻辑衔接起来。慕唯仁通过分析梅本关于亲鸾的论文、和辻哲郎对梅本的影响、"京都学派"学者西田几多郎与田边元的著作，从两个侧面来论述梅本的异化观念，一个是普遍的人的异化，另一个是国家的异化，前者是从研究亲鸾思想发展而来，后者则源于马克思主义，梅本最终的目的在于用前者来补充后者。② 加拿大学者加文·沃克在回顾日本马克思主义的发展历程时提到了日本的主体性论争，认为梅本试图探索一种基于异化理论的主体性哲学，对资本进行"主体地把握"，从而赋予"人类劳动"中心地位。③

（三）中国的研究概况

日本作为西学传入东亚的第一站，明治维新后以极大的热情翻译研究马克思主义著作，在接受转化马克思主义的思想成果方面取得了较大成绩。19 世纪末 20 世纪初，一批中国留日学生开始大量翻译传播马克思主义的日译本和日本学者的著作，马克思主义通过日本传到中国，直接或间接地影响了中国马克思主义的建构、发展乃至中国共产党的成立，中国对日本马克思主义的初步了解始于这一时期。但从抗日战争、新中国成立到改革开放前，日本马克思主义在中国的传播和研究几乎处于停滞状态。20世纪 80 年代起，中国的马克思主义研究开始呈现出欣欣向荣的景象，国内学界对日本马克思主义的研究也从被动接受转向主动分析，特别是伴随

---

① ヴィクター・コシュマン「民主主義革命と主体性―戦後主体性論争を中心として―」、『思想』第 870 号、1996 年 12 月。

② ムーティー・ヴィレーン「疎外された歴史と道徳の問題―梅本克己の自由論をめぐって―」、『思想史研究』第 13 号、2011 年 3 月。

③ 〔加〕加文・沃克：《批判性综述：马克思主义理论在日本》，《国外社会科学前沿》2021 年第 6 期。

中日之间的学术交流增多，研究日本哲学的王守华、卞崇道等学者在论述日本哲学史时介绍了梅本克己及其主体性思想，把他作为从马克思主义立场批判西田哲学的代表性人物，梅本的观点当时被日本"正统派"马克思主义视为修正主义。① 进入 21 世纪，一批马克思主义学者认识到日本马克思主义的理论价值，开始介绍日本马克思主义，初步形成了日本马克思主义的"整体像"，提出了"日本马克思主义"的概念，产生了一批高质量的翻译和研究成果。

目前中国国内关于日本马克思主义的研究，内容多数集中在广松涉哲学和日本"市民社会派"马克思主义，对于日本其他著名的马克思主义学者比如梯明秀、梅本克己、船山信一、黑田宽一等关注度不高，研究较少。卞崇道介绍了梅本克己的"主体唯物论"思想，论述了梅本从人类解放与自由的相互关系出发提出主体的自由问题，并从与历史唯物主义的逻辑结构的联系上解决主体性的伦理问题。② 他还指出主体性理论是贯穿梅本哲学生涯的一条线，初步把梅本的主体性理论划分为三个时期，重点考察了第一个时期即梅本从 1946 年到 1949 年主体性论战时期的思想轨迹，论述了梅本从主体上把握以往唯物论中"欠缺"人的存在问题，想要从唯物论的立场上确立实践主体的人的内在问题。③ 宋振美则提出，梅本以伦理问题为出发点，阐释了历史中人的自由问题，马克思主义虽然在实践上重视主体，但是在理论上把主体悬置起来，使马克思主义出现了"空隙"。④ 韩立新主编的《当代学者视野中的马克思主义哲学：日本学者卷》一书中翻译收录了梅本的《马克思主义中的人的问题》中两个章节，介绍了梅本视域中黑格尔的劳动概念和马克思的劳动概念的区别与联系，以及共产主义和人的关系问题。⑤ 谭仁岸指出，梅本认为传统马克思主义

---

① 卞崇道：《战后日本哲学研究概况》，《外国问题研究》1985 年第 1 期。另外，张萍在《战后日本资产阶级哲学的西化潮流》（《延边大学学报》1982 年第 S1 期）一文中也提到了梅本克己是受萨特的存在主义影响较深的哲学家。

② 卞崇道：《主体唯物主义——日本学者马克思主义哲学体系探讨之一》，《哲学动态》1988 年第 7 期。

③ 卞崇道主编《战后日本哲学思想概论》，中央编译出版社，1995。

④ 宋振美：《二战后日本马克思主义哲学研究探析》，《南昌教育学院学报》2013 年第 3 期。

⑤ 韩立新主编《当代学者视野中的马克思主义哲学：日本学者卷》，北京师范大学出版社，2014。

存在忽视人类主体性的"空隙"，因此不断受到各种观念论的"修正"与"填补"，必须从马克思主义的立场恢复人的主体性地位，从而填补这一"空隙"。①

三　梅本克己主体性理论的研究展望

日本学界关于梅本克己主体性理论的研究取得了不少成果，由于其本土文化优势，研究时间起步较早，呈现出内容丰富广泛、视角多元化的特点，主要集中于梅本主体性理论的阶段研究、具体内容研究、从主体性论争的思想谱系中把握梅本哲学以及梅本同其他思想家的比较研究。需要注意的是，日本学界对梅本晚期哲学著作的探讨相对较少，特别是围绕梅本与宇野弘藏的对话的研究不够；在梅本对费尔巴哈和黑格尔的独到研究方面的分析也较为不足；梅本主体性理论的思想源流仍然值得进一步探究。日本之外的其他国家学者研究梅本哲学也比较深入，视野相对开阔，特别是从日本思想史的历史逻辑中追根溯源，注重结合现实分析，值得中国学者进一步交流讨论。

通过与国外学界关于梅本克己哲学的研究成果进行对比审视，可以发现中国学界关于梅本哲学研究存在以下几点不足。第一，研究时间始于20 世纪 90 年代，起步时间相对较晚；研究内容多停留于梅本哲学的简单介绍，且一般介绍日本战后主体性论争内容时才有所涉及，视角不够全面，深度有待加强。第二，梅本的重要著作尚未翻译成中文，引进还不完整，包括《唯物论与主体性》《马克思主义中的人的问题》《社会科学与辩证法》等代表性著作至今仍无中文译本，基本学术研究无从谈起。第三，对国外学界的研究成果关注较少，未能及时跟进，利用国外现有成果方面明显不足，重要研究专著尚未实现译介，还有很大待挖掘的学术空间。

综上所述，今后中国学界研究梅本克己主体性理论的方向，具体可以

---

① 谭仁岸：《日本思想研究关键词：近代主义》，《日语学习与研究》2021 年第 6 期。

有以下几点。

第一，从当代国际视角来看，梅本克己哲学产生于日本二战后到 20 世纪 60、70 年代，虽然其时代环境与现代社会存在一定差距，但是正如田边典信所言，梅本克己的思想之所以在日本有持续的影响力，原因在于梅本尝试解决的问题——历史中人的自由的可能性——在任何时代都具有普遍性。① 研究梅本哲学可以结合现代性困境、贫富差距、生态环境、当代资本主义最新发展以及全球性问题等视角进行现代诠释，形成国际化学术视野，重新探讨梅本的主体性理论及思考问题方式，赋予梅本哲学新的时代内涵。

第二，从文本文献学视角来看，虽然日本在二战前就翻译出版了很多马克思、恩格斯的经典著作，比如 1924 年《资本论》10 册翻译成日文出版，1927 年《德意志意识形态》的"费尔巴哈"章出版，1932 年《1844年经济学哲学手稿》出版，1932 年日本改造社出版了世界上最早的 35 卷本《马克思恩格斯全集》等②，但是这些早期文献存在一些翻译缺陷，在一定程度上影响了梅本对马克思主义思想的解读。随着《马克思恩格斯全集》历史考证版第二版（MEGA²）的出版及其相关文献学研究成果发表，今后可以对梅本哲学进行更为鞭辟入里的文本解读，进一步打开学术讨论空间，更加客观全面地评价梅本克己主体性理论的特色与局限，推进梅本哲学研究的突破与创新。

第三，从日本与西方的比较视角来看，梅本克己主体性理论是日本哲学与马克思主义相结合的产物，梳理其思想脉络可以发现，梅本思想中包含了日本宗教、"京都学派"哲学、马克思主义、存在主义哲学等东西方因素，具有较强的伦理主义和人本主义色彩。正如武井邦夫所指出的，梅本继承了康德哲学中自律的道德论传统，围绕对政治逻辑中个体的尊重，不是作为资产阶级社会的价值观而加以否定，而是当作人类普遍的价值来发展，坚信这关系到社会主义的未来。③ 然而，国内外学者在把梅本同西

---

① 田边典信「マルクス主義と人間—梅本克己さんの思想—」、『現代の理論』第 11 号、1974年 3 月。

② 韩立新：《"日本马克思主义"：一个新的学术范畴》，《学术月刊》2009 年第 9 期。

③ 武井邦夫「梅本哲学的遺産」、『回想梅本克己—克己会十周年記念文集—』、こぶし書房、2001、45—50 頁。

方思想家如康德、卢卡奇、萨特、海德格尔等进行比较研究方面的成果较
为缺乏，未来可以通过加强这方面的比较研究，形成新的学术生长点，从
东西方思想交汇中把握理解梅本的主体性理论。

　　总而言之，梅本克己作为日本战后主体性理论的哲学家，终其一生致
力于研究主体性问题，代表了日本战后主体性理论的高峰。梅本立足于日
本战后的社会现实，横跨经济学、伦理学、政治学等多个学科领域，广泛
吸收东西方的思想资源，构建了独具特色、带有人本主义色彩的主体性理
论，体现了日本马克思主义研究中"综合性"和"时代感觉"① 的鲜明特
色。正如武井邦夫所说，梅本哲学的魅力在于：一是从宗教论和伦理学开
始到国家论和经济学的跨学科研究带来的整体感和远景透视感，即人文科
学和社会科学的系统生成史就是梅本的个人成长史；二是梅本总是在恰当
时间先行研究时代问题，由此其个人史同时代精神史高度重合。② 当然，
不可否认梅本的主体性理论也具有历史制约性，比如忽视主客关系辩证的
分析，缺乏对主体、主体性概念的界定，继承了日本马克思主义阵营轻视
关于世界史现实动态研究的传统缺陷，也缺乏对革命党纲领问题的反思
等。③ 因此，解读阐释梅本克己的主体性思想，不仅可以填补以往中国学
界关于日本马克思主义哲学研究中的薄弱环节，还有助于丰富马克思主义
研究方法和研究体系，为我们不断推进马克思主义中国化提供丰富的理论
资源和重要的参考。

（审校：叶琳）

---

① 韩立新：《"日本马克思主义"：一个新的学术范畴》，《学术月刊》2009 年第 9 期。
② 武井邦夫『梅本克己論—辺境における主体性の論理—』、第三文明社、1977。
③ 星野高史「梅本主体性論の今日的意義」、『現代の理論』第 13 号、1976 年 3 月。

Table of Contents & Abstracts

· **Political and Diplomatic History** ·

An Exploration of the Political Development Process of Ancient Japan in the Discourse of East Asian History

Cai Fenglin / 1

Abstract: Before the 7th century, Japan's political development was deeply influenced by China's historical movement, which was embodied in the relationship between the Zhou and Qin Dynasties of China and the formation of the embryonic form of Japan, the relationship between the Han and Wei dynasties of China and the formation of the imperial power in ancient Japan, the relationship between the Northern and Southern Dynasties of China and the formation of the Yamato Dynasty of Japan, and the relationship between the Sui and Tang dynasties of China and the construction of Japan's legal system. In these historical stages, China played a supporting and structural role in the formation, development and political operation of the ancient country and traditional culture of Japan in terms of politics, economy and culture.

Keywords: China; Ancient Japanese Politics; Kingship; Yamato Dynasty; System of Law and Decrees

The National Strategic Evolution of Japan's Participation in the World War of Hegemony in History

Liu Jiangyong / 37

Abstract：This paper is a research on the history of Japanese national strategy. Japan's participation in the World War of Hegemony can be traced back to the end of the Sengoku Period in the 16th century. Historically, Japan's domestic politics were closely related to the international situation. Japan has been an active participant in all the world wars. In the world war for hegemony, Japan has a habit of forming alliances with the strong countriesand also launching preemptive attacks against the strong countries. Most of the time wages war are when the other side's internal troubles and external troubles are concurrent, which has strong adventure and abruptness. Asian neighbors such as China are often the first to suffer. From the perspectives of the history of international relations, the history of Japanese politics and the history of foreign policy thoughts, this paper discusses the change of Japan's national strategy during the world war of hegemony in modern times, in order to clearly understand the new period of Japan's national strategy and to provide an adjustment perspective and reference.

Keywords：Japan's National Strategy; Great Changes of World; World Hegemonic War

The Negotiation and Coping Strategy of Japanese Government for the "Pauley Midterm Reparation Plan" of the United States

Li Zhen / 74

Abstract：When the United States formulated the "Pauley Plan" on Japan's war reparation in the early postwar period, the Japanese government negotiated with the "Pauley mission", the U. S. representatives of the Far Eastern Commission and the General Headquarters respectively. By researching those negotiations' contents and processes chronologically to explore the subject of how the Japanese government dealt with the "Pauley Plan". After the text analysis, we could see that when the Japanese government figured out that the various institutions of the U. S. had different attitudes to the problem of reparation, it changed its coping strategy from struggling with the specific reparation amount to the policy that was to make the reparation plan in its way but still under the U. S. policy framework. This process reflected the shift of the Japanese government from waiting passively, to taking advantage of the "loopholes" in the United States' internal policy disunity to formulate favorable solutions.

Keywords: Japanese War Reparation; Pauley Plan; The U. S. Occupation of Japan; Us-Japan Negotiation

· Social and Cultural History ·

Miko and Kingship

—The Mythistory of Empress Jingū's Conquering Shin-ra

Tang Hui / 93

Abstract: Empress Jingū, the first female emperor in Japanese Mythistory is a character between reality and fiction. *Kojiki* and *Nihonshoki* are both recorded that she went through the sea to conquer Shin‑ra in accordance with the "oracles". In modern times, there was a wave of suspicion about ancient times in Japan, and the queen and her magic skills were questioned. The paper argues that the setting of the character has a certain historical prototype and the saying that Miko is in power and gods grant kingship is a product of the unity of politics and religion. The core idea of her mythology is the worship of the sun goddess which is represented by "Jade" and "soul". Combining the background of creation, the story of Empress Jingū reflects the intention of the ruler headed by the female emperor Genmei and Gensho in the early eighth century to consolidate their regime through the precedent of female dominance.

Keywords: Empress Jingū; Miko; The Kingship from Oracles; The Spirit of Jade; The Worship about Sun-goddess

Review, Annotate, Select: The Acceptance of Song Dynasty Prose Theory in Japan

Jin Xiaoyue / 115

Abstract: With the popularization of Neo-Confucianism in the Song dynasty and the promotion of the status of proses in the Tang and the Song Dynasties, prose theory of Song Dynasty was actively accepted at the late of the Edo period and Meiji period. During these periods, literary reviews of Japan praised proses in Song Dynasty, absorbed the literary ideas of the Song Dynasty, and even directly quoted the treatises of the essayists of the Song Dynasty. Japanese scholars also reviewed, supplemented and imitated the selected works of ancient proses compiled by the Song Dynasty, mainly *Wen Zhang Gui Fan*（文章轨范）. And draw lessons from Song people's way of reading and editing ancient proses as well as circle marks and critical terms. The acceptance of Song dynasty textology in the late of the Edo period and Meiji period era was a reaction to the mid-Edo period's ancient rhetoric school, which emphasized rhetoric over rational essays, and a return to the basic attribute of ancient literature, which was to clarify the idea about using literature to articulate tao（道）. In addition, which the official decrees and the historical background of the great reform was form a dynamic force. In this process, Japanese scholars also abandoned the disadvantages of the Song Dynasty's prose theory, and accepted the style of the Song Dynasty's proses, which were smooth and easy to write, and the spirit of the prose which was related to the indoctrination.

Keywords: Song Dynasty; The Late of Edo Period; Textology; *Wen Zhang Gui Fan*

A Sino-Japanese Comparative Study on the Localization of Feminism/ Gender Studies in the 1980s
—*Taking Li Xiaojiang and Ueno Chizuko's Theory and Practice as Clues*

Chen Chen / 143

Abstract: Rethinking the localization of feminism in the post-globalized era has historical need and significance, which is important for exploring a new expression in the new historic age and condition in the wake of globalization and establishing a localized experience with a unique national spirit and firm confidence in Chinese culture. True cultural awareness and confidence should always be based on studies of local issues and focusing on local academic issues. Inspired by this point of view, the author did comparative research about the localized practice of feminism/gender studies, respectively in China and Japan in the second half of the 20th century, with a focus on two scholars, Ueno Chizuko from Japan and Li Xiaojiang from China. This is an endeavor from the perspective of cultural relativism to make an analysis and probe about the differences and consensus between the two feminist scholars theoretically and practically in their studies on gender issues. As the recipients of Western feminist theory, China and Japan have shown profound differences in the existing Sino-Western/Japanese-American comparative researches, and these have become important discursive resources for the cross-border dialogue between China and

Japan. The paper aims to re‑examine the differences within the framework of Sino‑Japanese comparison, with an attempt to propose a new Eastern Asian perspective on the localization of feminism/gender studies.

Keywords: Gender Studies; Localization; Marxist Feminism; Ueno Chizuko; Li Xiaojiang

· **Economic History** ·

The Contents, Characteristics and Enlightenment of Japan's Supply-side Reform in the New Era

Ye Hao / 162

Abstract: The Japanese government has long pursued a supply‑side policy in favor of producers, and relevant measures played different roles in different stages of Japan's post‑war economic development. After Abe Shinzo came to power for the second time, he intensively introduced supply‑side reform measures to improve total factor productivity. The theme and policy points of this period are different from previous supply‑side reforms in history, which is a new period of supply‑side reform in Japan. In terms of concept, Japan's supply‑side reform in the new era is no longer superstitious about neo‑liberalism, no longer blindly denying the traditional Japanese style operation, and no longer believing in the idea that the government does not intervene in the economy. Instead, it focuses on the reform of the field of production factors to improve Japan's total factor productivity. In terms of content, it mainly includes four aspects: labor factor reform, technology factor reform, system factor reform, and promoting enterprise internationalization. In the new era, Japan's supply‑side reform pays more attention to technological innovation to conform to the development trend, institutional innovation to gather consensus on development, and public resources to reduce social costs. This is a positive response of the Japanese government to internal and external pressures. However, due to the persistent structural contradictions and the lack of coordination between the reform measures and the short – term demand expansion policy, the policy effect is greatly reduced.

Keywords: Japan; Supply-side Reform; Total Factor Productivity; Factor of Production Reform; Structural Contradiction

· Intellectual History ·

The Peak of Japan's Postwar Subjectivity Theory
—*A Review of Umemoto Katsumi's Philosophical Research*

Yang Nanlong / 185

Abstract: Umemoto Katsumi was a famous Marxist scholar and philosopher after World War II in Japan. Based on the specific historical situation after World War II in Japan, Umemoto crossed the fields of economics, political science, ethics and other disciplines, and combined many theoretical resources from the East and the West, such as Japanese religious thought, Kyoto School philosophy, existentialism, Marxism and so on, took the lead in raising the issue of subjectivity in the field of philosophy, which caused a famous debate on subjectivity in the history of Japanese thought, and had a far-reaching influence on the Japanese academics. It could be said that Umemoto's philosophical thought represented the peak of Japan's subjectivity theory after World War II. However, at present, domestic scholars knew very little about Umemoto's subjectivity thought, not to mention in-depth research.. By introducing the life, works and subjectivity theory of Umemoto, this paper summarized the relevant research results of Chinese, Japanese and other foreign scholars, comprehensively and systematically showed its key research issues, and provided some useful references for the further deepening of the study of Umemoto's philosophical thought.

Keywords: Umemoto Katsumi; Subjectivity; Subjectivity Debate; Subject Materialism; Japanese Marxism

《日本文论》征稿启事

为了促进日本研究学科发展，2019 年日本学刊杂志社创办学术集刊《日本文论》。《日本文论》前身为日本学刊杂志社曾办学术期刊《日本问题资料》（1982 年创刊），以"长周期日本"为研究对象，重视基础研究，通过长时段、广视域、深层次、跨学科研究，深刻透析日本，广泛涵盖社会、文化、思想、政治、经济、外交及历史、教育、文学等领域。《日本文论》以半年刊的形式，由社会科学文献出版社出版发行，2020 年度和 2021 年度被收入"CNI 名录集刊"名单，并入选中国历史研究院 2022 年度学术性集刊资助名录。期待广大海内外学界同人惠赐高水平研究成果。

一、《日本文论》将以专题形式刊发重大理论研究成果；注重刊发具有世界和区域视角、跨学科和综合性的比较研究，论证深入而富于启示意义的成果；注重刊发应用社会科学基础理论的学理性文章，特别是以问题研究为导向的创新性研究成果。

二、本刊实行双向匿名审稿制度。在向本刊提供的稿件正文中，请隐去作者姓名及其他有关作者的信息（包括"拙著"等字样）。可另页提供作者的情况，包括姓名、职称、工作单位、通信地址、邮政编码、电话、电子邮箱等。

三、本刊只接受电子投稿，投稿邮箱：rbyjjk@ 126. com。

四、论文每篇不低于 1 万字。请附 200～300 字的中文及英文摘要和 3~5 个关键词。稿件务请遵守学术规范，遵守国家有关著作、文字、标点符号和数字使用的法律及相关规定，以及《日本学刊》现行体例的要求（详见日本学刊网 http：//www. rbxk. org）。

五、切勿一稿多投。作者自发出稿件之日起 3 个月内未接到采用通知，可自行处理。

六、本刊不收版面费。来稿一经刊出即付稿酬（包括中国学术期刊电子版和日本学刊网及其他主流媒体转载、翻译部分）和样刊（1 册）。作者未收到时，请及时垂询，以便核实补寄。

图书在版编目（CIP）数据

日本文论. 2022 年. 第 2 辑：总第 8 辑 / 杨伯江主编
. --北京：社会科学文献出版社，2022.10
　ISBN 978-7-5228-0982-3

　Ⅰ.①日…　Ⅱ.①杨…　Ⅲ.①日本-研究-文集
Ⅳ.①K313.07-53

　中国版本图书馆 CIP 数据核字（2022）第 201115 号

日本文论　2022 年第 2 辑（总第 8 辑）

主　　编／杨伯江

出 版 人／王利民
组稿编辑／祝得彬
责任编辑／郭红婷
责任印制／王京美

出　　版／社会科学文献出版社 · 当代世界出版分社（010）59367004
　　　　　地址：北京市北三环中路甲 29 号院华龙大厦　邮编：100029
　　　　　网址：www.ssap.com.cn
发　　行／社会科学文献出版社（010）59367028
印　　装／唐山玺诚印务有限公司

规　　格／开 本：787mm×1092mm　1/16
　　　　　印 张：13.5　字 数：208 千字
版　　次／2022 年 10 月第 1 版　2022 年 10 月第 1 次印刷
书　　号／ISBN 978-7-5228-0982-3
定　　价／68.00 元

读者服务电话：4008918866

▲ 版权所有 翻印必究